董辅礽 中国著名经济学家，有"一代经济学大师"之称。20世纪50年代，董辅礽提出平衡增长理论，被国际学术界誉为"中国经济成长论的代表"。在中国经济改革之初，他以极大的理论勇气和担当，前瞻性地提出了经济体制改革的实质是改变计划经济下全民所有制的国家所有制形式，建立商品经济体制。董辅礽力主发展市场经济的核心成分民私营经济，被称为"中国民营经济的辩护人"。90年代后期，他给予资本市场极大关注，提出了著名的"发展论"和"婴儿论"观点。董辅礽晚年著文"守身为大"，道出自己一生的道德情操。

1927年7月26日，生于浙江宁波；1946—1952年，武汉大学经济系学习，毕业后任武汉大学经济系助教；1953—1957年，莫斯科国立经济学院研究生，获副博士学位；1957—1958年，武汉大学经济系讲师；1959—1976年，中国科学院经济研究所助理研究员，国民经济平衡组副组长；1977—1978年，中国社会科学院经济研究所业务行政领导小组组长；1978—1985年，中国社会科学院经济研究所副所长；1981—1987年，中国经济学团体联合会秘书长；1982—1985年，中国社会科学院院务委员会委员，中国社会科学院研究生院副院长；1985—1988年，中国社会科学院经济研究所所长，《经济研究》杂志主编；1987年，获法国政府授予军官级学术勋章；

作者简介

1988—1993年，第七届全国人民代表大会代表、全国人民代表大会常务委员会委员、全国人民代表大会财政经济委员会副主任委员；1993—1998年，第八届全国人民代表大会代表、全国人民代表大会常务委员会委员、全国人民代表大会财政经济委员会副主任委员；1991—1993年中国国际信托投资公司经济顾问、国际研究所所长；1998—2002年，第九届全国政协委员、全国政协经济委员会副主任；1988—2004年，中国社会科学院经济研究所名誉所长；2004年7月30日，病逝。

生前长期兼任中国社会科学院研究生院、北京大学、武汉大学等研究机构和高等院校教授、博士研究生导师，国务院环境保护委员会顾问，国家环境保护总局顾问，中国民主建国会中央委员会特邀顾问等职。

武汉大学
百年名典

大转变中的中国经济理论问题

董辅礽 著

武汉大学出版社

WUHAN UNIVERSITY PRESS

图书在版编目(CIP)数据

大转变中的中国经济理论问题/董辅礽著.—武汉：武汉大学出版社,2023.11
武汉大学百年名典
ISBN 978-7-307-24001-8

Ⅰ.大…　Ⅱ.董…　Ⅲ.中国经济—经济理论—研究　Ⅳ.F12

中国国家版本馆 CIP 数据核字(2023)第 181699 号

责任编辑:范绪泉　　　责任校对:李孟潇　　　版式设计:马　佳

出版发行:**武汉大学出版社**　(430072　武昌　珞珈山)
　　　　(电子邮箱:cbs22@ whu.edu.cn　网址:www.wdp.com.cn)
印刷:湖北恒泰印务有限公司
开本:720×1000　　1/16　　印张:16　　字数:229 千字　　插页:4
版次:2023 年 11 月第 1 版　　　2023 年 11 月第 1 次印刷
ISBN 978-7-307-24001-8　　　定价:99.00 元

《武汉大学百年名典》出版前言

百年武汉大学，走过的是学术传承、学术发展和学术创新的辉煌路程；世纪珞珈山水，承沐的是学者大师们学术风范、学术精神和学术风格的润泽。在武汉大学发展的不同年代，一批批著名学者和学术大师在这里辛勤耕耘，教书育人，著书立说。他们在学术上精品、上品纷呈，有的在继承传统中开创新论，有的集众家之说而独成一派，也有的学贯中西而独领风骚，还有的因顺应时代发展潮流而开学术学科先河。所有这些，构成了武汉大学百年学府最深厚、最深刻的学术底蕴。

武汉大学历年累积的学术精品、上品，不仅凸现了武汉大学"自强、弘毅、求是、拓新"的学术风格和学术风范，而且也丰富了武汉大学"自强、弘毅、求是、拓新"的学术气派和学术精神；不仅深刻反映了武汉大学有过的人文社会科学和自然科学的辉煌的学术成就，而且也从多方面映现了20世纪中国人文社会科学和自然科学发展的最具代表性的学术成就。高等学府，自当以学者为敬，以学术为尊，以学风为重；自当在尊重不同学术成就中增进学术繁荣，在包容不同学术观点中提升学术品质。为此，我们纵览武汉大学百年学术源流，取其上品，掬其精华，结集出版，是为《武汉大学百年名典》。

"根深叶茂，实大声洪。山高水长，流风甚美。"这是董必武同志1963年11月为武汉大学校庆题写的诗句，长期以来为武汉大学师生传颂。我们以此诗句为《武汉大学百年名典》的封面题词，实是希望武汉大学留存的那些泽被当时、惠及后人的学术精品、上品，能在现时代得到更为广泛的发扬和传承；实是希望《武汉大学百年名典》这一恢宏的出版工程，能为中华优秀文化的积累和当代中国学术的繁荣有所建树。

《武汉大学百年名典》编审委员会

出 版 说 明

　　《大转变中的中国经济理论问题》1981 年由山东人民出版社出版，现列入《武汉大学百年名典》出版，以资纪念。此次出版，仅对文字标点符号的明显错误做了订正。

武汉大学出版社

2023 年 10 月

目　　录

关于生产力的几个问题

　　生产力问题是经济科学中研究得最差的问题之一，甚至长期被排斥于经济科学的研究领域之外。在这篇短文里，我只想就其中三个问题谈点粗浅看法。

一、劳动对象是否生产力的一个因素？

　　生产力包括两因素或三因素，或者说劳动对象是不是生产力的因素，长期以来争论不休，占主导的观点是两因素论。但从生产实践来看，特别是从近几十年的生产实践来看，两因素论是站不住脚的，且对实践是有害的。

　　要谈生产力因素，首先要谈谈什么是生产和生产力。

　　马克思说："一切生产都是个人在一定社会形式中并借这种社会形式而进行的对自然的占有。"① 恩格斯把生产看作 "人对自然界进行改造的反作用"，以 "满足人的生活需要"。② 列宁则说："在任何社会生产制度下，生产总是工人对物质和物质力量的'影响'"。③ 概括这些意思，所谓物质生产就是人们同自然之间的物质变换过程，在这个过程中，人们作用于自然提供的物质和物质力量，将其改造为适合人们需要的产品。所谓生产力也就是人们把自然提供的物质和物

---

　　① 马克思：《〈政治经济学批判〉导言》，《马克思恩格斯选集》第 2 卷第 90 页。

　　② 恩格斯：《自然辩证法》，《马克思恩格斯选集》第 3 卷第 457、458 页。

　　③ 列宁：《俄国资本主义的发展》，《列宁全集》第 3 卷第 181 页。

质力量改造为适合自己需要的产品的实际力量。这种力量，固然决定于生产工具的状况以及具有生产经验和劳动技能的劳动力的状况，同时也决定于劳动对象的状况。

主张两因素论者认为，既然生产力是人和自然之间的关系，而劳动对象则是自然提供的物质和物质力量，是被改造的自然界本身，那么劳动对象就不能成为生产力的因素。同时，劳动对象能不能被改造为并在多大程度上被改造为适合人们需要的产品，则要取决于人和劳动工具，因此它也不决定生产力的状况和水平。这种论点，对于人类社会的早期阶段，也许具有某种程度的道理。因为那时人们靠采集、捕捞、狩猎为生，他们采集、捕捞、狩猎的果实、鱼虾、野兽等，都是自然已有的，换句话说，劳动对象就是自然界的本身。在人类社会脱离原始状态以后，正如马克思所说的，虽然还有一些劳动对象是自然界已有的，是"天然存在的"，如采矿业、狩猎业、捕渔业，以及最初开垦处女地时的农业等，但是，"除采掘工业以外，一切产业部门所处理的对象都是原料，即已被劳动滤过的劳动对象，本身已经是劳动产品。"① 这些劳动对象，就它们是劳动产品这一点来说，同生产工具是没有区别的。例如，农业中的种子，并不是自然界本身已有的，它们现在的形式是经历了许多代，"在人的控制下，借助人的劳动不断发生变化的产物"。② 恩格斯说："植物和动物经过人工培养以后，在人的手下改变了它们的模样，甚至再也不能认出它们本来的面目了。我们至今还没有发现那演化成为谷类的野生植物。"③ 至于那些在自然界根本从未有过的合成材料，就更不必说不是自然界本身了。可见，把劳动对象简单地等同于自然提供的物质和物质力量，视为自然界本身，从而将它排除于生产力的因素之外，显然是不合乎实际的。我们说"两因素"论对于人类社会的早期阶段也许具有某种程度的道理，也仅仅是就劳动对象是否自然界本身这一点来说的。实

① 马克思：《资本论》第 1 卷，《马克思恩格斯全集》第 23 卷第 206 页。
② 马克思：《资本论》第 1 卷，《马克思恩格斯全集》第 23 卷第 206 页。
③ 恩格斯：《自然辩证法》，《马克思恩格斯选集》第 3 卷第 516 页。

际上，"两因素"论的根本弱点还不在于把劳动对象简单地都看作自然界本身，而在于把劳动对象看作是消极、被动的东西，换句话说，它不是把生产力看作是在劳动力、生产工具和劳动对象的交互作用下形成的，不是把生产力的发展看作是三者交互作用的过程。以稻种在水稻生产中的作用为例。优良的稻种是人们在长期的生产中从野生的植物开始逐渐培育出来的。它是人们征服自然的结果。但是，优良的稻种作为一种劳动对象在培育出来以后，在同样的土壤、气候、肥料、病虫害等自然条件下，却能够生长出数量更多、质地更好（蛋白质及其他营养物质含量更多等）的稻谷。也就是说，优良稻种，能够参与人们利用生产工具把自然界提供的物质和物质力量（空气、水、光、热、各种化学元素、各种无机物和有机物等）改造为更多更好的产品来满足人们的需要，即产生更高水平的生产力。同时，前一代的优良稻种又成为培育后一代更优良的稻种的物质条件。从劳动力、生产工具和劳动对象在人们征服自然、利用自然、改造自然以创造适合人们需要的产品中的交互作用来看，劳动对象无疑是属于生产力的一个因素。至于它在生产力及其发展中的作用，自然有别于劳动力和生产工具，但这已是另外一个问题了。

　　劳动对象是生产力的一个因素以及它在生产力发展中的巨大作用，随着现代科学技术的发展，越来越为人们所认识。这种为实践所证实的认识，人们正广泛地用于指导生产。我们知道，现代科学技术的发展，在能源、材料等劳动对象方面引起了重大的发展和革命。新能源、新材料等劳动对象的被制造和被利用对生产力的发展起了巨大的推动作用。任何生产都需要能源，有些生产部门例如制铝工业更要消耗大量的能源。核裂变反应释放的原子能的利用，使生产获得了新的能源。由于原子能发电技术的不断发展，目前原子能发电站的发电成本已相当于以煤为燃料的火电站的发电成本的一半。原子能电站生产的电力在一些国家的总发电量中所占比重迅速提高。在石油资源越来越面临枯竭的前景下，人们正在设法开发新的能源。人们正在探索利用核聚变反应所产生的原子能，如能够成功地实现受控核聚变，海洋中的氘将为人类提供取之不尽的能源。原子能的越来越广泛地用于

3

生产，引起了工业的新的革命。它给生产力带来的影响的巨大和深刻目前还难以预计。原子能在未被释放前是一种自然力，在被人们征服以后又反转过来成为人们征服自然、改造自然的巨大力量。人们还在探索其他能源如太阳能等的利用问题。各种新能源的开发和利用将使生产不再受煤、石油等资源的数量、地理分布等方面的影响，不再因动力不足而使生产发展受到限制。合成橡胶、合成纤维、塑料等合成材料的制造和广泛应用，对生产的发展起了很大的作用。它们具有天然材料所没有的特性和优点，正在广泛地取代天然材料，成为现代化生产中不可缺少的劳动对象。人们制造出了许多纯度高、稳定而可靠的金属，具有抗蚀性、耐高温性、良好的导电或电阻能力等新特性的金属和合金。现代化的工业、国防和科学技术中的许多特殊需要靠这些新材料来满足。在某些化工生产中，催化剂在加速化学反应中的作用，已为人所熟知。现代化的农业也要求有新的农业劳动对象，不能缺少良种、化肥、各种农药等。生产的实践表明，劳动对象不仅是生产的不可或缺的因素，而且是生产力的因素。它们同生产工具、劳动力结合起来，交互作用，提高了人们征服自然的能力。各种新的劳动对象的使用，使生产面貌发生了巨大变化，加快了生产的流程，增加了产品的品种，提高了产品的质量，降低了原材料和动力消耗，提高了劳动生产率，甚至还引起了生产工艺的变革，成为推动生产力发展的重大力量。例如，以塑料代替某些金属来制造各种产品，就可以在加工时采用层压、喷射、挤压等新工艺、新方法。又如，除草剂在农业中的应用引起了耕作制度的变革，产生了免耕法。为了实现四个现代化，我们还必须十分重视劳动对象的发展和现代化，重视劳动对象在促进生产力发展中的作用。

二、在生产力的发展中起最终决定作用的因素是生产工具还是劳动力？

这个问题，长期以来存在着严重的混乱，即把生产力中人的因素夸大为起最终决定作用的因素，而生产工具的作用则被说成是第二位的。例如，有一篇题为《论生产力》的文章曾经把这种论点发挥到令人吃惊的地步。文章写道："在有阶级的旧时代，生产力中起着决定作用的、最能动的要素是工具，一般地是工具的变化引起人的变化，以至整个生产力的变化，自然，人对工具也有其反作用。在没有阶级的新时代，生产力中最重要的有决定性的、最能动要素是人，一般地是人的变化引起工具的变化，以至整个生产力的变化，自然工具对人也有其反作用。"① 如此片面地夸大人的因素的作用，说到底是为了把精神、思想说成是历史发展的终极动因，鼓吹历史唯心主义。文章接下去就是这样写的："在旧时代的生产力中，人的政治思想的作用是自发的，是极其受限制的，对于生产力的发展不能起决定性的作用，和技术比较起来，处于次要地位。而在新时代的生产力中，人的政治思想的作用则是自觉的，是不受限制的，对生产力的发展有决定意义，和技术比较起来，居于主导地位。"所谓人的思想的作用是不受限制的，对生产力的发展有决定意义，是什么意思呢？用通俗的话来说，就是曾经出现过的"人有多大胆，地有多大产"，或者"不怕做不到，只怕想不到"这些错误口号的理论概括，也就是"精神万能论"。

陈伯达、张春桥等人从 1958 年起就鼓吹这种"精神万能论"。林彪更是宣扬"人的因素第一""思想第一"。在"文化大革命"中，林彪、陈伯达、"四人帮"变本加厉地鼓吹这种历史唯心主义谬论。张春桥公然说："精神万能论不能批判，在一定场合，一定时间，精神万能论是对的。"江青则说："人的思维可以决定物质"。在他们组织编写的《社会主义政治经济学》一书中竟然把生产力的发展说成是"广大人民群众的共产主义觉悟不断得到提高"的结果，甚至把发展生产力看作是可有可无的事，从而胡说："劳动生产率的提高对于社会主义制度的巩固和胜利是重要的，但不是第一位的东西。"那么，按他们的逻辑第一位的东西是什么呢？当然应当是精神了。

---

① 《哲学研究》1959 年第 1 期第 16 页。

由于多年来笼统地、不加限制条件地宣传人是生产力中最重要的、起决定作用的因素，不少人把这种论点看作是马克思主义的观点而加以接受。直到打倒了"四人帮"以后，甚至在批判"四人帮"的文章中还可以看到这种片面夸大人在发展生产力中的作用的论述，例如认为发展生产归根到底取决于人的积极性。可见，这还是一个有待进一步弄清楚的问题。

主张人是生产力发展中最终的决定因素的人们，总是提出这样一种论据：生产工具诚然重要，但它毕竟是人创造的，要靠人去使用，没有人的创造，生产工具自己是不会发展的，没有人的使用，再好的生产工具也不过是一堆死东西。因此，生产力的发展归根到底取决于人的因素。这种论调乍听起来似乎有道理，其实极其陈腐，马克思主义在同历史唯心主义的斗争中，早已把它驳倒了。普列汉诺夫就说过："人们常对马克思主义者说：谁也不争辩在人类历史运动中劳动工具的重要意义，生产力的巨大作用，可是劳动工具是为人们所发明和人所使用的。你们自己也承认：人们使用劳动工具需要比较地很高的智慧的发展。在劳动工具改进上的每一个新步骤要求人的智慧的新的努力。智慧的努力——原因，生产力的发展——结果。这就是说，智慧是历史进步的主要推动者，这就是说，那些断言世界为意见（即人的理性）所支配的人们是正确的。"他还指出："这类指摘是很自然的，可是并不妨害它是无根据的。"① 从这里我们也可以看到，把人的作用夸大为生产力发展的终极动因，必然导致把智慧、精神说成是历史发展的最终动因的历史唯心主义。

那么，为什么说这种理论是错误的呢？

首先，毫无疑问，生产工具是人创造的，没有人的创造，生产工具是不会发展的。但是，决不能忘记，人们只能在既定的社会经济条件下，在既定的生产力下，利用既定的生产工具来创造生产工具。这些既定的条件是人们不能自由选择的。马克思指出："人们不能自由

---

① 普列汉诺夫：《论一元论历史观之发展》，《普列汉诺夫哲学著作选集》第 1 卷三联书店 1959 年版第 679 页。

选择自己的生产力——这是他们的全部历史的基础，因为任何生产力都是一种既得的力量，以往的活动的产物。所以生产力是人们的实践能力的结果，但是这种能力本身决定于人们所处的条件，决定于先前已经获得的生产力，决定于在他们以前已经存在、不是由他们创立而是由前一代人创立的社会形式"，"后来的每一代人所得到的生产力都是前一代人已经取得的而被他们当作原料来为新生产服务"①。普列汉诺夫也说得很明确："人在作用于他之外的自然时，改变了自己本身的天性。他发展了自己的各种能力，其中也包括'制造工具'的能力。但是在每一个特定的时期，这个能力的程度决定于生产力的发展所业已达到的水平。""劳动工具既然成为生产的对象，那么制造它的可能性以及制造的完美程度的大小，完全取决用以制造的劳动工具。② 我们可以举这样一个例子来说明。19 世纪英国数学家巴贝奇试图制造一种计算机器，它能计算任何数字，它的运算是用穿孔卡片作指令的，它可以在一种记忆装置中贮存数字，可对运算结果加以比较。巴贝奇花了 37 年时间，倾家荡产，终归失败。其原因就在于他所追求的目标"在一个每一个部件都必须靠手来装备的时代""在一个只有机械装置的时代是不能完成的""这种机器的出现必须等到电子学发展的世纪。"③ 据说巴贝奇试图制作的计算机在逻辑结构上与现代计算机有不少共同之处，但是却没有现代电子技术生产的电动部件④，然而没有电动部件特别是特定的电子元件和线路，即现代计算机的"硬件"，就不可能有电子计算机。这些电动部件，只有在电子学、电工学和电子技术发展到一定水平时才有可能制造出来。

① 《马克思致巴·瓦·安年柯夫（1846 年 12 月 28 日）》，《马克思恩格斯选集》第 4 卷第 321 页。

② 普列汉诺夫：《论一元论历史观的发展》，《普列汉诺夫哲学著作选集》第 1 卷，三联书店 1959 年版第 683 页。

③ 参见［美］I·阿西摩夫：《人体和思维》，科学出版社 1978 年版第 190—191 页。

④ 参见［美］J·伯恩斯坦：《电子计算机——过去、现在和未来》，科学出版社 1978 年版第 27 页。

其次，诚然，生产工具要靠人去制造和使用，但是要制造和使用生产工具，人们就必须具备一定的生产技能和经验，而人的生产技能和经验也是历史地确定的。它们是以历史地形成的上一代人的生产技能和经验作为出发点的。这也是人们所不能随意选择的。而且，人们的生产技能和经验只能随着生产工具的发展而发展。当一种新的生产工具没有广泛地被使用以前，人们是不可能普遍地具有掌握和使用这种新的生产工具的技能和经验的。这就是说，人的生产技能和经验本身也要受到既定的生产工具的决定。例如，我国从日本引进了 30 万吨乙烯成套装置，利用这种装置在日本每个操作工、分析工每月能生产乙烯 337.5 吨，而我国只能生产 144 吨，相差 2 倍多。其中一个重要原因就是我国不少操作工人对工艺流程、设备性能、故障排除都不甚了解，操作事故时有发生。必须经历一个过程，我国的工人才能熟练地掌握操作这种装置的技能。我国工人是勤劳、聪明的，生产经验和劳动技能不高是由于以往生产落后特别是生产工具落后，以及生产不发达所造成的全民族科学文化水平落后的结果。我们不能不接受这份落后的历史遗产。要改变这种状况，必须发展教育，学习外国经验，同时要靠生产力的发展，特别是现代化生产工具的广泛使用。

再次，还应该看到，人们制造生产工具必须遵循生产工具由低级向高级发展的内在规律。例如，人类在远古时代制造生产工具时是沿着旧石器、新石器、铜或青铜器、铁器这样的道路发展的。许多地区的人类社会的生产工具都是这样发展的。数字电子计算机由第一代的电子管计算机到晶体管的、集成电路的、大规模集成电路的各代计算机已经经历了四代，正进入第五代——超大规模集成电路的计算机。不能设想，人们制造第一台计算机时就能达到目前的运算速度，就能把体积缩小到目前的程度，就能采用大规模集成电路。至于人们学习制造已有的工具，自然不必再沿着它的发展道路从最初的制造开始。这是不言而喻的，同我们现在讲的不是一个问题。

最后，一种新的生产工具的诞生和广泛被采用，总是由一定社会经济条件下所产生的客观需要所决定的。这种客观需要也是历史地形成的，不是人们可以自由选择和决定的。恩格斯说："社会一旦有技术上的需要，则这种需要就会比十所大学更能把科学推向前进。"①确实是这样。蒸汽机的发明是一个为人们所熟知的例子。第一台电子计算机的产生也说明了这一点。第一台电子计算机——ENIAC（电子数字积分计算机）模型准备投入运行是在 1946 年初，而决定制造它的巨大动力则是第二次世界大战中"军事上的迫切需要"（为陆军计算炮击表和研究核武器设计所需的大量数字计算）。② 这项研制工作从 1943 年就开始了。它的研制成功固然同参加这项工作的科学家的努力分不开，但更重要的是客观的需要的推动。《电子计算机——过去、现在和未来》一书引用了美国《数据自动化》杂志主编伯格斯坦会见这架电子计算机的研制者——工程师厄克特博士和物理学家毛希利博士的谈话，这一段谈话很能说明我们论述的问题，不妨转引如下：

"伯格斯坦：ENIAC 是第二次世界大战中通过您的努力和政府资助而直接产生的成果。请您推测一下，如果不发生第二次世界大战，如果厄克特和毛希利不去发明的话，电子计算机可能在什么时候发明出来呢？

"厄克特：我想计算机肯定也会在大体上相同的时期出现。不少事物是不会迟迟拖延而不出现的。微积分学实际上是两个人同时分别发明的。发明史已经不止一次地表明，当某些事物在某种程度上即将发明时，就会有人去把它们发明出来。最使我惊奇的是，ENIAC 的部件没有一个不是在 10 年或 15 年前就可以制成的。ENIAC 本应早10 年或 15 年就可以被发明出来，真正的问题应当是，为啥不能更早些发明出来呢？

"毛希利：一部分原因是没有这种迫切的需要。当然，需要是个

_____

① 《恩格斯致符·博尔吉乌斯（1894 年 1 月 25 日）》，《马克思恩格斯选集》第 4 卷第 505 页。

② 参见［美］J·伯恩斯坦：《电子计算机——过去、现在和未来》第31—34 页。

奇怪的东西。人们可能需要某一事物但又不知道他们需要它"。①

毛希利的回答说明，正是客观需要推动着人们去制造电子计算机。显然，即使没有第二次世界大战，只要有迫切的客观需要，电子计算机也必定会产生的。

当然，在生产力的发展中，人的因素绝不是消极的，特别是对社会主义制度下人的能动作用更不能低估。马克思主义是充分重视人的能动作用的，认为人民群众具有无穷的创造力。但是，即使在社会主义制度下，人的这种能动作用也是在既定的物质条件下的能动作用。毛泽东同志有一段论述军事的话精辟地阐述了人的能动作用问题。他指出："军事家不能超过物质条件许可的范围外企图战争的胜利，然而军事家可以而且必须在物质条件许可的范围内争取战争的胜利。军事家活动的舞台建筑在客观物质条件的上面，然而军事家凭着这个舞台，却可以导演出许多有声有色威武雄壮的活剧来。"② 这段话的意思完全适用于分析生产力中人的因素和物的因素的相互关系。劳动者在发展生产力中的作用不能超越生产工具、劳动对象等物质条件许可的范围，但是在既定的物质条件下却可以能动地创造出许多奇迹来。许多劳动者运用落后的生产工具制造出比较先进的产品就是例子。当然要制造这种比较先进的产品，首先要有这些生产工具和必需的劳动对象，而且这些生产工具和劳动对象还必须具有能制造比较先进的产品的性能。我们不能设想一个人能够用锄头、镰刀一年生产出几十万斤粮食，也不能设想用土高炉、土炼钢炉能炼出高质量的铁和优质合金钢。我们经常看到"人是生产力的决定因素""人是生产力中最重要的要素"这类提法。列宁和毛泽东同志也有类似的言论。那么，应该怎样来理解这些提法呢？显然应该在限制的条件下来理解，即在生产工具和劳动对象为己定的条件下，人的因素是生产力中的决定因素、最重要的因素。例如，已经有了一台机器，如果人不去开动它，

---

① ［美］J·伯恩斯坦：《电子计算机——过去、现在和未来》第32页。

② 毛泽东：《中国革命战争的战略问题》，《毛泽东选集》第1卷第166页。

当然是一堆死东西，什么也生产不出来；同样一台机器，在其他条件相同的情况下，能生产出多少产品，人的作用当然是决定性的。这里讲的人的决定作用，正是在生产工具成为已定等客观条件下讲的，在其他条件相同的情况下讲的。如果离开这些限制条件来讲人在生产力中起着决定作用，那就背离了马列主义、毛泽东思想，陷入了历史唯心主义。

三、生产力是否具有推动其发展的内在矛盾？① 它是否只有在生产关系的推动下才能发展？

生产力和生产关系是社会生产的不可分割的两个方面。从两者的相互关系看，人类社会发展的历史表明，归根到底是生产力决定生产关系而不是生产关系决定生产力。生产力的发展是本源的，是生产关系发展变化的终极动因，生产关系的发展则是派生的，是生产力发展的结果。当然生产关系对生产力也有反作用，即促进或阻碍生产力的发展。马克思正是从生产力和生产关系之间的这种相互关系中以及由此派生的经济基础和上层建筑之间的相应的相互关系中发现了人类历史的发展规律，建立了历史唯物主义。

在"四人帮"猖獗的时期，曾经出现过一种论调："在整个社会主义历史阶段，生产关系对生产力、上层建筑对经济基础始终起着主要的决定作用。"

这种论调不过是历史唯心主义的陈词滥调，这是容易分辨清楚的。"四人帮"组织编写的《社会主义政治经济学》则采用更为隐晦的说法。书中写道："提高劳动生产率，发展社会生产，需要采用新的科学技术和新的生产工具，这一方面无疑是重要的，但绝不是首要的条件。""如果丢开社会主义生产关系的建立、巩固和完善，丢开那些不适应社会主义经济基础的上层建筑的变革，来谈发展技术……那就是极其错误的。"为什么呢？因为，"生产关系的变革，由生产

---

① "文化大革命"前，李平心同志论述过这个问题，曾遭到批判。

11

力的一定发展所引起，但是，生产力的一定发展，又是由一定的生产
关系推动的。"而社会主义生产中人与人的关系"又必须在社会主义
上层建筑的巨大反作用下形成和发展"，等等。尽管这些话绕了不少
圈子，但它们的意思还是清楚的。这就是，生产力的发展首先不是由
生产工具的发展所引起，而是由生产关系的变革所推动，生产关系的
形成和发展则是由上层建筑所决定。由此得出的结论就是：只有首先
不断变革上层建筑，接着不断变革生产关系，才能不断推动生产力的
发展。"四人帮"所鼓吹的"趁穷过渡论""限制资产阶级法权不要
物质基础论""不断破除资产阶级法权思想论"等，都是从这种谬论
中演化出来的。这种似是而非的谬论，曾经迷惑了不少人。

这种理论之所以荒谬，首先在于它把生产关系特别是上层建筑看
成是社会发展的本源和最终动因。毫无疑问，生产力的发展离不开作
为它的发展形式的生产关系。一种适合生产力的生产关系会为生产力
的发展开辟广阔的道路，并推动生产力的发展，当不变革生产关系生
产力难以发展时，变革生产关系就起着决定的作用。但是，一种适合
生产力的生产关系，为什么一定是这样的生产关系而不是别样的生产
关系？生产关系为什么要变革，而且一定要这样变革而不能那样变
革？一种能推动生产力发展的生产关系为什么会变成阻碍生产力发展
的生产关系？这种种问题只能用生产力决定生产关系这一历史唯物主
义的原理来回答，而不能从生产关系本身，更不能从上层建筑方面去
寻找答案。

"四人帮"这种理论之所以荒谬还在于它否认生产力自身存在着
推动其发展的内部矛盾。在生产力的发展过程中，首先由于生产工具
的发展，生产力内部会产生一系列的矛盾，例如生产工具和劳动力之
间的矛盾（如先进的生产工具同只具有落后的生产经验和劳动技能
的劳动者的矛盾等）、生产工具和劳动对象之间的矛盾（如先进的高
炉同未经精选的矿石的矛盾等）、生产工具同生产工具的矛盾（如炼
钢设备同轧钢设备在能力上不相适应等）。这些矛盾的产生和解决，
推动着生产力的发展。我们可以举英国工业革命中生产力的发展为例
来说明这一点。

在资本主义的产生和发展过程中由于市场的扩大，特别是新航路的开辟带来的世界市场的扩大，英国产生了对棉布的大量需要，推动了棉纺织业的技术革新。起初发明了飞梭，改进了织布机，加速了织布过程，结果造成纺纱跟不上织布，棉纱供不应求。这就促使人们去制造新的纺纱机器。于是发明了手摇纺纱机，即"珍妮机"。可是，这种机器纺出的纱比较细，容易断，不宜作经线，需要改进，于是发明了水力纺纱机。这种纺纱机纺出的纱比较粗韧，可用作经线。但是又出现了织布技术的落后，于是在纺纱技术革新的推动下发明了水力织布机。可是水力纺纱机和水力织布机的应用和发展受到了水力资源的限制，要求有新的动力机同它们相适应以解决动力问题，于是产生了蒸汽机。这种种机器的发明推动了机器制造业的发展，并且要求供应更多的金属原料和煤炭。这样又推动了冶铁和采煤工业的发展。后者的发展反过来又促进了机器制造业的进一步发展。机器工业、采掘业、冶炼业的发展推动了交通运输业的革新，发明了汽船、蒸汽机车。交通运输业的发展反过来又推动整个工业的进一步发展。机器大工业的发展需要有大批的自由劳动力（雇佣工人），出现了生产工具同劳动力供应之间的矛盾，"圈地运动"使大量破产农民成为雇佣劳动者的来源，满足了机器大工业的发展对劳动力的需要。英国的工业革命是从技术革命开始的，而技术革命又是从生产工具的发展开始的。由生产工具的发展开始的技术革命是一个生产力内部的矛盾不断产生和解决的过程，而技术革命又引起了生产关系的革命，最后使英国的资本主义生产关系在自己的物质基础上确立起来。

由此可见，否认生产力内部的矛盾会推动生产力的发展，而把生产力的发展归结为是生产关系的变革甚至是上层建筑的变革的结果，是违背历史发展的实际进程的。一种新的适合生产力的生产关系的建立，对生产力的发展确实有着巨大的作用，特别是当不变革生产关系生产力就难以发展时更显出变革生产关系的重要。但是，不管它的作用有多大、多么重要，它终归是一种反作用。旧的生产关系的变革，新的生产关系的建立，只能由生产力的发展所引起并且必须符合新的生产力的要求。不顾生产力的状况和要求，而去变革生产关系和上层建筑、即使抱有推动生产力发展的愿望，也只能导致破坏生产力的后果，而生产关系和上层建筑的这种所谓变革也只能是对它的破坏。

经济科学所必须研究的生产力问题很多。为了实现四个现代化，加强这方面的研究已经刻不容缓。我们必须根据实践是检验真理的唯一标准这一马克思主义的基本原理，勇于抛弃被实践证明是错误的理论，坚持并发展被实践证明是正确的理论。

（原载《论生产力——建国以来关于生产力问题的论文选》下集，吉林人民出版社1980年版）

关于生产关系必须适应
生产力状况的规律

从 1979 年起，全党工作的着重点转移到社会主义现代化建设上来。这是一个有历史意义的根本性转变。我们伟大的社会主义祖国将排除一切艰难险阻向四个现代化的目标快速前进。她将作为一个具有现代农业、现代工业、现代国防和现代科学技术的伟大的社会主义强国而屹立于世界。为了实现这项历史任务，我们必须加强对客观经济规律的认识，以指导我们从事社会主义现代化经济建设的实践。生产关系必须适应生产力状况的规律，就是我们必须进一步认识并运用好的客观规律之一。

一

实现四个现代化是一场根本改变我国经济和技术落后面貌，进一步巩固无产阶级专政的伟大革命。这场革命将要用现代化的科学技术改造国民经济的各个部门，大幅度发展生产力，与此相适应，将使我国的生产关系和上层建筑发生深刻的变革。这就需要我们深入地学习和领会马克思主义关于生产力和生产关系、经济基础和上层建筑之间的相互关系的原理，并自觉地运用这些原理所揭示的客观规律去推进这场革命。

像达尔文发现有机界的发展规律一样，马克思把辩证唯物主义的原理运用于研究人类社会，发现了人类历史的发展规律。他在《〈政治经济学批判〉序言》中极其精辟地表述了这个规律的内容。他指出："人们在自己生活的社会生产中发生一定的、必然的、不以他们

15

的意志为转移的关系，即同他们的物质生产力的一定发展阶段相适合的生产关系。这些生产关系的总和构成社会的经济结构，即有法律的和政治的上层建筑竖立其上并有一定的社会意识形态与之相适应的现实基础""社会的物质生产力发展到一定阶段，便同它们一直在其中活动的现存生产关系或财产关系（这只是生产关系的法律用语）发生矛盾。于是这些关系便由生产力的发展形式变成生产力的桎梏。那时社会革命的时代就到来了。随着经济基础的变更，全部庞大的上层建筑也或慢或快地发生变革。"① 这个规律告诉我们：生产力是最活动、最革命的因素，在生产关系和上层建筑全部社会关系的发展变化中它是本源的、第一性的，起着最终的决定性的作用。"先是社会生产力变化和发展，然后，人们的生产关系，人们的经济关系依赖这些变化，与这些变化相适应地发生变化。"② 构成社会的经济基础的全部生产关系发展变化了，社会的上层建筑也要发生相应的变化。

当然，生产关系和上层建筑也不是消极的，生产关系对生产力，上层建筑对经济基础可以起反作用。当生产关系适合生产力性质时，它对生产力起推动作用；当生产关系不适合生产力性质时，它对生产力又起阻碍和破坏的作用。上层建筑适应经济基础时，它起着保护和巩固经济基础的作用；上层建筑不适应经济基础时，它就不再能保护和巩固经济基础，而起阻碍和破坏的作用。人类社会就是按照上述规律，在生产力和生产关系、经济基础和上层建筑的矛盾运动中向前发展的。这里我就生产关系必须适应生产力状况这个客观规律，做些论述。

对于生产关系必须适应生产力状况这一规律，往往有一些不正确的理解，需要弄清楚。

一种是把生产力决定生产关系作机械的理解，似乎生产力的任何

①　马克思：《〈政治经济学批判〉序言》，《马克思恩格斯选集》第 2 卷第 82—83 页。

②　斯大林：《论辩证唯物主义和历史唯物主义》，《斯大林选集》下卷第 444 页。

发展变化都会机械地立即引起生产关系的发展变化。实际上并不是这样。因为生产力和生产关系都具有相对的独立性。生产力发展变化了，生产关系并不立即发生相应的发展变化，从而出现生产关系落后于生产力的状况。生产力决定生产关系，作为社会历史发展的必然性，是舍弃了同这种必然性的各种背离而言的，是从归根到底的意义上来说的。这就是：虽然生产力的任何发展变化并不立即引起生产关系的发展变化，但是生产力的发展变化积累到一定程度，归根到底是要引起生产关系的变化，使生产关系同它相适应的。这种客观必然性是透过无数的偶然性来为自己开辟道路的，是从无数的背离中显示自己的存在的。上述机械的理解是把纷繁的社会现象简单化了，从而一遇到复杂的现象就会无法解释。例如，为什么第二次世界大战后，资本主义国家的生产力的巨大发展没有引起这些国家中资本主义生产关系的否定呢？为什么在社会主义全民所有制企业里还会存在某些小生产的甚至封建主义的生产关系的影响呢？

另一种是把生产关系必须适应生产力状况绝对地理解为适应就是完全适应，不存在任何不适应；不适应就是完全不适应，不存在任何适应，从而在基本适应时看不到不适应的方面；在基本不适应时看不到适应的方面。其实，所谓必须适应也是从归根到底的意义来说的，而不能理解为绝对的适应。这种必须适应的关系，决不像多大的鞋只适合多大的脚那样分毫不差，而是有着相当大限度的伸缩余地。如果绝对地理解这种相适应的必然性，也无法解释复杂多变的社会现象。例如，为什么早已同生产力相对抗的资本主义生产关系可以如此长久地落后于生产力呢？为什么在这种情况下生产力还可能取得巨大的发展呢？为什么同社会化大生产相适应的社会主义生产关系还会有不适应的方面呢？

还有一种把生产关系对生产力的反作用作唯心主义的理解，即认为生产力只有在生产关系的反作用下才能发展，生产力的任何发展都是生产关系反作用的结果，只有生产关系的不断变革，生产力才能不断发展。这样来理解生产力同生产关系之间的相互关系，到头来会把生产关系的发展变化看作是最终的动因，是第一性的、本源的，而生产力的发展则被看作归根到底是生产关系变化的结果，是第二性的、派生的。当然，因果之间本来是不存在绝对的界限的，它们在一定条件下可以互相转化。但是却不能由此把生产关系看作是最终的动因。因为，这种看法不能说明，生产关系的变化又是由什么所引起、所决定的。如果不从生产力的发展变化中去寻求人类社会发展的终极的动因，势必要用人的思想、精神，甚至神的意志去说明了。这样，人类社会的发展就不是一种有规律的过程，而是像一团泥一样可以由人们随意地塑造。生产力的发展确实是离不开生产关系的，正如没有可以离开生产力的生产关系一样。但是，它们彼此又具有相对独立性。生产力的发展有其内在的矛盾，遵循着自身的规律。生产关系的反作用可以加速或延缓它的发展过程，却不能根本改变这个过程。新的生产关系可以为新的生产力的发展开辟广阔的道路，可以促进其发展，但并不是生产关系的不断变革才使生产力不断发展。因为，从一种生产关系到另一种生产关系的大变革总要经过一段很长的时间，在实现了大的变革后，生产关系又总会有一段相对稳定的时期。如果像"四人帮"鼓吹的那样，只有生产关系不断变革，生产力才能不断发展，就必然会否定生产关系的相对稳定性，就会导致唯意志论，随意去变革生产关系，其结果是生产力不断遭到破坏。

生产关系必须适应生产力状况的规律是人类社会发展的普遍规律，在各个社会经济形态中都起作用。但是，无论是生产力还是生产关系都是历史的范畴，在不同的社会经济形态中，生产力和生产关系的性质和状况都是不同的。"手推磨产生的是封建主为首的社会，蒸汽磨产生的是工业资本家为首的社会。"① 在不同的社会经济形态中，生产力和生产关系之间的关系是不同的，生产关系必须适应生产力状况这个规律的作用，也具有不同的特点。在资本主义生产方式中，生产力是以大机器为技术基础的社会化大生产，生产关系则是资本家占有生产资料，剥削雇佣劳动者创造的剩余价值。这种社会化生产的生产力同资本家私人占有的生产关系之间存在着对抗性矛盾。生产关系

---

① 马克思：《哲学的贫困》，《马克思恩格斯全集》第 4 卷第 144 页。

必须适应生产力状况的规律，在这里通过周期性的经济危机表明，资本主义的生产关系已经容纳不了社会化的庞大生产力，已成为生产力进一步发展的桎梏。社会化的生产力要求突破这种桎梏，建立与它相适应的以生产资料公有制为基础的社会主义生产关系。社会主义革命就是作为生产关系必须适应生产力状况这一规律的客观要求而必然发生的。

在社会主义制度下，生产关系必须适应生产力状况这一规律的作用，有着自己的特征。在社会主义经济中，生产关系与生产力之间依然是对立的统一，它们是统一的，又存在着矛盾。矛盾的产生，解决，再产生，再解决，推动着社会主义经济的发展。过去，我们从苏联学来的那种生产关系和生产力之间"完全适合"的理论，被实践证明是错误的、形而上学的。斯大林同志在逝世前一年写的《苏联社会主义经济问题》中曾吞吞吐吐地谈到了社会主义制度下生产关系和生产力之间的矛盾，说如果政策不对，调节得不好，是要出问题的。但正如毛泽东同志所指出的，"他还是没有把社会主义制度下生产关系和生产力之间的矛盾，上层建筑和经济基础之间的矛盾，当作全面性的问题提出来，他还是没有认识到这些矛盾是推动社会主义社会向前发展的基本矛盾。"① 如果认为，到了社会主义社会，生产关系同生产力"完全适合"了，那就不仅要取消随着生产力的发展而相应变革生产关系的任务，而且实际上否定了这个规律的存在，因为，生产力是在不断发展的，而生产关系则会落后于生产力的发展，因此，生产力的发展必然同现有生产关系发生矛盾，从而产生改变生产关系使之适应生产力发展的客观必然性，如果它们之间"完全适合"了，不再有矛盾了，也就不会有这种客观必然性了，那么生产关系必须适应生产力状况的客观规律也就不存在了。

显然，在社会主义制度下，问题不在于这个规律是否还起作用，而在于它起作用的特点。这种特点在于，社会主义生产关系是以生产

---

① 毛泽东：《在省市自治区党委书记会议上的讲话》，《毛泽东选集》第5卷第 356 页。

资料公有制为基础的，它同社会化大生产的要求是相适应的，因为现代化的大生产要求把它置于社会公共占有和管理下，因此，它们之间的适应是基本的，不适应则是非基本的。其次，无产阶级是社会化大生产的产物，是社会化的先进生产力的代表，社会化的先进生产力的发展就是无产阶级队伍的扩大和发展，而社会主义生产关系又是无产阶级内部各部分人之间在生产中结成的相互关系。生产力发展所要求的社会主义生产关系的变革，是在公有制基础上的完善和发展，而不是像在资本主义经济中要求用公有制来代替私有制这种根本性质的变革。社会主义生产关系的变革只能带来生产力的发展，即无产阶级本身的壮大和发展、无产阶级本身经济利益的增进。因此，社会主义生产关系同生产力之间的矛盾，不像私有制经济中生产关系同生产力之间的矛盾表现为阶级之间利益的对抗，而是表现为人民内部的矛盾，即表现为无产阶级内部先进同落后之间、这部分人与那部分人之间、集体与个人之间的矛盾等。人民内部矛盾是人民根本利益一致基础上的矛盾，是可以在社会主义制度范围内，即通过社会主义生产关系本身的完善和发展有计划加以解决的，不必像在私有制经济中那样，要通过社会革命的途径。

在"四人帮"横行期间有一种论点，即社会主义生产关系同生产力之间的矛盾表现为无产阶级与资产阶级之间的阶级矛盾，即阶级之间的对抗。这种论点的立论依据是所谓社会主义生产关系归根到底是无产阶级与资产阶级的阶级关系，劳动人民内部的关系也是阶级对抗关系。无产阶级代表先进的生产力，要求变革落后的生产关系，限制"资产阶级权利"，资产阶级则代表落后的生产关系，要求扩大"资产阶级权利"。因此，生产关系与生产力之间的矛盾表现为无产阶级与资产阶级之间的阶级矛盾。这种论点从根本上歪曲了社会主义生产关系的性质，把资本主义生产关系和生产力之间的关系硬搬到社会主义中来，从而得出荒谬的结论，并给国民经济带来了严重的破坏。

在社会主义公有制下，作为先进生产力代表的无产阶级，把巨大的生产力置于自己的驾驭之下，发展生产力和变革社会主义生产关系，都是符合无产阶级利益的，所以无产阶级能够自觉地利用生产关系必须适应生产力状况这一规律，发展和完善社会主义生产关系。无产阶级的这种主观能动性，一方面要建立在对这一规律的正确认识上，另一方面要建立在客观条件许可的基础上。因此，对于社会主义制度下，无产阶级自觉利用这一规律的可能性，只能作历史唯物主义的理解，而不能作"唯意志论"的理解。在这方面，我们是有过许多教训的。人民公社化期间，出现过一种"趁穷过渡"的理论，认为在当时那种低生产力水平下，就可以而且应该使农村集体所有制立即过渡到全民所有制，认为越是穷越可以过渡，富了就难以过渡了。在这种谬论的指导下，刮起了一股"一平二调"的共产风，有些集体所有制单位还并入全民所有制的国营农场，结果造成生产力的大破坏。这种"趁穷过渡"的理论，是一种"唯意志论"。到了"文化大革命"中，张春桥等人更明确地把它概括为"过渡主要靠精神"的"精神万能论"，胡说只要有"共产主义精神"，即使穷也可以过渡。王洪文甚至叫嚷："不想搞穷队过渡，就是不想搞革命，反对所有制变革"。"四人帮"的这种谬论给许多地区的农业生产带来灾难。认为生产关系的变革可以不顾生产力状况的种种"理论"，都是否认生产关系必须适应生产力状况这一客观规律的。但是，实践证明，不按这个规律办事，恣意妄为，胡乱改变生产关系，最后要受到客观规律的惩罚。历史是超越不了的。将集体所有制经济硬行过渡到全民所有制，终究要退回到集体所有制，不顾条件过渡到以生产大队甚至公社为基本核算单位，生产就受损害。

在分配关系上也是这样。妄想在产品远非极大丰富的生产力状况下，反对实际收入上的不平等，甚至实行"各取所需"的共产主义原则，其结果只能是平均主义的分配，这不仅不是"按需分配"，甚至比按劳分配还要后退，只会造成生产力的破坏。

当然，在客观条件具备时，无产阶级自觉地改变落后的生产关系，也会有斗争，因为这种改变会触动某部分人的利益，或者要遇到因循守旧的习惯势力的阻挠。目前，为了加速实现四个现代化，根据生产力的要求，我们要进行经济体制的改革就可能遇到这种或那种阻力。但是，由于不存在各社会集团之间的根本利益的对抗，这些阻力是可以由社会主义制度本身加以克服的。

二

根据上述规律，既然生产力的发展是人类社会发展的终极动因，那么要根本改变我国的贫穷落后面貌，把我国建设成为现代化强国，就首先要发展生产力。实现四个现代化就是要使我国的生产力来一场伟大的革命。

生产力的发展首先是生产工具改进的结果。目前我国的生产力同一些发达的国家相比仍是很落后的。这种落后的状况归根结底是由生产工具的落后所决定的。在工业中，我们在 30 年的时间里建立了一大批现代化工业企业，但是采用落后生产工具的工业企业，还占有很大的比重，即使那些现代化的工业企业，也有不少在工艺技术和设备上比当前世界先进水平差一大段距离。农业方面，生产力的落后状况就更严重了，简单手工工具还是主要的。现代化的农业机器和技术装备为数很少。我国生产力的落后状况，集中表现在各物质生产部门的劳动生产率同一些发达国家相比存在很大的差距，普遍相差几倍、十几倍以至几十倍。这种状况决定了我们必须把绝大多数劳动力用于从事物质资料的生产，而且主要用于从事农业生产，不能有很多的人从事科学、文化、艺术和其他非物质生产部门的活动。劳动力的这种分配是落后的社会经济结构的标志。我国生产关系和上层建筑中存在的种种落后现象，也都同生产力的落后状况有一定联系。因此，要使我国的社会主义生产关系和社会主义上层建筑得到进一步的巩固和发展，归根到底要大力发展生产力，首先要进行生产工具的革命，用现代的科学技术去改造和武装各个生产部门，使各个生产部门都逐步转到现代化的技术基础上来，不仅使繁重的手工劳动逐步为机器所代替，而且使现有的机器大生产进一步发展为全盘自动化的大生产。在这个过程中，劳动生产率将几倍、十几倍、几十倍地提高，人们将从繁重的体力劳动中解放出来。劳动时间将缩短，人们可以有更充裕的时间用于学习、各种公益活动、娱乐活动和休息。众多的劳动力将逐步由农业转到工业、建筑业、交通运输业、商业、文化科学教育、卫生保健、社会福利、生活服务等行业。在这个基础上三大差别将逐步缩小。

劳动对象是生产力中另一个重要因素。要发展生产力必须发展劳动对象。现代科学技术引起了劳动对象的重大革命。劳动对象的发展和革命促进了生产力的大发展。大家知道，任何生产都离不开能源。第二次世界大战后日本等国经济迅速发展的主要原因之一就是获得了大量廉价的能源——石油。目前，能源短缺已经成了一个世界性的问题。许多国家都在致力于新能源的开发。能源方面正酝酿着一场新的重大的革命。核裂变反应释放的原子能的利用使生产获得了新的能源。人们正在探索利用核聚变反应所产生的原子能。人们还在探索太阳能和其他能源的利用问题。有的国家正在进行煤炭气化的研究和试验。新能源的开发将使生产获得用之不竭的动力。现代化的工业、国防和科学技术，需要有各种各样的新材料和具有特殊性能的金属。半导体材料、合成纤维、塑料、各种合金等的生产和使用对生产的发展起着越来越重要的作用。现代化的农业也要求广泛使用新的劳动对象，例如良种、化肥、农药等。各种新的劳动对象在生产中的使用，加快了生产的流程，提高了产品的质量，增加了产品的品种，降低了原材料和动力的消耗，提高了劳动生产率，甚至还引起了生产工艺的改革。我们在实现四个现代化中必须重视劳动对象的发展和革命，生产出更多更好的原料和材料，开发更多的新能源。

劳动者是生产力的重要因素。现代化的生产工具，要有具备现代科学技术知识和生产经验的劳动者去掌握。否则，即使有了现代化的技术设备，也不能充分发挥效率。所以，为了进行一场伟大的技术革命，我们在实行生产工具和劳动对象革命的同时，还必须采取各种措施，提高从事物质生产的劳动者的科学技术水平和熟练程度，提高全民族的科学文化水平。

无论是生产工具和劳动对象的发展还是劳动者的生产技能和经验的提高，都离不开科学的发展和它在生产中的应用。要发展生产力必须十分重视发展科学，科学技术的现代化是实现现代化的关键。

可以想象，在实现四个现代化的过程中，我国的生产力将会获得突飞猛进的发展。有了生产力的这样的发展，我国的社会经济面貌就会发生根本的改观。

三

为了实现四个现代化，除了发展生产力以外，还必须相应改变落后的生产关系，使生产关系适应生产力的发展的要求，促进生产力的发展。

解放前的我国，资本主义经济很不发达，封建经济根深蒂固，个体小生产如同汪洋大海。解放后，通过农村中的土地改革和城市中的民主改革，封建主义的生产关系基本消灭了。通过社会主义改造，绝大多数的个体小生产经济已经转变为社会主义集体经济，逐步走上了社会化大生产的轨道，资本主义工商业也已改造成为社会主义国营经济了。

30 年来，无论在农业还是工业中，生产力是有很大发展的。这是我国社会主义生产关系得以巩固和发展的物质基础。但是，正如前面所指出的，我国社会生产力的发展又是很不足的，同一些发达的国家相比，还是相当落后的。旧生产关系虽然经过变革，社会主义生产关系在我国的国民经济中已占统治地位，但还残留了一些封建主义的生产关系，还要保留一些独立的个体小生产，在社会主义集体所有制经济方面，还要保留一些小生产作为社会主义经济的补充，而在一些社会主义企业中，还可以看到落后的小生产的影响，特别是小生产的经营方式的影响。此外，在我国，资本主义生产关系的残余也还存在，而在一些社会主义企业中，资本主义的经营方式也或多或少地存在着。新建立的社会主义生产关系，无论是全民所有制经济的生产关系还是集体所有制经济的生产关系，也都存在着许多不成熟、不完善的方面，需要继续改进和逐步完善。对上面概述的种种生产关系方面的状况，以及它们同生产力的关系，都需要我们根据生产关系必须适应生产力状况这一客观规律的要求进行具体分析，以求正确解决。

封建主义的生产关系是早已过时的反动的生产关系。上面所说的残留的一些封建主义生产关系自然不是从这种典型意义上讲的，而是从它的某些残留的形态上讲的。封建主义生产关系在我国存在了几千年，其影响是根深蒂固的。在我国早期的资本主义企业中，尽管资本主义生产关系是建立了，但是封建主义生产关系仍或多或少地继续存在了很长一段时期。例如，在这些企业中存在过的具有人身依附关系、实行超经济强制和剥削的养成工制、包身工制、把头制等，就是封建主义性质的生产关系（有些方面甚至还带有奴隶制生产关系的性质）。把头制甚至延续到解放后民主改革运动以前。封建主义生产关系的残余，在我国一些集体所有制经济和全民所有制经济中，也有种种表现。例如，在有的生产单位中，干部和群众的关系不是平等互助合作的关系，变成某种程度的人身依附关系。再如某些干部用地主老爷的态度和封建统治的办法对待农民和工人。他们可以任意克扣农民的口粮，可以任意打骂群众，甚至操有生杀予夺的大权。有些生产单位的农民必须对干部缴纳变相的贡赋，服变相的徭役（如"送礼""请吃"、无偿地为干部私人干活等）。前几年，在农业生产遭受"四人帮"严重破坏的地区，出现了高利盘剥等带有浓厚封建性的剥削方式。这些封建主义生产关系的残余，都是生产力的严重破坏者，也是社会主义生产关系的严重破坏者。在这些企业中，群众的积极性遭受摧残，生产力倒退。

在我国生产资料的社会主义改造基本完成以后，还存留着一些小生产的生产关系。这些小生产的生产关系同封建主义生产关系具有根本不同的性质。它是以劳动者占有简单的生产工具、自己从事劳动并占有产品为特征的。这些小生产有各种不同的情况。一种是在城乡还保留着的独立的个体小生产者（如木工、瓦工、修鞋工等）。在社会生产力没有高度发展以前，在社会主义经济还不可能深入一切领域以前，保留一些独立的个体小生产者对社会生产特别是对人民的生活是有一定积极作用的。只要加强社会主义经济对他们的领导和引导，限制他们的盲目发展，防止他们的分化，他们的存在是不会对社会生产造成危害的。另一种是人民公社社员经营的自留地和家庭副业，它是在社员从事集体生产之余或者由他们的家庭辅助劳动力经营的，所以它不是独立的个体小生产，而是作为社会主义集体经济的补充。这种附属于集体经济的小生产的存在，是由农业生产力的状况决定的。在集体经济的生产力还没有发展到使一切个体小生产都无利可图和社员根本无兴趣去经营这些个体小生产的程度，还没有发展到得以满足城乡对农副产品的需要的程度，还没有发展到社员依靠集体经济的收入就能满足其基本生活需要的程度，这些作为集体经济补充的个体小生产就需要存在，并将得到一定的发展。这不仅对社员本身有利，对集体经济有利，也对整个国民经济有利。当然，也要加强对它的领导，妥善解决它同集体经济的矛盾。

除了上述两种情况以外，在一些社会主义企业中还残存着某些小生产的影响，主要是指小生产的经营方式。例如，一些公社和生产队不顾具体条件，盲目追求粮食的自给自足，一些适宜种植经济作物的地区和适宜种蔬菜的城市近郊区不去发展经济作物和蔬菜，而要砍掉果树，毁掉菜园去种粮食，有一些社队既种粮食，又种棉花、油料和其他经济作物。这种自给自足的小生产的经营方式使农业生产不能因地制宜地按照自然条件和经济区划实行合理布局和专业化。不改变这种状况，各种现代化的农业技术设备就难以推广和应用。在工业企业里，小生产的自给自足的经营方式也有影响。不少工厂办成"万事不求人"的一应俱全的全能厂。如果不按照专业化和协作的原则进行改组，工业的现代化也是难以办到的。再如，在小生产的自给自足的经营方式的影响下，我国社会主义的商品生产和商品交换受到了限制，没有获得应有的发展。生产资料不被作为商品进行交换和流通，社员经营的正当的家庭副业这种简单商品生产被当作资本主义而遭到取缔，等等。与此相联系，价值规律没有得到正确的理解，它在社会主义经济中没有被充分利用来促进生产，发展技术，节约劳动，增加赢利，改进质量，增多品种。结果是不问消耗、不计成本、不讲盈亏、不重效率、不顾效果、"吃大锅饭"等小生产的经营方式盛行。不理解不重视价值规律在社会主义经济中的作用，还表现在从社会主义计划经济中排斥市场机制的调节作用，造成计划与实际脱节、生产与需要脱节，经济运转不灵。还有分配中的平均主义，有些干部对群众的家长式的态度，独断独行、强迫命令等也都同小生产的经营方式有关。小生产的经营方式是同现代化的生产格格不入的。要加速实现四个现代化，必须在社会主义企业中清除它的种种影响。

资本家占有生产资料、剥削雇佣劳动者创造的剩余价值，这种典型意义的资本主义生产关系，随着私营工商业的社会主义改造的基本完成业已基本消灭。但是，资本主义生产关系的最终消灭，特别是彻底清除它的影响还需要经历一个过程。这里有两种情况：

一种情况是，在社会主义经济外部还残留着一些资本主义生产关系，有些是上述典型意义的，如雇工剥削的包工队、工厂等，有些则不具有这种典型意义，而是带有资本主义性质，例如投机倒把等。这种种残留的资本主义生产关系对社会主义生产关系具有很大的腐蚀性，对生产力具有很大的破坏性，是寄生在社会主义经济健康机体上的赘瘤，决不能等闲视之，必须不断地同它们作斗争，并逐步加以消灭。

另一种情况是，在某些社会主义企业中出现过的并且还可能出现的资本主义经营方式。这里是指同资本主义生产关系的本质相联系的经营方式，例如尔虞我诈、弄虚作假、唯利是图、互相封锁、互相倾轧等。这一类资本主义经营方式同社会主义生产关系是不相容的，必须加以反对和清除。当前，在解决这类资本主义经营方式同生产力的矛盾时，需要持慎重的态度。这是因为，多年来林彪、"四人帮"竭力混淆社会主义同资本主义的界限，打着反对资本主义的旗号，把社会主义生产关系（如按劳分配、经济核算、经济责任制等）也当作资本主义生产关系加以批判和反对。我们决不能在去除资本主义生产关系的残余时，把资本主义文明所创造的对社会主义有用的成果也抛弃掉，甚至把体现社会主义生产关系的东西也一起扔掉。

社会主义生产关系是社会化大生产所客观要求的，所以它同社会化的生产力是相适应的。但是，由于我们是在一个革命前生产力极端落后的国家着手建设社会主义的。落后的生产力决定了我国的社会主义生产关系远远不是完善的和充分发达的。这种不完善和不发达的状况同正在发展中的社会化的生产力是不相适应的。

例如，现代化的生产是程度很高的社会化大生产，它以社会分工的高度发展为前提，同时又引起社会分工的进一步发展。这种高度社会化的大生产，使各部门各行业相互渗透，生产远远突破了狭隘的地区性。为了同这种高度社会化的大生产的状况相适应，生产的组织应该从经济的合理性出发，打破行业划分和行政区划的局限。可是，我国的生产是按行政隶属关系和行政区划进行组织的，行业间、地区间的界限森严，冶炼难管化工，军工不顾民用，各地区都建立自己的一套万事不求人的体系。这种人为的划分和界限，无疑是套在社会化大生产身上的枷锁，使其发展受到很大限制。

再如，生产关系是人们在物质生产中的经济利益的结合形式，社会主义生产关系也不例外。在社会主义经济中，存在着各种经济利益之间的关系，例如工人的利益和农民的利益、国家及生产单位的利益和劳动者个人的利益、这个地区的利益和那个地区的利益、中央的利益和地方的利益等。只有妥善地处理好各方面的经济利益关系，社会主义生产关系才能得以巩固和发展，才能有力地促进社会生产力的提高。就国家（社会）的利益、生产单位的利益和劳动者个人的利益三者之间的关系来说，过去是没有处理好的。在原有的经济体制下，企业是没有自身的经济利益的，统收统支、统购包销等一套办法，使得企业干好干坏、盈利亏损都是一样的。干好了，盈利了，企业不能得到应有的报偿，用以改进生产，举办福利；干坏了，亏损了，企业也不会受到应有的惩罚，不必承担经济上的责任。劳动者的个人利益不仅受到忽视，多劳不能多得，少劳也不减收入，而且同企业经营好坏没有直接的关系。这种把国家利益、生产单位利益和劳动者个人利益割裂开来的经济体制，是不利于社会主义生产关系的巩固的，也是不利于生产力的发展的。

总之，为了加速实现四个现代化，改革社会主义生产关系中不适应生产力的部分，已经是刻不容缓了。可以预料，在实现四个现代化过程中，随着生产力的突飞猛进，社会主义生产关系中目前同生产力相适应的某些方面也会变成不适应，从而成为生产力进一步发展的障碍，必须进一步改革。

　生产关系必须适应生产力的状况，这是一个万古长青的过程，我们对这一规律的认识和运用，也将随着四个现代化的实践而逐步深化。

1979 年夏

（原载《社会主义经济规律问题》，中国财政经济出版社 1981 年版）

大转变中的中国经济

我国现在上上下下都在为实现四个现代化而奋斗。我国的经济正在经历着一个大的转变时期，变化很快，变化的方面很多，有点令人眼花缭乱的感觉。对各种各样的变化，需要理出一个头绪。我想，在目前我国经济的大转变中，可以说包含三个改革的内容。第一个是生产资料所有制的形式和结构的改革。第二是经济体制的改革。这个改革同前面的改革有联系，但也有不相同的地方。第三是国民经济结构的改革。抓住了这三个改革，从这三个改革入手来看我们经济的变化，我想大体上就可以看清楚我们的经济是在怎么样转变和朝着什么方向发展。

一、我国生产资料所有制的形式和结构的改革

到 1956 年，我国绝大部分地区基本上完成了生产资料所有制的社会主义改造。这是一场深刻的革命。总的说起来，社会主义改造是成功的，取得了很大成绩，无论在城市还是在农村，社会主义公有制都占了绝对的优势。但是回过头来看，也应该说存在着问题。1955年夏季以后步子快了，没有始终坚持循序渐进的方针，工作过于粗糙，出现过违背自愿互利的情况，同时，没有根据各地不同情况采取不同的形式。特别是 1958 年，正当我们为取得了巨大胜利而欢欣鼓舞时，由于不谨慎，不久我们就在生产资料所有制问题上犯了许多错误，出现了一些错误的理论。在它们的指导下，在生产资料所有制方面出现了一系列错误的行动，从而造成了生产力的大破坏、经济上的大损失，而且这种错误在以后的长时间里还一再重犯。生产资料所有

制问题是政治经济学的核心问题。我们能不能正确地对待生产资料所有制的问题，关系到我们的经济能不能顺利发展。

在生产资料所有制问题上，曾经出现过的错误理论之一，就是否认生产资料所有制形式要适合生产力的性质和状况，认为可以不顾生产力的水平人为地推进生产资料所有制的变革，并企图在生产力水平极其低下的基础上建立共产主义性质的生产资料所有制形式。这种错误理论最集中地表现为1958年提出的"趁穷过渡"的理论。它首先是陈伯达鼓吹的。这个理论用简单的话来讲，是这样一个意思：不论是农村还是城市，我们要趁现在还比较穷，趁生产力发展水平还很低，赶紧进行生产资料所有制的过渡，生产资料集体所有制要赶紧向全民所有制过渡，高级农业生产合作社要赶紧向规模很大的、带有"共产主义因素"的人民公社所有制过渡，社会主义全民所有制要赶紧向共产主义全民所有制过渡。如果不赶紧过渡，等到生产发展了，人民富起来了，出现了贫富的差别，到那个时候再过渡就困难了。这就是"趁穷过渡"的理论。这个理论影响了1958年所有制的变革，而且一直影响到打倒"四人帮"以后的一段时期。在农村中，大家都知道，掀起了由高级农业生产合作社向人民公社一级所有制过渡，农村集体所有制向国营农场全民所有制过渡的运动。这种运动也波及城市，一些城镇集体所有制的合作社纷纷升级过渡为全民所有制的国营企业。人们还准备在三五年内，甚至更短的时间，就要在我国实现共产主义，建立共产主义的生产资料所有制形式。在这种"趁穷过渡"中，还同时取消了社员的自留地和家庭副业，农村和城市中的各种个体经济基本上消灭了。

现在我们看得很清楚，在"趁穷过渡"中，并没有因为我们想在生产关系方面赶紧向共产主义过渡而带来经济上的大发展，并没有通过生产关系的变革而促进生产力的发展，相反却带来了生产力的大破坏。道理是很简单的。因为生产资料所有制问题，说到底，是一个人与人之间在生产过程中经济利益上的一种结合的关系。所有制变革中的不慎重，损害了一些人的经济利益，所以导致了生产力的大破坏。在高级社合并为人民公社的时候，在实现公社一级所有制的时候，那些比较富的高级社，看到自己辛辛苦苦积累起来的农业生产资料以及其他财产，要被一些比较穷的高级社"共产"了，于是在实现这种合并以前就赶紧把猪、羊、耕牛等宰了，把树砍了，把公共积累分了。这种情况实际上在初级社向高级社全面过渡的时候就出现过。因为时间很短，高级社刚刚建立一年，就向人民公社过渡了，所以这种情况大家还没有看清楚，结果就重犯了建立高级社时有些地方曾经发生过的错误。以后，对"趁穷过渡"的错误进行了纠正，但纠正是不彻底的。大家知道，我们第一步就是由公社一级所有制退到大队所有制。但看起来还不行。进一步又退到生产队为基础的公社三级所有制。这就是说，公社的基本核算单位退到了原来的初级社的规模，因为生产队的规模就相当于原来的初级合作社。这个退说明什么问题呢？说明我们从初级社到高级社的过渡有些地方的步子就已经快了，那么，要从高级社进到更高一级的公社，就更不行了。所以就一步一步退，退到以生产队作为基本核算单位。在"趁穷过渡"的理论影响下，在"文化大革命"中以及"文化大革命"以后的一段时间内，很多地方还一再刮"趁穷过渡"风，每刮一次就带来一次生产的严重破坏。

这种"趁穷过渡"的理论之所以难以彻底纠正，是同另外一个在所有制问题上的错误理论联系在一起的。这个错误的理论就是：认为不管生产力的状况如何，任何公有制形式都一定是优越的，公有化的程度越高越优越，公有化经济的规模越大越优越，公有化的百分比越高越优越。现在看来，这个理论也是不对的。是不是任何公有制，不管任何条件，不管采取什么具体形式，就一定优越呢？不是这样，而是只有同生产力水平相适应的公有制形式才是优越的。只有这种公有制形式才能促进生产力的发展。我们在人民公社化运动中就已经碰到了这样一个问题：实行公社一级所有制，并没有带来生产力的大发展，相反却带来了生产力的大倒退。这就说明，不是任何公有制形式都能适应生产力的发展，都能对生产力的发展起促进作用，相反，那种脱离生产力状况的公有制形式，只能对生产力起破坏作用。这个例子也说明，并不是公有化水平越高就越优越，就是说，不是公社一级所有制一定要比生产大队一级所有制优越，生产大队一级所有制一定要比生产队一级所有制优越。根据同样的道理，全民所有制也不是无条件地优越于集体所有制。一种公有制形式优越与否，要看这种公有制形式是不是适合生产力的状况和性质。公有化的百分比越高是不是就越优越呢？也不是这样。我们过去总希望能够在比较短的时间里，在全社会实现百分之百的公有化。但企图在落后的生产力状况下实现百分之百的公有化，对我们的经济是不利的。要实现百分之百的公有化，当然就要彻底消灭个体所有制。我们从 1958 年起就是这样做的。经过几次反复，在一些城市里个体所有制所剩无几了。后面还要谈到，在目前的条件下，消灭个体所有制会带来怎样的消极后果。

否认生产资料所有制的形式要适合生产力的性质和状况这种错误理论，还导致了另一个错误，这就是不顾各地区经济发展的极不平衡和极大差异（例如先进地区和落后地区、沿海和中心地区与边远地区、平原地区和山区、农业区和畜牧区及林区、汉族地区和少数民族地区的差异等），要求按照经济发达地区、农业地区、汉族地区等的生产关系模式建立统一的生产资料所有制形式。

近年来，我们澄清了在生产资料所有制问题上的错误理论，并且采取了一些措施来纠正实际工作中的失误。我们从失误中认识到，必须寻找和创造最能促进生产力发展的生产资料公有制的具体形式。公有制的形式不能是简单划一的，而应该按照生产力的实际状况和各地区各行业的经济特点有所不同。我们也认识到，我们存在着从极其原始的生产力到现代生产力的多层次的生产力状况，而且总的说来，我国的生产力还相当落后，手工劳动还占相当大的比重，特别是在农业中，基本上还是以手工工具为标志的生产力。在这样的多层次的、落后的生产力的基础上，我们不可能实现百分之百的公有化，更不可能建立全面的全民所有制，而必须建立和发展社会主义公有制占绝对优势条件下的多种生产资料所有制结构。基于这些认识，我们正在着手对我国的生产资料所有制的形式和结构进行改革。下面我分别地讲一讲。

先讲个体所有制。我国个体所有制经济通过 1956 年以前的社会主义改造，基本上都组织在各种合作社和合作小组里。这个方向是对的。个体所有制经济总是要进行社会主义改造，建立各种各样的集体所有制经济的。但要求过快过急了。过去有一种错误的理论，这就是不顾我国生产力的落后状况，不顾1956年以后还保留的城乡个体经济早已同全社会中占主导地位的社会主义所有制相联系的事实，还认为个体经济仍然会经常地、大批地、每日每时地、自发地产生资本主义和资产阶级，因此，个体经济被看作是资本主义的尾巴，要统统割掉。在这种错误理论的指导下，在农村取消农民的自留地，禁止农民从事家庭副业，在城市则将个体手工业、个体服务业、个体商贩等几乎扫光。到1978年全国城镇个体劳动者总共只剩下15万人。我们能不能够在短时间里消灭个体所有制呢？现在看来不行。这是因为我们的生产力还很落后，公有制经济还没有发展壮大到可以完全代替个体所有制的程度。个体经济是这样一种经济：个体劳动者占有自己的生产工具，自己从事劳动，生产出来的产品归自己所有，它是不剥削其他人的。这种经济比较灵活，对群众服务比较方便，可以增加就业，对生产的发展和人民的生活还起着重要的作用，是社会主义公有制经济的必要补充。我们在那些年里把个体经济基本上扫光以后，给人民生活带来了许多困难。以北京市为例，北京市1955年有各种个体工商业户42080户、57691人，1957年底仍有3681户、3952人。到1960年底，个体经济几乎被一扫而光。以后虽然有所恢复，在"文化大革命"期间，又受到排斥和取缔。到1978年底，全市持有营业执照的个体工商业者只剩下259人，比1965年减少88%，比1957年减少93.5%，比1955年减少99.55%。单就商业、服务业和饮食业来说，由于个体经济被取缔，加上合作商店和合作小组大量并入国营商业，北京市的商业、服务业、饮食业的网点由解放初期的73000个减少到1978年的10524个，即减少了85.6%，只相当于解放初期的14.4%。可是，北京市的人口却由解放时的265万人增加到1979年的470万人。这种情况给人民生活带来的困难是人们能感受到的。比如，我们过去要弹棉被，那是非常困难的。北京市有个地方有个专门弹南方被套的门市部，大家都愿意到那里去弹被套，但那个门市部每天只接收 50 个号，一大早人们就拿着一大包棉花到那里去排队。等开了门以后，只发到 50 号，以后的就不收了，只好明天再来。而且棉花放在那里做被套要很长时间，半个月、一个月不定，这给群众带来多大的不方便！再比如理发，过去有很多串街走巷的个体理发员，他们给病人、老人、儿童、刚出生的婴儿以及产妇等带来了许多方便，顾客不用出门，收费也便宜。而且有些理发员都给顾客排上号了，哪家每月几号要理发，到时候不用叫他，他就来了。以后个体理发没有了，这就很困难了，特别是老人、病人，到理发店去理发是非常困难的，要排很长的队。其他方面的例子就更多了。

近来，我们对个体经济采取了适当发展、积极引导、加强管理的政策。城镇个体经济开始恢复和发展起来。这个路子一开，我们的经济就活了，人民的生活也便利起来了。还是以弹被套来说吧！从1979 年起，从浙江温州地区到北京来了一批弹被套的匠人，最近达到几百人之多。温州弹被套是全国闻名的。这些个体弹被套者收费不高，同国营门市部差不多。弹的质量好，因为是手工弹的，不像机器弹棉花那样容易伤纤维。也不必久等，当日可取。从此，北京市的居民就再不为弹被套而伤脑筋了。除了个体手工业以外，个体商业也在恢复中。个体商店和国营商店有很大区别。开门早、关门迟，晚上敲敲门也卖，经营比较灵活，方便群众。

为了促进个体经济的恢复和发展，政府采取了一些措施。从1980 年第四季度起，停止实行过去长期实行的十四级全额累进外加一至四成的税率，改行八级超额累进税，个体工商业者的税收负担减轻了 70% 左右。但是，从一些地方的情况看，城镇个体经济的恢复和发展还不够快。许多政策还没有制定，有些政策则没有落实。个体工商业的发展还受到来自各个方面的不适当的限制。例如，个体工商业的原材料和货源没有保证，经营的范围受到过多的限制，上交的费用名目繁多，各方面向它伸手，"雁过拔毛"。同时，不少地方对个体工商业又没有认真管起来，出现了一些混乱。

在农村中，个体经济也有了恢复和发展。农村社员经营自留地和家庭副业不但被认为是合法的，而且得到了鼓励。在少数民族地区、边远地区、畜牧地区、经济落后地区，对于社员经营自留地和家庭副业采取了更为灵活的政策。例如，为了鼓励农牧民个人饲养家畜，有的地方取消了饲养头数的限制，有的地方免征自养牲畜交易税和屠宰税等。灵活的政策大大促进了农村个体经济的发展。例如，甘肃省多年来羊的头数没有超过 1000 万头，自从 1979 年取消私人养羊头数的限制以后，养羊的头数猛增加到 1500 万头。

近年来，发展个体所有制经济的情况说明，个体所有制经济还有必要在一定范围内存在并在一定程度上发展。它在许多方面是全民所有制经济和集体所有制经济所无法取代的。有些修理业、服务业、饮食业、商业、手工业，个体经营反而比集体经营得好，它机动灵活，方便群众，对社会主义公有制经济起着重要的补充和助手的作用，对扩大就业也有很大作用。

对于发展个体经济，有的同志很担心，担心个体经济发展下去会不会发展成为资本主义，因为我们过去学过列宁的一条语录，就是小生产经常地、大批地、每日每时地、自发地产生资本主义。对这句话我们曾经不顾具体的社会历史条件做了绝对的理解。其实小生产并不是在任何条件下，都每日每时地、大批地、自发地产生资本主义，而只是历史上，当建立在生产资料私有制基础上的商品生产和交换已经比较发达时，小生产才会产生资本主义生产关系。在这样的情况下，在商品生产和商品交换中，通过竞争，小生产出现两极分化，它才会经常地、大批地、每日每时地、自发地产生资本主义。我国的小生产，几千年以前就有了，奴隶社会就有了，它并没有发展成为资本主义。何况在目前我国公有制经济已经占了统治地位。只要我们积极引导，制定合理的政策，加强管理，一般地说，它不可能发展成为资本主义。相反，它可以补充社会主义公有制经济的不足。这里是讲："一般地说不可能"，并不是说绝对地不可能。因为，如果我们不加强管理，放任自流，也是有可能的。最近有这么一个例子，在农村的一个公社里，有一个木工，雇了 16 个木工，承包了一个国营电线厂的电线板的制造，他从各种渠道弄来了比较便宜的木材，几个月就赚了 8000 元。据估计，除了给雇佣的 16 个工人的工资外，他一年可赚两万元。因为没有制定明确的政策，他很担心：会不会有一天给他戴上资本家的帽子。他也不敢花这些钱，都把它存在银行里，准备有一天去退赔。那么，对这个情况应该怎么看？允不允许这样做？雇佣16个工人，我想是不行的。这个木工已经不是个体手工业者，而是小业主了。据说，还有不少木工愿意到他那里去干活，如果不加以限制，他就会由小业主发展成资本家。因此，需要对从事个体经济者雇佣的人数作出规定。比如，只能带几个徒工和帮手，或者像南斯拉夫规定的那样，最多只能用5个人，超过了就不行。这些徒工和帮手的人数应根据各行各业的生产和经营的特点有区别地加以确定。总之，要有个限制，有了这个限制以后，个体劳动者就不可能走上靠剥削发大财的道路。有的也会有少量剥削，但不至于发很大的财。否则，有的个体经济开始先雇一个，然后雇两个，任其自发地发展下去，慢慢地雇多了就有可能走向资本主义。总之，在政策上需要有一些规定。

近来，各地还发展着一种特殊性质的个体经济，这就是全民所有制和集体所有制经济中在业职工业余从事的有酬个体劳动，例如家具制作、服装裁制、房屋维修、家庭授课、搬运装卸、零售贩卖、农副业生产、厂外产品加工等。因为是在业职工的业余有酬劳动，所以这种个体经济不具有独立的性质。这种个体经济对在业职工起着补充收入的作用，对于满足社会的需要也起着补充的作用，应该允许其存在并有一定发展。当然也应该看到，在业职工从事这种业余有酬劳动必须以不影响本职工作为前提，更不能利用公有制经济的生产工具和原材料谋取个人的私利，否则就会发生弊端。例如，有人业余死劲干活，上班时无精打采，造成事故，等等。所以，对于这样一种个体经济也要从各个方面作出规定，注意引导，加强管理。简单地禁止和放任自流都是不对的。

其次，讲讲集体所有制。城镇集体所有制经济经历了曲折的发展道路。1958年在"趁穷过渡"理论的影响下，城市的集体所有制经济实行了升级转产过渡。具体说就是有一部分城市的集体所有制经济转成了国营经济，成了国家所有制了。更多的部分转变为合作工厂，就是以后讲的所谓大集体所有制和小集体所有制，实际上变成了各级地方政权所有，它们的财产和利润归各级地方政权支配。原来的集体所有制经济是实行自负盈亏的，在转变为合作工厂，成为大集体所有制、小集体所有制以后，就成了统负盈亏了，即在各级政权的主管部门范围内统一计算盈亏。各个原有的集体所有制企业不再各自承担盈亏的责任。这样，集体所有制经济的性质就发生了变化。它已经不是原来意义的或者真正意义的城镇集体所有制了。这些经济实际上成了地方政权所有的变相的地方国营经济，至少带有很多的国营经济的性质。在一个城市里，这些"集体所有制经济"有由市级各个主管局管的，有由区、街道居委会、居民小组管的，分好几层。哪个企业经营得好，利润大，有发展前途，各级地方政权的主管部门就往上收，小集体变为大集体，大集体再变为国营。随着原来的集体所有制经济实际上变成了各级地方政权所有的变相地方国营经济，国营经济的管理办法运用到"集体经济"里，"集体所有制经济"也吃起大锅饭了。它是统负盈亏的，利润统统上交主管部门。它需要花多少钱要由主管部门批准，亏损了由主管部门弥补。有的企业仅有50元的机动钱，其他统统上交。只是在分配方面还不像国家所有制那样有铁饭碗，因为在这种经济里，亏本了，工资就发不出去。随着集体所有制经济的大量升级过渡为国营经济，其余部分由自负盈亏改变为统负盈亏以及层层升级上收，使得集体经济的发展受到了很大影响，给经济生活带来了许多严重问题。例如，日用工业品的数量和品种减少了，一些供应渠道阻塞了，服务行业削弱了，人民的生活大为不便了，亏损的企业多起来了，人民的就业困难了，一些传统的手工制品和饮食几乎失传了，等等。单从不少城市的商业网点一下减少80%左右，全国从事商业、饮食业、服务业的职工人数在职工总数中的比重从第一个五年计划时期最高年份的20%降到不久前的8%左右，我们就可以看到这些恶果的严重程度。集体所有制经济是不应该统负盈亏的，真正意义的集体经济必须实行自负盈亏。因为，集体经济的财产为这个集体所有制单位劳动者共同所有，大家共同劳动，创造的产品也属于他们共同所有，除了完成国家税收任务外，剩下的收入归集体劳动者所有，盈了是大家的，亏了也要大家共同负担。统负盈亏实际上是对各集体所有制企业进行平调。

但是，一直到1980年初，城镇集体经济是不是要实行自负盈亏还有较大的争论。1980年1月份在沈阳召开城镇集体所有制经济理论讨论会，意见非常分歧，有些同志认为要实行自负盈亏；有些同志特别是有些在地方主管部门工作的同志坚持实行统负盈亏。因为集体经济实行统负盈亏对地方各级政权有好处，它们可以通过这个办法把集体经济的一些利润集中到手里，尽管有一部分也用于发展集体经济，但有了这笔钱就可以进行市政建设，举办一些福利事业等。这当然也不能怪地方。因为在原来的经济体制下地方政权的手脚被捆死了，没有办法，才找出这一条路。现在看来实行统负盈亏却又把集体所有制经济的手脚给捆住了。目前，有些地方（例如辽宁等地）已经在进行由统负盈亏改变为自负盈亏了。通过这种改革，城镇集体所有制经济正在恢复它本来的性质。这样的改变使得集体生产者的利益同企业的经营成果联系起来，企业和集体生产者都必须关心企业的盈亏，从而极大地提高了生产者的积极性，增强了生产者的责任感。集体所有制经济的特点和优点（例如经营灵活、适应性强、经济效果好等）也正在恢复，出现了生机勃勃的景象。许多城镇中，集体所有制经济的发展速度大大超过了国营经济的发展速度。

农村里的集体所有制经济也在发生变化。个体农民要走上集体化道路，个体农业要改造为集体所有制农业这是无疑的。但是，集体所有制到底要采取什么样的形式才最能促进生产力的发展呢？可以说这个问题直到现在还没有得到很好解决。从农民的劳动情况就可以说明这一点。我国的农民本是很勤劳的，但不少地方社员的积极性没有充分地调动起来，出工不出力，劳动时间的损失很大。之所以出现这种情况，一个重要的原因就是集体所有制的具体形式不完善。这里说的所有制形式是从经济学的意义上说的，而不是从法学的意义上说的。从经济学的意义上说，所谓生产资料所有制就是直接生产者同生产资料相结合的社会方式或形式。集体所有制必须找到能使集体农民同生产资料更紧密地结合起来的具体社会形式才能充分调动广大社员的积极性。过去，这个问题没有解决好。这几年有些变化，各地推行各种各样的联系产量计报酬的责任制，将部分或全部土地、农具、牲畜等交给专业队、作业组、社员个人或户经营，确定在正常条件下应该达到的产量指标，如果实际产量超过了，专业队、作业组、个人或户可获得额外报酬，否则就要减少报酬。从经济学上说，这是生产关系的变化，是所有制形式的变化。因为在联系产量计报酬的生产责任制下，农民同他们使用的生产资料（土地、农具、牲畜等）的结合方式发生了变化，结合得更为直接更加紧密了，从而使得土地的产量、副业和其他生产活路的产量同社员个人的利益发生紧密的联系，他们的收入直接取决于他们使用这些生产资料的结果，这样就把社员的积极性充分调动起来了。

　　农村集体所有制经济还有一个大的问题，就是"政社合一"的问题。1958年在人民公社化运动中，人民公社实行了"政社合一"，它不仅是经济组织，而且成为国家的基层政权。当时认为，实行"政社合一"有助于加强国家对人民公社的领导，甚至有人认为，实行"政社合一"使人民公社集体所有制经济具有了全民所有制的因素，有助于加速农村集体所有制向全民所有制过渡。现在看来，这些看法都是不对的，实行"政社合一"带来了许多问题，我在《经济研究》1979年第1期上发表的《关于我国社会主义所有制形式问题》一文中作了较多的论述，并提出了"使农村的基层政权组织同人民公社集体所有制经济组织分开，重新建立乡镇政权"的建议。这里不打算多谈。目前已经有些地方在进行政社分离、重新建立乡镇政权的试点。普遍这样做还需要创造条件（例如干部条件等），还要解决一些具体问题。但是，要实行这种分离，已经没有什么疑义了。

　　随着全民所有制方面经济体制改革的进行，我国的社会主义全民所有制的形式也在发生重大的变革。我国的全民所有制的具体形式一直是国家所有制。在国家所有制这种具体社会形式下，直接生产者通过自己的代表——无产阶级专政的国家以及由国家任命的并作为国家的代表的各级行政机构的负责人和企业的领导人同全民所有制的生产资料相结合，换句话说，直接生产者以无产阶级专政的国家以及由国家任命的并作为国家代表的各级负责人为中介同全民所有的生产资料结合起来。所以，在这种具体的社会形式下，直接生产者同生产资料的结合还不是很直接和很紧密的①。社会主义全民所有制采取国家所有制的形式，在社会主义全民所有制的一定发展阶段上特别是初期，是必要的，这种社会形式也有一些优点。但是，从一些社会主义国家的实践看来，不能认为社会主义全民所有制始终只能采取国家所有制的形式，更不能认为国家所有制是社会主义全民所有制的最高形式。这种社会形式是有弊病的。我们现在进行经济体制的改革，就全民所有制范围来说，经济体制改革的实质就是改革社会主义全民所有制的国家公有制形式。对于这些问题，我已经在《关于我国社会主义所有制形式问题》和《经济体制改革的几个基本问题》等文中发表了自己的一些看法。这里不想多谈了。对于我的那些看法，有一些同志是同意的，也有一些同志是不同意的。我想，结合我国经济体制的改革，就我国社会主义全民所有制形式的问题进行深入的讨论是非常必要的，也是非常重要的。因为，这个问题不仅关系到社会主义全民所有制本身的发展方向问题，同时也关系到社会主义集体所有制的长远发展方向问题。讨论还有待深入。这里我不打算就那些同我商榷的意见作出回答，我只想就一个问题谈一点初步的意见。这个问题就是：社会主义全民所有制范围的经济体制改革是不是社会主义全民所有制的国家所有制形式的变革？

有些同志认为，社会主义全民所有制范围的经济体制改革不会使社会主义全民所有制的国家所有制形式发生变化，甚至国营企业实行独立核算、自负盈亏也没有引起国家所有制形式的变化。对于这种看

---

① 在资本主义生产方式中，资本主义的所有制是雇佣劳动者同生产资料相结合的社会形式。在那里，劳动者必须把自己的劳动力作为商品出卖给资本家，采取可变资本的存在方式，才能同采取不变资本存在方式的生产资料结合起来从事生产。换句话说，在雇佣劳动者同作为资本的生产资料之间阻隔着资本的幽灵。所以，劳动力同生产资料的结合，是一种间接的结合。在资本主义所有制转变为社会主义所有制以后，生产资料归全体劳动人民所有，实现了劳动者同生产资料的直接结合。所以这里我们讲的是这种直接结合的具体社会形式和紧密的程度。

法，我是不同意的。细细琢磨这些同志提出的论据，使我感到，他们在一些问题上产生了误解。

首先，他们把全民所有制的国家所有制形式同无产阶级专政国家的经济职能混为一谈了，以为改革全民所有制的国家所有制形式，无产阶级专政的国家就失去了集中统一领导国民经济的职能。对于社会主义经济来说，在国家消亡以前，在社会经济中心建立起来并取代无产阶级专政国家行使集中统一领导国民经济的职能以前，国家对国民经济实行集中统一的领导是不可缺少的，我想，这是没有疑问的，也没有争论。但是，我认为，全民所有制采取国家所有制的形式同无产阶级专政国家对国民经济的集中统一领导是两个虽然有一些联系但又不能混为一谈的问题。在全民所有制采取国家所有制形式的条件下，国家作为生产资料所有制的实际的主体直接占有、使用、支配和处理全民所有的生产资料，各行政机构的负责人和国营企业的领导人也是受国家的委派并作为国家的代表来经营管理全民所有制的生产资料的。因此，在国家所有制形式下，国家的行政组织代替经济组织直接决定和指挥国营企业的活动，直接从事经济的日常业务活动，而国营企业则作为下属组织从属于各级行政机构，一切听命于国家的行政机构的指挥和命令。我国原有的经济体制正是全民所有制的国家所有制形式的产物，是同国家所有制形式结合在一起的。我们今天着手改革原有的经济体制而不引起全民所有制的国家所有制形式的变化是根本不可能的。我们正在试行或可能试行一些改革，例如，扩大企业自主权，企业实行独立的全面的严格的经济核算和自负盈亏，改革指令性计划制度，把市场机制纳入社会主义计划经济中，由中央集中决策改变为中央、地方、企业和劳动者个人的分层决策，政府的行政机构同企业相分离，企业从行政机构的附属物改变成为相对独立的商品生产者，企业和企业之间发展商品货币关系、开展竞争，企业实行民主管理，职工代表大会成为企业的最高权力机关，企业职工作为企业的主人行使管理企业的权利，企业的领导人由企业遴选，接受群众的监督，等等。这些正在试行的改革或可能试行的改革，改变着直接生产者同生产资料结合的社会形式，因此，都是社会主义生产关系的变革，也就是全民所有制的国家所有制形式的变革。但是，进行这种种改革并不意味着国家失去了经济职能。国家还将具有宏观经济决策的权力。而且，由于实行分层决策，国家将从直接从事经济的日常事务中摆脱出来，更好地发挥其统一领导国民经济的作用。

有些同志还从我国仍然存在着剥削阶级残余和旧的传统习惯，从而要由国家来保护全民所有制，来说明国营企业即使实行自负盈亏也不会引起全民所有制的国家所有制形式的变化。我想，这样的论据也是站不住脚的，因为它把作为上层建筑的国家同作为经济基础的国家所有制相混淆了。

其次，他们不是从生产关系上把握所有制，而是从法权关系上即意志关系上把握所有制。众所周知，政治经济学上的所有制，指的是生产关系的现实形态，即劳动者同生产资料相结合的社会形式，换句话说，所有制就是"生产的全部社会关系"①，或者"生产关系的总和"②；而法学上的所有制则是法律上规定的对财产的所有权，这是一种法权关系，它不是一种独立存在的关系。正如马克思所说："法权关系，是一种反映着经济关系的意志关系。这种法权关系或意志关系的内容是由这种经济关系本身决定的。"③ 有些同志不是从实行经济体制改革后，特别是国营企业实行自负盈亏后在劳动者同生产资料结合的社会形式上（即生产关系总和上或所有制上）引起的深刻变革着眼来看待社会主义全民所有制的国家所有制形式的变化，而是离开生产关系的这种变化，从法学上看待问题。他们认为只要法律上仍然规定着全民所有制的财产归国家所有，不管现实形态上的所有制（即生产关系的总和）发生了多么深刻的度化，全民所有制的国家所有制形式都不会发生变化。按照这种看法，所有制就成了法律对所有权的规定，不是作为生产关系的现实形态的所有制决定着作为法权关

---

① 马克思：《哲学的贫困》，《马克思恩格斯全集》第 4 卷第 180 页。
② 马克思：《道德化的批评和批评化的道德》，《马克思恩格斯选集》第 1 卷第 191 页。
③ 马克思：《资本论》第 1 卷，《马克思恩格斯全集》第 23 卷第 102 页。

系的所有权，而是相反，法律上对财产所有权的规定决定着作为生产关系总和的所有制。对这种看法当然是不能同意的。

由此可见，那种认为正在进行的经济体制改革就全民所有制范围来说不会引起全民所有制的国家所有制形式的变化的看法是不能成立的。毫无疑问，社会主义全民所有制的国家所有制形式的改革，只能逐步地进行，需要经历一个长的过程，在这个过程中会保留一些国家所有制，但这已是另一个问题了。

最近以来，还出现了一些各种合资经营的生产资料所有制形式。有国营企业之间联合投资联营的，有国营企业与集体所有制企业共同投资经营的，有集体所有制企业之间联合投资经营的，有公有制经济同私人共同投资经营的，还有私人共同投资经营的，等等。每一种合资经营的形式中又有各种不同的情况。从所有制上说，国营企业之间联合投资经营的企业、集体所有制企业之间联合投资经营的企业，仍分别属于全民所有制企业和集体所有制企业，这是清楚的。国营企业与集体所有制企业共同投资经营的企业，是否可以称为联合所有制企业？公有制企业实行合资经营对活跃经济是很有好处的，可以调动各方面积极性，正在受到重视和鼓励。当然，这里也有些问题需要研究。有这样一个问题：社会主义的分配原则是按劳分配，人们只能凭借付出的劳动领取相应的报酬。现在出现的合资经营的方式，有的地方却离开了这个原则，就是参加投资的企业可以凭借资金来取得报酬，即利用资金占有权来取得一部分利润。比如，一个国营企业与农村生产队办一个联合经营的企业，由国营企业出资金、机器设备，由生产队出厂房、土地和劳动力，创造的利润，国营企业可以按照股份来分取，也就是它可以凭借对资金的占有权来取得一部分利润。这部分利润除用来发展生产外，也有一部分用来举办职工的福利事业，或用作奖金。这样，这个出资金的国营企业的职工的这部分收入就不是按劳动取得的。这显然背离了社会主义原则。国营企业和国营企业之间的联合经营也有这样的问题。我认为，最好是把企业的闲散资金集中到银行，由银行统一来使用。企业把钱存在银行，只能取得存款的利息，存款的利息不是根据股份取得的利润，情况有不同。根据股份分红，利润越多分取的利润也越多，是没有限度的，而银行利息是一定的，有限度的。

在新创办的合资经营的企业中，有些企业拥有私人投资的股份。这里有各种各样的情况。如果按私人入股者是否参加该企业的劳动以及收入的分配办法来区分，可以分为以下几种：

入股的个人都参加企业的劳动，只根据各人的劳动状况分配劳动报酬，不凭股份分红。入股的股份日后逐年归还，归还完了，财产就成了集体的。这类企业无疑是社会主义的集体所有制。

入股的个人都参加企业的劳动，他们一方面按劳动的状况分配报酬，另一方面又按股份分取红利。股份是否逐年归还，做法又不一。这类企业应该说是具有半社会主义性质的。

入股的个人不参加企业的劳动，或者有一部分入股的个人不参加企业的劳动，不按股份分取红利，入股的股份只取得按银行存款利息计算的报酬。这类企业显然是社会主义性质的。

入股的个人都不参加企业的劳动，或者其中一部分人不参加企业的劳动，参加劳动的入股者除按劳动取得报酬外，同那些不参加劳动的入股者一起，都按股份分取红利。这类企业应该说具有私人资本主义性质的成分。如果一个企业中除了私人股份以外，还有公股（国营企业和集体所有制企业吸收一部分私人投资即是），那么，它就具有公私合营性质的成分。

对于私人按股份分红应该怎么看？对这个问题需要非常严肃而又慎重地对待和处理。我想，私人入股者都参加企业的劳动，在企业创办初期，除按劳动分配报酬外，还拿出一部分利润按股份分红，是可以的，但应该随着企业的发展，逐步归还私人股份，逐渐过渡到不按股份分红。如果入股者不参加企业的劳动却按股份分红，我认为，原则上是不应该允许的，更不应鼓励。有的同志说，现在大家手里有些闲散的钱，为什么不可以鼓励私人入股，按股分红呢？这不是可以调动各方面的积极性，以便把这些闲散的钱集中起来以利于生产的发展吗？我认为，不能简单地看问题，要看到这样做的社会后果和它所能引起的各种社会问题。因为，如果允许私人入股，不参加劳动，凭股份分取红利，就是允许私人凭借资本的所有权去占有他人的劳动，并允许私人把他们分取的利润转化为资本，增加股份。同时，如果允许私人购买股票，就得允许私人出售股票，这样就会出现资本市场，允许资本市场中的投机活动。这一切可能产生的社会后果和社会问题，大家都是知道的，用不着多说。值得注意的是，在那些为数尚极少的拥有私人股份、按股分红的企业里，有的企业已有极少数国家干部成为入股者。有的干部甚至出于好心，带头入股，作为示范，以鼓励更多的私人入股。我想，这种情况的出现更会使我们不能同意上述鼓励私人入股、按股分红的意见。且不说别的，单说某些拥有私人股份的干部将会利用自己的职权，给自己入股的企业以种种便利，那将造成多么严重的弊端？有些同志说，可以规定干部不许入股。我想，即使作出这种规定也没有什么实际的作用。干部自己不入股，难道不会经由他们的子女、亲属、朋友……去入股吗？对于私人入股的问题，上海一些原有的私营工商业者办爱国建设公司的做法是很有意思的。参加投资者只领取按银行存款利率计算的利息，不按投资数额分取红利。这样做，就可以避免私人投资者凭借资本的所有权去占有他人的劳动所产生的种种弊端和社会问题。当然，最好的办法是发展银行业务，人们手里闲散的钱，可由银行集中起来运用，存款人则领取银行支付的利息。为了鼓励存款于银行，可以通过适当提高存款利率的途径。

以上所说的各种合资经营的企业，都是在经济活跃过程中出现的，由于刚刚创办不久，还不定型，还在发生变化，所以目前确定它们的所有制属性，为时尚早。例如，私人入股，入股者中一部分人不参加劳动，凭股分红，这可能是集资初期的做法。如果这些私人股份由企业逐步归还，则这类拥有私人股份的企业并不具有稳定的私有制的成分和性质。上面所说"具有半社会主义性质""具有公私合营性质"、具有私人"资本主义性质"等，都是没有考虑这类企业可能发生的这种变化的一种说法。

从上面所说的可以看到，我国的生产资料所有制结构正在发生变化，不仅有全民的、集体的，还有个体的、国家资本主义的（我国同外国合资兴办的企业就是国家资本主义企业），还有各种各样合资的所有制形式。有的同志说，到 1956 年我国的多种经济成分并存的状况已经基本上改变了，现在又实行多种所有制的并存，那不是又走回头路了吗？我觉得不能这样看。我们目前实行多种所有制的并存的生产资料所有制结构，同 1956 年以前有根本的不同。通过社会主义改造，社会主义公有制已经在城市和农村占据了绝对统治地位，其他的生产资料所有制只能起到补充的作用。正如前面指出的，我国现阶段存在着从极其原始的生产力到现代化生产力的多层次的生产力状况，各个地区、各个部门、各个行业生产力的状况千差万别，同生产力这种多层次的状况相适应，就需要有多种所有制形式同它相适应，才能照顾各方面的经济利益，调动各方面的积极性。要想在短时间里实行单一的公有所有制形式是不可能的，是不利于生产力发展的，多种所有制形式则更有利于生产力的发展。只要我们坚持社会主义公有制在整个经济中占统治地位，加强对非社会主义经济成分的领导，就不会改变我们经济的社会主义方向，不会走到资本主义道路上去。

二、我国经济体制的改革

经济体制的改革，也是一个影响深远的改革。它同生产资料所有制形式的改革有密切的关系。同时，这个问题也还有它的特殊性，需要单独地进行考察。

关于经济体制问题，长期以来，我们的思想被一些错误的理论束缚住了，使我们原有的经济体制不能被突破。

一个理论就是认为社会主义经济只可能有一种模式，这个模式就是斯大林领导时期的苏联的模式。我国现行的经济体制是在 20 世纪 50 年代仿照苏联的经济体制建立起来的，同时也沿袭了对私营工商业进行社会主义改造的某些做法。这种经济体制虽然有某些优点，但弊病不小。在建立这种经济体制的过程中，我们就已经感到了它的一些问题。这一点我们从毛泽东同志的《论十大关系》《关于正确处理人民内部矛盾的问题》以及陈云同志在中共八大的发言《社会主义改造基本完成以后的新问题》等文献中就可以得到证明。我们以后也曾在 1958 年、1964 年、1970 年等多次试图进行改革。但由于对它的弊病的症结认识不深，几次改革都只是在保持原有经济体制基本特点限度内的改革，并没有突破这种经济体制的框架。这里，一个重要原因，就是受了某些理论的束缚。长时间以来，人们不认为社会主义经济可以有不同的模式，而把苏联当时的经济模式看作是唯一可能的社会主义经济的模式。如果还有其他的模式，那就不是社会主义的。这个概念，一直延续到打倒"四人帮"以后，这时我们才明确地意识到社会主义经济并非只能有一个模式。社会主义经济的最优模式，要由社会主义国家根据自己的社会历史条件在实践中创造。马克思、恩格斯曾对社会主义做过一些原则性的描述，那是非常概括的，而且设想的是在生产力高度发展的国家建立的社会主义。至于在我们这些生产力水平非常落后的国家建设社会主义，要采取什么模式，什么样的模式是最优的模式，还有待我们在实践中解决。

另一个理论，就是我们把社会主义经济看成是一种只有实物联系的自然经济。商品生产和商品交换被看作是外在于社会主义经济的一个因素，如果社会主义经济中还要保留商品生产和商品交换，那也不是社会主义公有制的成熟形态的要求，不是全民所有制的要求，而是由于在这种所有制之外还存在着集体所有制的缘故。所以，保留着的商品生产和商品交换的范围是有限的，生产资料不能成为商品而流通，整个经济的运动只能服从于自上而下的计划的指令，市场不能成为经济运动的调节者，价值规律只不过是一种可以利用的计算工具，不能对生产进行调节，否则就不可能有统一的计划经济，就会导致资本主义经济的复活等。我们关于社会主义经济的理论以及以这种理论为指导而建立的经济体制，就是以这种自然经济观为基础的。长时间里，人们认为社会主义经济就是这样一种经济，商品生产、价值规律，很快会在社会主义经济中消灭，而且越早消灭越好。对这个问题的认识，在苏联有过好几次变化。十月革命胜利以后，列宁曾设想通过国家资本主义建设社会主义，认为要发展商品生产，要利用货币。以后面临 14 个国家的入侵，苏联实行军事共产主义。在实行军事共产主义过程中，曾经认为可以不借助于货币，不利用商品生产和交换，就可以过渡到社会主义，把军事共产主义看作是社会主义经济的理想模式。内战结束以后，农民起来抵制，不卖粮食，城乡之间的经济交流断了，工业品不能到农村，农产品不能进城市。于是就实行新经济政策，想通过发展商品生产、发展城乡之间的交流等办法，促进经济的发展。后来，把新经济政策看作是一种后退，在列宁逝世后，斯大林又恢复了军事共产主义的某些做法，排斥商品、货币、市场的作用。到了第二次世界大战后，在 20 世纪 50 年代初期，人们才逐渐认识到社会主义经济不能不保留和发展商品生产，不能不尊重和利用价值规律。可是，那时对社会主义经济为什么还要发展商品生产和商品交换，还要利用商品、货币形式，认识还是不明确的，认为这是由于存在两种公有制形式，商品生产和商品交换只存在于集体所有制经济内部和两种公有制经济之间，而在全民所有制经济内部是不存在的。生产资料是不作为商品流通的。正是在这种自然经济观的基础上建立了苏联的一整套高度集中决策的、排除市场机制的经济体制。我们现在认识到，社会主义经济的这种模式的弊病不少。社会主义经济不能只有实物的联系，而必须利用和发展商品货币关系。

经济体制问题包含的内容很多，最主要的有两个问题：一个问题是经济运行的机制问题，即社会主义经济要借助什么机制，使它运转起来。在我们过去的经济体制下，国民经济主要是依靠行政系统从上到下层层下达指令性计划、命令、指示这样的机制来运转的。现在看来，主要依靠这样的机制，使得国民经济这架大机器的运转不灵活，效率很低，造成很大浪费，经常出现产需脱节。社会主义经济的运行主要应该利用别的运转机制，即把那种单纯借助行政机制改革为有计划地利用经济机制，进一步说，就是要有计划地利用市场机制的作用，使社会主义经济借助统一计划指导下的市场机制来运转。而要使市场机制得以在统一计划下发挥其调节作用，就要使各种经济联系成为商品生产者之间的联系，生产资料应该作为商品来生产和流通。与此同时，同商品生产和商品交换结合在一起的各种经济杠杆，例如货币、价格、利率、信贷、利润等应该受到重视，要有计划地利用它们来调节经济的运动，使它能沿着计划的方向发展，以实现预期的计划目标。另一个问题是社会主义经济运动的内在动力问题。过去我们的经济主要是靠什么动力来推动的呢？不是主要依靠经济内部的动力，而是主要依靠经济以外的政治的、政权的力量，靠各级政权机构从上到下层层来推动的。那么，经济的内部动力是什么呢？就是经济利益。在我们原有的经济体制中，经济利益作为社会主义经济内部的发展动力的作用是不大的。具体地说，在原有的体制中，企业自己没有独立的经济利益，经营得好不好，与自身的利益没有关系。财务上由国家统收统支，企业赚了钱全部上交，亏本了由财政部门来弥补。生产所需的物资和生产出来的产品，由物资、商业、外贸部门统购统配、统购包销，是否合乎需要，企业是不必关心也无法关心的。由于经济上没有责任制，企业缺乏对经济利益的考虑。职工尽管说也实行按劳分配，但现在看来，光靠按劳分配从经济利益上来调动职工的积极性是不够的，因在原有的经济体制下，在全民所有制经济中，按劳分配是在全民所有制经济的整个范围内，根据统一的标准，按照劳动支付统一的报酬。同样的二级工，在不同的企业内（我们这里不谈中央企业与地方企业的区别），不管这些企业经营得好坏，报酬都一样，职工的收入同企业的经营状况不发生联系。这样，按劳分配从经济利益上调动职工的积极性也不能发挥很大的作用。要使经济利益能够成为我们的经济发展的根本的内在动力，对企业来讲，就是要使它的活动从以往主要靠上级行政部门由外部来推动改变为在服从全社会的整体利益下能够考虑自身的经济利益；对职工来讲，就是要使他们的收入同企业的经营状况直接联系在一起，也就是说，企业和它的职工要负起盈亏的责任，企业经营得好，企业就可以从它的盈利中取得一部分纯收入用以改进技术、扩大生产、举办各种福利事业，并使职工获得奖励；企业经营得不好，企业和职工的经济利益都将受到损失。这样，企业及其职工将从单纯地完成上级下达的任务，而不必过问企业是否盈利与亏损、不必考虑产品是否适合需要的状况，改变为必须十分关心企业的经营状况，十分关心产品是否适合市场需要。这样，就能使经济的运行富有效率，具有灵活性和好的经济效果。

我们原有的经济体制在以上两个问题上都存在缺陷，现在正在进行改革。虽然改革的总体方案还没有最后制定出来，但大致的方向是可以看得出来的。依我看，概括地说，就是由过去的中央集中决策，排斥市场机制，改革为中央、地方、企业和劳动者个人分层决策，利用市场机制。这样的改革将主要引起三方面关系的变化。一个方面是国家同企业之间的关系将由过去那种命令和服从的行政隶属关系改变为经济上的指导和被指导、协调和被协调的关系。行政组织同经济组织将分开，经济活动将主要由各种经济组织来运筹。企业将从各级行政机构的附属物改变为具有自主地位的、相对独立的主体。这样，国家对企业活动的指导和协调将不是单纯地依靠行政命令，而是主要利用各种经济杠杆来进行。在这种情况下，国家根据对经济发展的全面考虑、对满足人民的需要的社会主义经济根本目的的考虑而对经济发展做出的计划安排与企业对自身经济利益的考虑、对市场上供求状况的考虑而做出的安排之间，一定会出现许多彼此不协调的情况，但是这种不协调，国家主要不是用强制的命令的手段去解决，而应该主要借助于对各种经济杠杆的利用去指导和引导企业的活动。国家利用各种经济杠杆对企业活动所进行的协调和指导，虽然也可能出现违背客观经济规律的情况，但由于存在着市场机制的作用，经济的运行将更为灵活，即使出现这种情况，也将较容易和较快地为经济的自身的运动所纠正。第二个方面是企业同企业之间的关系，将从以往主要通过各级行政组织而间接建立的实物联系改变为主要通过市场而直接建立的商品交换关系，从而将打破旧经济体制下各行政部门之间、各地之间的行政划分而人为地造成的经济联系的分割，以及克服由此而造成的种种不合理的现象。例如，相邻两个县由于隶属不同的行政区划，不能直接建立商品的供销关系，商品必须经由一个县的上级商业系统转到另一个县的上级商业系统迂回地分配到这一个县。又如，同一城市的两个企业，由于分属于两个不同的行政管理部门不能直接建立订货供货关系，而必须通过向各自的行政主管部门层层申请，再层层下达才能建立这种订货供货关系等。企业与企业之间建立直接的商品交换关系，将能克服过去经常发生的产需脱节的现象，将能确立严格的经济上的权利和责任。第三个方面是企业与职工的关系，由于使职工的收入同企业的经营状况建立了紧密的联系，将改变过去职工不关心甚至实际上没有权力参与企业经营管理的状况，职工不仅将更积极地从事生产，而且将直接地参与企业的经营和管理，企业由于必须负起盈亏的责任，也将努力依靠职工办好企业。除此以外，中央和地方的关系也将发生变化，地方将享有更多的权力。

当然，沿着这样一些方向进行改革困难一定是会有的。最大的困难将是如何使统一的经济计划同市场机制的作用统一起来，如何使企业的、职工的经济利益同社会的整体经济利益统一起来，或者进一步说，如何使企业对盈利的考虑同社会主义经济的目的——满足人民的需要——统一起来。这些困难将在实践中求得解决。

我国的经济体制改革，正在逐步进行试验。

第一步试验的主要内容是以利润留成为中心的扩大企业自主权，即企业可以留下一部分利润作为企业基金，用于发展生产、改革技术、举办集体福利、发奖金等。这个改革是从 1978 年 10 月份开始的，最先在四川的 6 个工厂试点，1979 年扩大到 100 个企业，1980年全国的试点企业达到 6600 多个。这些试点企业所实行利润留成的办法不完全一样，各种具体办法各有利弊，适用的条件也各有不同。大体上有以下几种做法：

有些企业实行基数利润留成加增长利润分成。这些企业一般地说应当是经营管理比较好的，原材料供应和产品的销售等外部条件比较稳定。这种做法可使企业随着利润的增长有更多的利润留成，所以能鼓励企业增产增收。同时国家的财政收入也有可靠的保证。这种做法的缺点是，当年新增加的利润，到了来年就成了基数利润的一个组成部分，基数利润逐年增加，企业从新增长利润中取得更多的利润留成的可能性就小了。而且企业原来的经营管理状况越好、利润率越高，实行这种办法能得到的好处越少。这就是通常所说的"鞭打快牛"。

有些企业实行计划利润留成加超计划利润分成。在企业生产任务不足、原材料和能源的供应短缺、产品结构多变的情况下，实行这种办法，仍可使企业在完成计划任务时有利可图，超额完成计划则可获得更多的利润。但是，这种办法会使有的企业为了获得更多的超计划利润分成而压低计划指标。

还有些企业实行利润全额分成。这就是，利润按几年内固定不变的比例在国家和企业间进行分配，利润增加了，国家的财政收入和企业的分成利润都能增加。实行这种办法要求分成的比例定得适当，使企业和国家的利益兼顾得好，既能调动企业的积极性又能保证国家的必要的财政收入。

另有一些企业实行利润包干或亏损包干。这些企业主要是一些利润很少或亏损的企业，在确定包干的利润额或亏损额后，超过包干利润的部分或缩减包干亏损的部分，全部留归企业或者实行分成，超过亏损包干部分国家则不予补贴。实行这种办法有助于推动企业增加利润或者减少亏损甚至变亏为盈。

此外，有的城市（如上海）按主管局（纺织工业局、冶金工业局等）试行全行业全额利润分成。这就是先确定国家和主管局之间的全额利润分成的比例。主管局留成的利润再在全行业内部，即在局和公司之间、公司和工厂之间进行分配。这种办法有助于解决企业内部由于价格变化等因素造成的各个公司、工厂之间的苦乐不均以及由此引起的"挑肥拣瘦"、利高产品争着干、利低产品不愿干的问题，同时也有助于从全行业出发做出统一的发展安排。但是，实行这种办法也要防止各主管局集中过多，变成变相的统负盈亏，影响企业的积极性，从而不利于原有经济体制的改革。

实行上述种种利润留成办法，国家和企业的利润分成比例各地、各行业、各企业都不相同。上海纺织工业局系统 1980 年国家和企业的利润分成比例为 90.5% 和 9.5%。在四川省的利润分配比例中，国家则占 86%~91%，企业占 9%~14%。

在实行以利润留成为中心的扩大企业自主权的改革试验中，还扩大了企业的其他一些权力。例如，企业可以提留 50% 左右的折旧基金，并且可同留成的企业基金合在一起，用于设备更新和技术改造；企业在完成国家计划任务以后，可以根据市场情况自订补充计划，安排生产；在完成交售任务以后，企业可以把多余产品拿到市场上去销售；商业部门不收购的产品，企业可以自己销售；有的产品企业可以自行定价，等等。这一步改革实际上对旧的体制还没有很大的改变，还不能够解决根本问题。有些做法，以前也实行过，只是以后取消了。但是，就是这样一些有限的改革，也同旧的体制发生了矛盾。因为，目前进行的体制改革的试验还不是全盘的，而只是局部的。这样，已经改革的方面同没有改革的方面就发生很多矛盾，例如，利润留成同原有的价格的矛盾就很尖锐。由于价格不合理，实行利润留成就会产生行业与行业之间、企业与企业之间的苦乐不均。石油部门与煤炭部门就存在苦乐不均。由于石油价格高，利润率高，石油部门的利润就多，而煤炭的价格低，利润率低；煤炭部门的利润就少。这样，实行利润留成，煤炭部门就留成少，没有什么好处，而石油部门则可以留成很多利润。棉纺织品与化纤织品也是这样。例如，有一个工厂原来有三个车间，以后分成三个工厂，其中有两个工厂，只隔着一道墙，一个工厂生产棉纺织品，一个工厂生产化纤织品，棉纺织品价格低，利润率低，化纤织品价格高，利润率高。只是由于生产的产品不同，利润留成就不一样，职工的奖金也发生了差别。生产棉纺织品的工厂，每个职工的奖金比生产化纤织品的工厂每月少五、六元。原来是一个工厂，现在一分开，奖金少了好几元。这是价格的不合理造成的。利润留成同原有的劳动体制也发生了矛盾。既然实行利润留成，为了使企业经营得好些，利润多一些，企业就不愿有过多的工人。但现在许多企业工人已经过多了，不仅不能减少，还要增加。劳动部门分配来，不能不收，企业无法实行招工择优录取、辞退多余职工和不合需要的职工。这些都是妨碍发挥利润留成在改进企业经营管理中的作用的。

第二步试验的内容是，独立核算、以税代利、自负盈亏。1980年四川有 10 个工业企业和 99 个商业企业进行试验，上海有轻工业机械公司和上海柴油机厂在进行试验。财政部税务局还在广西柳州进行试验，广东、北京也有企业进行试验。这些地方的做法不完全一样，但有一些共同的内容。

什么叫独立核算、以税代利、自负盈亏？所谓以税代利，是指国家向企业征税代替企业上缴利润。大致征这样几种税：

（1）工商统一税。过去也征这种税，但现在征的办法改了。过去是按销售的总额征税，现在改为征收增值税，即按增加的价值征税。作这样的改变是为了鼓励企业向专业化方向发展，而不去办那些全能工厂。举例来说，如果一个工厂有纺纱、织布、印染三个工序，相应地有三个车间。过去只按这个工厂的产品的销售总额征一次税。要是发展生产的专业化，把这三个车间变成三个工厂，那就要征三道税。纺纱厂卖出纱要按销售总额征一道税；织布厂买纱来织布，布卖出去又按销售总额征一道税；印染厂买布印染以后卖出去又要根据销售总额征一道税。这样，纱的价值部分征了三次税，布的价值部分征了两次税，这就重复征税了。而且企业划分越细，专业化的程度越高，重复征税就越多，税收就越重。这当然对发展专业化不利。现在改为征增值税，这就是只按工厂增加的价值部分增税。工厂买纱来织布，从布的销售总额中把纱的价值扣掉，然后再征税，工厂买布来印染，把用于布上的费用扣除后再征税，这就是按增加的价值部分来征税的办法。

（2）资源税。征这种税是为了解决由于资源条件的差异而造成的企业间苦乐不均问题。因为，既然要企业自负盈亏，就得把各个企业置于平等的地位，这样才能使企业的盈亏取决于经营的好坏，企业才愿意负起盈亏的责任。但是，有很多原因使各个企业不能处在平等的地位，自然资源条件的差别就是一个原因。有的企业资源条件好，有的企业的资源条件差。例如，有两个煤矿企业，一个矿深，一个矿浅，一个矿层厚，一个矿层薄，那么，如果这两个煤矿都实行独立核算，自负盈亏，资源条件差的那个煤矿自然成本高，利润少，就会不太愿意干。所以，需要通过税收的办法，把由于资源条件好而给企业带来的级差收入集中于国家。

（3）收入调节税。这种税用以把各个企业由于价格、技术装备、地理位置等因素造成的一部分级差收入集中到国家，以解决这种种因素所造成的企业之间的苦乐不均。这里特别突出的是价格问题。有的产品价格定得高，利润率高；有的产品价格定得低，利润率低。过去实行统收统支，问题不大。现在，要实行独立核算，自负盈亏，就有问题了。不管国家下不下达指令性计划指标，都如此。下达指令性计划指标，企业会说，这个产品利润率低，我不干；那个产品亏本，我生产得越多，越亏本，我赔不起。如果要按下达的指令性计划指标生产，我就不负亏盈的责任。即使计划不下达指令性指标，假如企业无权自己来定价的话，它也不愿意生产利润率低甚至亏损的产品。这样，在当前，在价格未进行调整的情况下，就需要通过税收的办法来调剂。当然，光靠税收还不能完全解决问题，不改变价格体制是不行的。因为生产亏本的产品，不交收入调节税，也亏本。另外，还有地理条件的差别。有的企业离市场近，有的企业离市场远，有的交通方便，有的不方便，造成了企业间收入上的差别。这也要通过税收来调节各个企业的收入，使企业处于平等的地位。

（4）固定资产使用税和定额流动资金使用税。征收这些税是为促使企业节约使用固定资产和定额流动资金。有的地方称为固定资产使用费和定额流动资金使用费。

（5）房地产税、车船使用牌照税、城市建设税等。这些税属于地方征收的税。严格说来，房地产税从房产来说也是一种固定资产使用税。这些税起着促使节约使用建筑物和土地的作用。

（6）所得税。企业的销售收入在缴纳上面几项税收后，剩下的部分过去采取利润上交的形式，集中到财政部门，现在改用纳税的办法，即国家从中征收所得税。有的地方，从这剩下的部分中征收50%的所得税，其余的50%留给企业，归企业支配。企业可以用来增加职工福利，发奖金、扩大生产、更新设备、改进技术等。如果企业亏损了，国家财政就不再补贴了。

以上为第二步试验——"独立核算，以税代利，自负盈亏"的主要内容。

这一步改革对原来的体制是带有根本性的改革，触动了旧体制的一些根本性的方面，实行起来就会同旧体制发生非常尖锐的矛盾，所以也会碰到更多的困难。当然，也可以推动其他方面的改革。如果其他方面不做相应的改革，这一改革也难以进行下去。就价格来说，尽管有收入调节税，如果价格政策不改革，而不允许一些产品的价格按市场供求情况浮动，那么，企业要自负盈亏是很困难的。因为在这种情况下，市场调节的作用很小，价格不能反映供求之间的关系，企业根据这种价格来安排生产，它怎么能够自负盈亏呢？这一步改革，同原有的计划体制也会发生矛盾。如果过去那种指令性计划制度不变，国家一面下达指令性指标，一面要企业自负盈亏，如果下达的指标，会使企业亏本，企业就不愿意接受，因为负不起亏损的责任。如果对企业说这是国家的指令性任务非完成不可，企业就会说，我可以完成，但不负亏损的责任。此外，实行这一步改革，税收体制和其他体制也要相应改革。

从近两年的种种改革的实际结果来看，方向是正确的，成绩也是显著的。通过改革，企业有了一些自主权，经济利益开始发挥作为经济内在动力的作用；市场机制开始在有限的范围内发挥某些调节作用，产需脱节的情况有所改变；商品货币关系有了扩大，企业与企业之间作为相对独立的商品生产者的经济联系开始建立和发展；经济责任制加强了，开始改变不注意经济核算的状况；高度集中决策的体制开始有所突破，向分层决策的体制迈出了步子。由于实行这些初步的改革，企业和职工的积极性提高了，经营管理改善了，经济活跃起来了，经济效率和经济效果也增进了。在绝大多数实行试点的企业中利润增加了，职工的收入增加了，企业有了可以自己支配的基金，国家从这些试点企业取得的收入也增多了。

我国的经济体制改革今后还要继续进行下去。前面说过，依我看来，经过全面改革后建立起来的新的经济体制，应该是国家、企业、劳动者个人分层决策的，利用市场机制的体制。应当承认，对于我们要建立怎样的经济体制，人们的看法实际上是有不小差别的。例如，不少同志赞同计划调节和市场调节相结合以计划调节为主这种提法。但实际上持这样的看法的同志各人心目中的模式又是不相同的。因为，对什么叫计划调节和市场调节相结合，各人就有不同的解释，这不同的解释就意味着各人心目中有不同的社会主义经济的模式。我认为，计划调节和市场调节相结合的提法还值得研究。因为，按照这种提法，社会主义经济有两个调节者，一个是排斥市场机制的经济计划，一个是脱离经济计划的市场机制。试问，统一的社会主义经济怎么可能由相互排斥的这两者来共同调节呢？我认为，只能有一个调节，而不能有两个调节，这就是有计划地利用市场来调节，或者说借助市场进行有计划的调节。这种调节既不是无计划的，无政府主义的，也不是排斥市场的，而是有计划地利用价格、利润、信贷、利率、税收等经济杠杆来调节经济，引导企业沿着计划所要实现的方向发展。实行这种经济体制，肯定会出现这样的矛盾，这就是，企业要考虑它的利润，甚至把利润作为它考虑的中心，因为实行自负盈亏，它就要考虑盈利与否和盈利多少，要想办法取得更多的利润。企业的这种考虑有可能同社会主义经济的目的——满足人民需要发生矛盾，这个矛盾肯定会出现的。因为企业容易从企业的角度来考虑，而且只能看到一部分市场情况，在市场信息不是很充分，它的传递不是很及时的情况下，便容易出现企业对利润的考虑同满足人民需要这个根本目的发生矛盾。这就必须有计划地利用价格、利率、信贷、税收等这些杠杆来引导企业，使企业对利润的考虑能同社会主义生产的目的一致起来。这样做当然很困难，但应该作为目标模式这样去做。比如，我们可以通过有计划地调节价格的办法引导企业生产的产品的数量、品种适合社会的需要。我们也可以有计划地利用调整利率的办法，去引导企业的生产，比如，一种产品需要扩大生产，可以通过降低利率、给予优惠贷款的办法鼓励企业去扩大生产，或新办一些企业等。总之，应该利用经济杠杆，借助市场机制，有计划地引导企业去发展。这样，市场机制就不是盲目地而是有计划地起作用，计划也不是像过去那样主要依靠行政命令来贯彻，而是主要通过利用各种经济杠杆、借助市场机制来实现。当然，实行这种经济体制是困难的，需要有非常高明的经济领导艺术，而且需要有充分的、准确的、及时的经济信息，市场的情况能非常灵敏地反映上来，而且能够非常及时地传递给企业，并且迅速地作出反映。建立这种经济体制可能需要经过各种过渡阶段，需要我们在实践中逐步探索。这里需要指出一点，这就是不可能有十全十美的经济体制。我们原有的经济体制也是有优点的，当然弊病也很大。新的经济体制有很多优点，也会有缺点。我们要从利弊方面进行权衡。这种分层决策的、利用市场机制的经济体制可能是一种利比较大、弊比较小的经济体制，实行新的经济体制，经济会灵活，效率会更高，浪费会更少，产需的结合会更密切。

三、我国国民经济结构的改革

这里说的国民经济结构，不是马克思恩格斯所说的所有制的结构。我们现在实行八字方针，要对国民经济进行调整，克服国民经济的严重比例失调，进一步说，还应该对国民经济结构进行改革。

目前我国的经济结构是在建国后 30 年里逐渐形成的，它存在着许多严重的问题。这里着重谈两个问题。

一个问题是，我们现在的经济结构基本上是封闭性的、自给自足的经济结构。从我们国家同外国的经济联系来说，我们的经济结构是封闭性的、内向性的、自给自足的经济结构，外贸在我们的国民经济中占的比重非常小，在世界外贸总额中所占份额更是微不足道，进出口能力都很弱，商品在国际市场上缺乏竞争能力。据有关部门计算，我国商品的出口进口价值占国民生产总值的比例，属于世界上最低水平的国家之一。出口商品价值占国民生产总值的比例，1977 年仅为3.8%，1978 年也只有 4.3%；进口商品价值占国民生产总值的比例，1977 年仅为 3.6%，1978 年也只有 4.8%。这同其他一些发展中国家相比，显得突出地低。我国出口总额在世界出口总额中的比重，20世纪 50 年代占 1.4%，60 年代降到 1.1%，70 年代只占 0.8%。我们这么大的国家在世界出口总额中占不到 1%，当然是太少了。这说明我国经济自给自足的成分太大了，基本上是封闭性的。从地区内部、部门内部来看也是这样，各地区、各部门都想建立一个自给自足的、独立的经济体系。尤其是农业基本是一种封闭性的自给自足的农业，专业化的程度很低。各地区都追求粮食自给自足，不去发挥各地的优势。这种封闭性的、自给自足的经济是不利于经济发展的，它不能通过在国际市场的竞争和各地之间的竞争，改进技术、降低成本、增加产品品种、提高产品质量，同时也不能利用国际分工和地区分工得到比较的经济利益。我们曾经笼统地批判过国际分工，这是不对的。我们要反对的是某些发达国家把某些发展中国家变成自己的菜园、糖厂、矿井、廉价劳动力来源和产品销售市场的那种国际分工。实际上，国际间经济总是有分工的。因为，每一个国家都有自己的优势和劣势，生产什么产品比较有利，生产什么产品比较不利，确实有区别。因此，必须考虑什么产品进口有利，什么产品国内生产有利，什么产品出口有利，以取得国际分工的比较利益。不能像过去那样，不管有利没有利，反正自己生产就好。

我国的经济结构还有一个大问题，就是各个产业部门比例严重失调，形成了以重工业，特别是以钢铁工业为中心的一种畸形的经济结构。这是一种片面发展的经济结构。多年来我国经济的发展都以重工业为中心，从 1958 年以来，又进一步以钢铁工业为中心，一切部门的发展要围绕重工业首先是钢铁工业来进行，而且要为钢铁工业开路，为钢铁工业让路。每年订计划首先确定钢铁生产的指标，每年计划完成不完成，也首先看钢铁指标能不能完成。到了每年的第四季度为了使钢铁工业完成生产指标，就出现其他行业为钢铁工业让路的情况，轻工业的电源要关闸，运输要让钢铁先行，其他往后靠。把钢铁作为中心，其他部门就得围绕钢铁来安排。这样，逐渐形成了以重工业特别是以钢铁工业为中心的畸形发展的经济结构。

国民经济结构中的这两个问题又是彼此相联系的。

我国这种经济结构的形成是同经济工作指导上和经济理论上的失误有关的。在这方面最主要的问题有两个：

首先是对自力更生的方针有过片面的理解，把它等同于全面的自给自足。我国历来奉行自力更生为主、争取外援为辅的方针。这是一个正确的方针。我国作为一个社会主义大国，只能主要依靠自己的力量来进行建设。不仅建设的资金应该主要依靠内部的积累来解决，而且发展经济所需要的各种物资和技术也应该主要依靠自己生产和开发。为此，我们曾经提出建立独立的、完整的工业体系和国民经济体系，这当然是正确的也是必要的。但是，这种工业体系和国民经济体系的建立只能在长期内逐步地去实现，而且在建立的过程中以至在建立以后都不仅不应该排斥而且应该充分发展对外贸易，以我所有易我所无，通过国际间的分工合作取得比较的经济利益。此外，也不应该排斥而应该有条件地利用外国资本以弥补国内资金的不足。但是，我们曾经错误地冀求建立一种万事不求人的全面自给自足的经济体系，甚至用一种旧的道德观念去看待发展对外经济关系，把进口一些外国商品、借用外国的资本看作是一种不光彩的事，从而不顾经济利益的得失，去生产一些很不合算的产品，拒绝利用可以利用的外国资本。

这种追求全面自给自足的思想进一步发展到一些地区、一些部门，甚至一些经济单位都企图实现自给自足。不少地区（省、市、自治区以至县）不顾自己的条件和特点、优势和劣势，企图建立自己的独立工业体系，以实现地区内的自给自足。结果是，各个地区、各个部门重复生产、重复建设的情况很严重，基本建设规模极度膨胀，宜于生产棉花、糖料作物、水果和其他经济作物的地区，为了实现粮食的自给自足，毁掉果树和其他经济作物去种粮食；宜于生产出口商品的地区不去发展这些商品的生产；不少地区甚至去建立没有原材料和动力或产品成本很高的企业，等等。

其次是片面强调发展重工业。为了贯彻自力更生的方针，我们从优先发展重工业入手，努力建立自己的基础工业，以便用自己生产的机器设备等生产资料去替代它们的进口，并且用先进的技术去装备农业、轻工业和其他产业部门，以促进它们的发展。这样做是必要的。但是，我们曾不顾实际的可能，急于在短期内建立起强大的重工业，以便实现生产资料的自给自足。

上面这些失误又同我国经济发展战略的选择及其实行中的失误有关。这个问题需要专门论述①，这里就不谈了。

---

① 参见本书：《我国经济的调整和发展战略问题》一文。

经济结构上的这两大问题，给我们的经济带来了许多困难和问题。我们的经济的发展受到了影响。封闭性的、自给自足的经济结构形成以后使我们的出口能力不能扩大，进口能力从而也受到限制。同时，缺少一种国际市场的竞争给我们带来压力，我们的产品成本高，品种和质量都不能适应国际市场发展的变化，不少产品十几年、几十年都是那个样子，很少改进，以致没有多少产品能在国际市场上打开销路。这就影响和阻碍了我们经济的发展。我们原想通过加速重工业建设的办法逐渐减少生产资料的进口，实际上却走向了它的反面。我们看到一个奇怪的现象：越要求重工业发展得快，生产资料的进口越多，不仅不是代替了国外进口，反而增加了进口。为什么会造成这种状况呢？因为，越是要求重工业不适当地迅速发展，重工业需要的生产资料越多，国内生产的生产资料就越是不能满足需要，因此生产资料的进口也越多。例如，发展铁钢工业本身就需要钢铁，建设高炉、平炉、鼓风炉、炼焦炉，都需要钢铁，焦炭、矿石的运输要用铁轨、车皮，也要钢铁，煤炭的生产也要钢铁。如果我们对钢铁工业生产提出不适当的高速度要求，就必然要求我们增加钢铁进口。同时，为了加速发展很费资金的重工业，还造成了积累率过高，从而使基本建设的规模过大，而将大量资金用于发展重工业，这又损害了农业、轻工业和其他产业部门的发展，并造成能源、交通运输、消费品供应等方面的全面紧张。这种畸形发展的国民经济结构形成以后，实际上使得生产资料特别是其中的钢铁的生产成了社会生产的目的。这样，虽然生产也在发展，生产增长的速度甚至相当快，但人民的生活却得不到相应的提高，有一段时间，人民的实际收入还有些下降。这种经济结构给我国经济的发展带来的其他困难和问题这里就不多说了。

近年来，对于已经形成的畸形发展的国民经济结构，我们正在进行调整和改革。那种封闭性的自给自足的经济结构正在改变。对外贸易受到了特别的重视，正在采取各种形式发展同其他国家的经济关系，正在采取各种方式利用外国的资本于国内经济的发展，正在着手开辟和建立各种经济特区以吸引外国的投资，正在采取各种措施发展在国际市场上具有竞争能力的商品的生产，以提高出口的能力。

近年来，各个地区也开始注重了发挥自己的优势，扬长避短，改变经济的自给自足性，努力发展地区间的分工与协作。

片面发展重工业，特别是钢铁工业的状况，也正在改变。近年来，放慢了重工业的发展速度，加快了轻工业的发展速度。1979 年同 1978 年相比，重工业增长了 7.4%，而轻工业则增长了 9%，1980 年上半年与上年同期相比，重工业增长了 6.3%，而轻工业则增长了 24.2%。在一段时间内让轻工业的发展速度快于重工业的发展速度是完全必要的。当然，始终这样也不行。否则，到一定时候，轻工业的发展速度就会受到限制，农业和其他部门的发展也要受到限制。近年来，重工业内部的结构也在进行调整和改革，一些为农业和轻工业服务的重工业部门的发展加快了。

农业的情况也正在迅速发生变化，发展农业受到了重视，为此采取了一系列的措施。例如 1979 年提高了 18 种主要农副产品的收购价格，平均比 1978 年提高将近 1/4，国家对收入低的农村社队减免了农业税，也减免了人民公社社队企业的工商税等。同时，还提出了扬长避短、发挥优势的正确方针。在这个方针的指导下，农业自给自足的结构正在改革，逐步向专业化生产方向发展，正在改变片面发展粮食生产、不注意发展经济作物的状况，正在改变只注意发展种植业，不注意发展林业、渔业、畜牧业、副业等产业的状况。

随着重工业发展速度的放慢，基本建设的规模有所缩小，能源的利用效果有所提高，交通运输的紧张状况有所缓和。投资的分配比例也在调整，正在把比重更多的资金用于农业、轻工业以及文化、教育、卫生、科学、住宅、市政建设等方面。同时，重工业内部的一些薄弱部门如能源等正在设法加强中。

可以预料，随着我国国民经济结构的调整和改革，我国同世界各国的经济关系将会有很大的发展，我国的经济将会由于扩大了同各国的经济交往以及建立了协调的合理的经济结构而获得更快的发展。

（本文系根据作者于 1980 年下半年在北京和武汉等地一些单位所做的几次报告的记录综合整理而成。鉴于本书中已经编入《中国的经济结构和调整问题》《中国经济的调整和发展战略问题》等文。对本文第三部分——我国国民经济结构的改革作了压缩，以减少重复。本文曾摘要发表于《武汉师范学院学报》（哲学社会科学版）1981年第 1 期）

社会主义生产目的实现的几个问题

发展社会主义生产以满足人民日益增长的物质和文化的需要，是社会主义经济的客观规律。但是，在进行国民经济的调整和改革中，我们越来越深刻地认识到，并不是生产的任何发展都能自然地使人民的需要得到更充分的满足。我们研究社会主义生产目的问题，除了研究目的本身所包含的各种问题以外，还应该着力研究，在怎样的条件下，通过什么样的机制，社会主义生产才能越来越充分地满足人民的物质文化需要，过去有过一些什么原因使得我们的社会主义生产不能很好地实现满足人民需要的目的。从这个角度来考虑，会有许多既有理论意义又有现实意义的重要问题需要探讨。下面只就几个方面作为举例来谈一谈。

我国的社会主义生产不能很好地满足人民的需要，同生产资料所有制形式方面存在的问题有密切的关系。要使人民的需要在生产发展的基础上得到越来越充分的满足，必须完善社会主义公有制。但是，从以往的经验来看，只有同生产力的状况相适应的社会主义公有制形式，才能使社会主义生产得到迅速发展，并在这个基础上使人民的需要得到更好的满足。就我国的实际情况来说，由于生产力还相当落后，各部门、各地区、各生产单位之间生产力的状况极不平衡，存在着差异极大的多层次的水平。在这种生产力的状况下，我们不可能在短期内，使直接生产者在全社会范围内同生产资料结合的社会主义公有制形式，成为独一无二的、包罗一切的社会主义公有制形式，而应该建立和发展多种社会主义公有制形式，即除了全民所有制经济以外，不仅在农村而且在城镇建立和发展各种形式的集体所有制经济，建立和发展各种公有制联合经营的经济形式和经营方式。同时，在社会主义公有制占主导和优势的条件下，还应该保留一些个体所有制经济作为社会主义公有制经济的补充。只有这种同生产力状况相适应的生产资料所有制结构，才能促进各层次水平的生产力的迅速发展。这一点，我们过去没有很好认识。我们曾经不顾生产力的上述实际状况，错误地认为社会主义公有制经济的规模越大越好，公有化的水平越高越好，公有化的百分比越大越好，全民所有制经济的比重越大越好。在这种错误认识的指导下，在所有制问题上，我们做过一些错事，例如，在城市的商业、饮食业方面使几乎全部集体所有制经济"过渡"到全民所有制经济，绝大多数个体经济被砍掉。这样做的结果，社会主义全民所有制经济是扩大了，但是生产的发展却受到了影响，人民的需要的满足遇到了困难。单就城镇中的商业网点来说，一下子就减少了差不多 80%，这给人民的生活带来了极大的不便。在我国农村中，不顾生产力状况，不顾人民需要的满足，追求生产资料所有制的既大又公，取消自留地和家庭副业，其后果更为大家所熟知。由此可见，为了使社会主义生产能够更好地实现自己的目的，我们应该从我国生产力的实际状况出发，从有利于社会生产力的发展和人民需要的满足着眼，认真而又慎重地研究和解决好我国生产资料所有制结构的问题，在所有制上某些方面应该松动些、灵活些，不应强求一律。

从我国多年的实践来看，社会主义生产不能很好地实现自己的目的，还有经济体制方面的原因。例如，在原有的经济体制下，企业在人财物及产供销方面没有自主权，凡事都得听从上级行政机构的命令和决定。在这种情况下，即使企业想为了满足需要而生产也不可得，更何况企业无需考虑产品是否对路，是否能够满足用户的需要。上面没有让生产的产品就不生产，不必管对它是多么需要；上面叫生产什么就生产什么，不必问它有用没有用，反正产品由物资和商业部门统购包销。物资和商业部门也很难按照需要去组织货源。又如，在原有的经济体制下，市场不具有什么调节作用，企业的生产是按中央的指令性计划进行的。且不说集中的指令性计划根本不可能使千千万万个企业的千千万万种产品的生产符合于需要，而且原有的经济体制还束缚着企业的手脚，使其不能灵活地及时变更计划以适应经常变化的需要（这里所讲的需要虽然包括生产的需要，但是，满足生产的需要，最终仍是为了满足人民生活的需要）。因此，在这种经济体制下，生产同需要的严重脱节是难以避免的。这种种情况表明，社会主义公有制的建立虽然使得满足人民的需要成为社会主义生产的目的，但是，要使得社会主义生产能够很好地实现这个目的，还必须建立以社会主义公有制为基础的合适的经济体制。我们进行经济体制改革，就是要在新的经济体制下，使社会主义经济能够有计划地、灵活地、富有效率和效果地运转，使生产和需要之间能建立紧密的联系，它们之间的不平衡能够及时地得到调节，从而使得社会主义生产能够通过各种经济机制的作用更好地实现自己的目的。目前正在试点的扩大企业自主权，在某些范围内有计划地利用市场进行调节，就是沿着这个方向改革经济体制所采取的步骤。

国民经济结构对于实现社会主义生产的目的也有很大关系。一国的经济结构是由许多复杂的因素决定的。对于同一个国家来说，不同的经济结构对于它的经济发展有着不同的影响，会带来很不相同的结果。像我们这样一个社会主义大国，无疑应该逐步建立起经济上得以独立自主的经济结构。为此，必须有计划地逐步建立起强大的重工业。但是，我们发展重工业则是为了用先进的技术设备、更多更好的材料等工业生产资料去装备我们的国民经济各个部门，从而使这些部门能够生产出量多质高、品种齐全的产品，去满足社会及其成员日益增长的物质文化需要。如果离开了这个目的，把发展重工业本身变成了目的，使其他部门去为它服务，或者给它让路，就会形成重工业畸重、轻工业和农业畸轻、基本建设规模铺得很大的不良的经济结构。这种经济结构一经形成，就会不以人的意志为转移，把我们的有限的物资、有限的资金和有限的技术力量不停地大量吸引到重工业和规模过大的基本建设中去，从而使我们的社会主义生产不能很好地满足人民的需要。我国经济结构存在的问题很多，必须逐步地进行改变，以便使我们的国民经济得以迅速而协调的发展，并使人民的各种需要越来越充分地得到满足。

我们用一定的物力、财力和人力进行社会生产，能使人民的需要满足到什么程度，还要看经济效果怎样。讲求经济效果，就是要用同样多的物力、财力和人力取得最大的有用效果，并在此基础上使人民的需要得到更充分的满足。多年来，我国生产的发展没有能导致人民的生活得到相应的改善，同不讲求经济效果有一定的关系。由于不讲求经济效果，生产同样多的产品，因为消耗大，就要拿出更多的产品去补偿这些消耗，从而可用于消费的就少了（如果不考虑积累率的变化）；在同样多的产品中，中间产品多了，可用于满足需要的最终产品也就少了；生产出的产品中，顶用的、适合需要的、质量好的产品少了，用这些产品所能满足的人民需要的程度，当然就差了。在实际经济工作中不讲求经济效果的事例是很多很多的。例如，有些工业企业不计消耗，不算效果，不问需要，只顾追求总产值；有些农业单位，为了追求牲畜的年末存栏数，不顾掉膘、减重、饲料和劳动力的浪费，把已经可供屠宰的牲畜继续饲养到年末，等等。这类生产除了只有统计数字上的表面价值以外，不能对人民需要的满足起多大的实际作用。相反，这类图虚名的生产越多，人民的生活所受的实害也越大。切实注意经济效果，这是使社会主义生产能够更好地满足人民的需要的重要环节。

我们的社会主义生产出现背离自己的目的的情况，有时还同经济决策（特别是宏观经济决策）的失误有关。例如，关于经济发展速度的决策，这是关系到我国社会主义制度的巩固和发展的大问题。但是，生产的高速度发展只有带来人民生活的迅速改善才有实际的意义，才能在消费的反作用下持续下去。如果生产发展很快，而人民的生活得不到相应的提高，高速度是难以为继的。遗憾的是，我们曾经自觉或不自觉地把生产发展的高速度作为经济建设的终极目的，试图追求脱离实际可能的、不顾人民生活改善的高速度。结果是欲速不达，生产和生活两受其害。为了追求这种高速度，在消费和积累的比例的选择这一重要宏观经济决策上也曾一再失误。过高的积累率给国民经济带来了全面的紧张，严重地影响了人民生活的改善。经济决策上的失误会把劳动人民已经创造出来的、本来可以用于改善人民生活和发展生产的大量成果付诸东流，特别是宏观经济决策上的失误往往是以亿元计的。因此，在做出决策时，特别是做一些重大的宏观经济决策时，不仅应该反复进行经济比较，而且要考虑到这种决策会对当前和长远期间人民的生活带来什么影响，是否有助于人民生活的逐步改善。

社会主义生产目的问题涉及的范围很广，过去我们研究得很不够，特别是对于社会主义生产赖以实现自己的目的的各种机制研究得很不够，它应该成为一项重要的研究课题。

（原载1980年6月9日《人民日报》）

发展有利于人民的社会主义经济

——重读陈云同志在中共八大的发言

在经过了四分之一世纪以后，重读陈云同志在中共八大的发言《社会主义改造基本完成以后的新问题》（1956年9月），我们会惊异地发现，发言中许多透彻精辟的论点至今依然切中时弊，甚至好像就是针对当前的一些问题而讲的。如果我们再回顾这四分之一世纪中我国经济所走过的曲折道路，我们又会不禁感慨：要是从那时以来能按照这篇讲话的观点和主张去做，我们的社会主义经济该是多么的强大和繁荣！

这篇讲话发表的时刻正值我国绝大部分地区的社会主义改造基本完成，我国社会跨入一个新的历史时期。当时，大量的非社会主义的经济成分迅速地转变为社会主义经济成分，给我们提出了一些新的问题和新的任务。讲话就这些问题做出了富有远见的回答。这里，我想就三个方面谈一点自己的学习体会。

首先，我们的社会主义经济应该是一种有利于谁的经济？ 陈云同志明确地回答说：应该是"一种有利于人民的社会主义经济"。我们实行社会主义改造，就是要把资本主义工商业和个体农业、手工业改造成为一种于人民有利的社会主义经济。这个答案确实很简单。但是，在陈云同志提出这样的问题并做出这个回答以前，我们许多人没有认真考虑过，而在这之后，又都实际上忘却了。我们废寝忘食地投身于社会主义改造，热心于社会主义建设事业，却常常忘掉了我们的社会主义经济应该有利于人民，我们发展社会主义生产应该以满足人民的日益增长的需要为目的。人们曾经错误地认为，既然我们的经济是社会主义经济，那就应该集中得越多越好，企业合并得越大越好，计划管得越死越好……而不问这样做对人民会造成什么不利。陈云同志则从社会主义经济的本质要求出发，一针见血地指出，我们把资本主义工商业、个体农业、手工业改造成为社会主义经济以后，"必须使消费品质量提高，品种增加，工农业产量扩大，服务行业服务周到，而绝不是相反。"如果不是这样，那种于人民不利的社会主义经济怎么能显示出对资本主义经济的优越性呢？难道我们共产党人出生入死，废寝忘食，就是为了去建立产品匮乏、品种单调、质量低劣、服务不周那样一种于人民不利的社会主义经济么？遗憾的是，这样一个简明而深刻的道理，长时间里被一些同志抛到了九霄云外，以致不久前在重新把社会主义生产目的问题提出来讨论时，有的同志竟然火冒三丈。陈云同志在这篇讲话里明确地告诫我们：凡是"不能适应人民消费的需要"的任何做法，不论是"合理化"也好还是别的什么也好，都是错误的，"我们不应该鼓励"。我想，我们应该把这个告诫作为经济工作的指导方针，判断正误的准绳。

其次，我国的社会主义经济应该是什么样的一种经济才有利于人民？这个问题，也是我们许多人所没有认真考虑过的，特别是在社会主义改造基本完成的时候。那时，社会主义经济对所有的人来说都是不熟悉的，仅有一个苏联的样板，以为社会主义经济就只能是那样的。那时我们还把为限制资本主义工商业而采取的一些措施继续用于社会主义经济，再加上在社会主义改造中由于缺乏经验，造成了"只注意集中生产、集中经营，而忽视分散生产、分散经营的错误做法"，使我们的社会主义经济产生了许多毛病。例如，日用消费品质量下降、品种减少，一部分农副产品产量降低，服务质量下降，商品交流堵塞，等等。这种种毛病当然不是社会主义经济注定要发生的，而是因为我们在建立这种崭新的社会经济制度中一时还没有寻找到一种合适的有利于人民的社会主义经济模式。陈云同志敏锐地发现了当时存在的问题，及时地提出了解决问题的正确主张。同时，使我们十分感兴趣的是，早在那个时候，他就为我国的社会主义经济提出了一个极有意义的构想或模式。概括地说，这就是：国家经营和集体经营是工商业的主体，一定数量的个体经营是主体的补充；计划生产是工农业生产的主体，按照市场变化而在国家计划许可范围内的自由生产是主体的补充；国家市场是社会主义统一市场的主体，一定范围内国家领导的自由市场是主体的补充。

陈云同志提出的这种社会主义经济的构想或模式，是要把国家经营和集体经营同个体经营结合起来、计划同市场结合起来、国家市场同自由市场结合起来，使社会主义经济的运行既集中又分散，既统一又灵活，以便克服高度集中统一所产生的种种弊端，有利于满足人民的需要。

陈云同志主张一定数量的个体经营应该长期保存，放手让社员经营许多家庭副业，土地较多的地方应该让社员多有一些自留地。这样就能增产各种各样的产品，适应市场的需要，增加社员的收入。这种主张是完全正确的。但是，长期以来，有些同志不顾我国生产力的状况，不考虑人民的需要，总想把社员的自留地收光，把社员的家庭副业砍光，把个体经营的小商小贩和手工业者扫光，甚至总想使集体经济立即"趁穷过渡"到国营经济，以为这才像社会主义的样子。这种图虚名得实祸的事我们再不能干了。

陈云同志反对把一切产品都列入国家计划，主张把按照市场需要生产作为计划生产的补充。他提出，除个别品种列入国家计划外，日用百货、手工业品、小土产都应由工厂"按照市场情况，自定指标，进行生产"，以克服工厂"往往只顾完成产值和利润，而对于商品是否合乎市场的需要，却注意不够"的毛病。这种主张是很正确的。但是，长期以来，我们却实行了高度集中统一的计划制度，严重忽视了市场的作用，甚至错误地认为，市场对生产的调节是同社会主义经济不相容的，从而造成了产需脱节、货不对路等严重问题。在我们的社会主义经济中如何发挥市场的作用，使计划同市场结合起来，至今仍然是我们需要努力去解决的课题。

陈云同志还反对由当地供销合作社或国营商业独家采购农副产品

而没有其他采购单位竞争的做法，主张用自由市场作为国家市场的补充，特别是小土产，应该允许各地的国营商店、合作商店、合作小组和供销合作社去自由收购、自由贩运，只有这样，才能打破封锁，货畅其流，促进生产。这种主张具有现实意义。因为，长时间以来，我们总想由国营商业和当地供销社独揽一切，排斥并禁止自由市场的存在，结果是，各地互相封锁，商品交换不得发展，货不能畅其流，当地收购单位利用独家收购的殊特地位压级压价。流通渠道的这种堵塞阻碍了生产的发展，特别是一些土特产品生产的发展。近年来，我国市场活跃起来了，但各地实行封锁、禁止竞争的情况仍时有出现。陈云同志的正确主张，还值得我们重温。

对于社会主义经济模式问题，尽管随着情况的变化，我们会有一些新的考虑，但是在陈云同志提出的上述社会主义经济的构想中所包含的基本思想，对于我国的经济体制改革，发展有利于人民的社会主义经济，依然具有深刻的启示。

第三，社会主义经济怎样经营才有利于人民？这个问题同上面的问题是联系在一起的，但有必要单独提出来。陈云同志在这方面也提出了一系列卓越的见解，这些见解贯穿着一个中心思想，这就是：社会主义经济应当有利于满足人民的需要。

陈云同志指出，国营工商业应该废除统购包销的办法。除了一部分重要的轻工业产品外，无区别地继续采取统购包销的办法，就会使一部分工厂不像原来自销的时候那样关心产品的质量，妨碍了一部分工业品质量的提高。对品种繁多的日用百货，应改用选购办法。商业部门没有选购或选剩的商品，可以由工厂自销或者委托商业部门代销。除某些供不应求的原料可由国家分配以外，其他原料由工厂自由选购。改变上级商业批发公司向下面派货，基层商店不能根据消费者的需要直接向工厂进货的做法。这种做法造成商业部门向工厂订货的品种规格减少，发到各地的商品的品种和数量不合当地需要，这里积压、那里脱销。为了克服这些现象，下级商店可以向全国任何批发机构自由选购，也可以向工厂直接选购。陈云同志提出这种种办法，是为了使工厂关心产品的销路而提高质量、增加品种，使商店适应顾客的需要而不减少商品的花色品种。可惜的是，陈云同志的这些主张大都没有实行或者没有一贯实行，这就使我们直到今天，在过了25年以后，不得不重新着手去实行，而在这25年当中，我们都切身体验到没有实行这些主张给我们的生活带来了多么不利的影响。

陈云同志还指出，工业、手工业、农业副产品和商业的很大一部分都必须分散生产、分散经营，纠正盲目的集中生产、集中经营的弊端。他认为，绝大部分服务行业和许多制造行业（包括手工业）不应该合并，因为这样做会发生产品单纯化、服务质量下降的缺点。我们看到，由于没有按照陈云同志的这个主张去做，盲目合并使得城镇中的商业网点比社会主义改造前减少了80%，至今我们还在经受着盲目合并所造成的苦痛。

陈云同志还反对合作社盲目实行统一计算盈亏，主张把全社统一计算盈亏变为对合作小组或各户自负盈亏。陈云同志的这一主张也没有一贯实行，相反，从1958年开始，几次刮起城镇集体所有制经济"升级过渡"风，许多城镇集体所有制经济"升级过渡"为国营工厂，另外不少城镇集体所有制经济连"全社统一计算盈亏"都没有能坚持，通过"升级过渡"，变成了各级地方政权主管部门范围的统负盈亏。自负盈亏本来是集体所有制的性质所要求的。由于实行主管部门统负盈亏，集体所有制经济的性质发生了变化，它们像国营企业那样，也实行统收统支，吃起了"大锅饭"。于是，它们的经营管理变坏了，亏损出现了，产品质量下降了，品种减少了，走了一大段弯路。现在，我们又重新着手去恢复城镇集体所有制的固有性质，从统负盈亏再改回到自负盈亏。

价格政策对于促进生产、鼓励产品质量的提高和品种的增加都有重要的作用。针对当时价格政策中存在的问题，陈云同志提出了一些重要的意见。例如，对一部分农产品收购价格偏低进行调整；改变不同品质的产品差价极小的状况，实行优质优价；在消费品的新品种初销时期应允许有一定程度的提价，等到成批生产而成本降低以后适当降价，等。这些意见直到现在依然保持着现实意义。

　　综上所述，陈云同志的这篇讲话中的基本观点和主张，经过历史的考验和实践的检验，证明是非常正确的，重新学习这篇讲话可以使我们获得许多宝贵的教益。我们深信，在经历了 20 多年坎坷曲折的道路之后，有利于人民的社会主义经济一定会在我国顺利地发展起来。

　　　　　　　　　　（原载 1981 年 1 月 29 日《人民日报》）

关于我国社会主义所有制形式问题

　　生产资料所有制问题，是政治经济学的核心问题，也是一个复杂的问题。过去我们对于社会主义所有制问题的论述除了有许多正确的方面以外，也有一些不正确的方面，主要是把社会主义所有制问题理解得比较狭隘，看得比较简单，存在不从发展上看问题的观点。

　　所谓理解得比较狭隘，主要是指把生产资料社会主义所有制问题局限于仅仅作为社会主义生产关系的一个方面去考察，而不从社会主义生产关系的总体上去把握。生产关系问题中自然存在着生产资料归谁所有的问题。为了便利，可以单独进行考察。但与此同时，不能忘记，生产关系的各个方面都是所有制的不可分割的内容，例如产品的分配，就是所有制的实现。马克思就把所有制问题看作是生产的全部社会关系，他指出："给资产阶级的所有权下定义不外是把资产阶级生产的全部社会关系描述一番。"① 他还批评过普鲁东把所有制规定为独立的关系的范畴②。理解得比较狭隘还表现在把生产资料所有制问题仅仅归结为生产资料的归属问题，忽视了生产资料的占有、支配和使用这些问题。这些狭隘的理解阻碍着我们去研究社会主义所有制问题的多方面内容。例如，不大注意研究生产资料归谁占有、归谁支配、归谁使用的问题，而且也不大联系生产关系的各个方面去考察所有制问题，从而对于当前现实生活中提出的许多问题，难以正确地回答。举例来说，在全民所有制经济中，为什么企业应该具有统一领导

---

　　① 　马克思：《哲学的贫困》，《马克思恩格斯全集》第 4 卷第 180 页。
　　② 　参见《马克思致巴·瓦·安年柯夫（1846 年 12 月 28 日）》，《马克思恩格斯选集》第 4 卷第 324—325 页。

下的独立性？为什么可以允许企业分取一部分利润作为企业基金？为什么可以容许不同全民所有制企业职工的收入由于同企业经营好坏发生联系而带来差别？为什么应该容许企业有权处置多余的生产资料？为什么企业占用生产基金应该是有偿的而不应该是无偿的？为什么企业可以作为相对独立的主体彼此间或同国家订立经济合同？为什么企业应该实行全面的独立的严格的经济核算，要承担经济责任？等等。

所谓看得比较简单，主要是指把资本家的生产资料的被剥夺、个体经济走上集体化道路、社会主义全民所有制和集体所有制的建立，即生产资料的归属问题的解决，看作是所有制问题的全面解决。其实，这虽然是解决所有制问题的决定性步骤，但社会主义所有制仍有许多问题要解决，而且还会不断地产生许多新的问题。例如，我们当前遇到的企业没有独立自主的经营管理权，企业没有自身的经济利益，直接生产者对企业的生产、分配、交换等问题无权过问，生产队的自主权遭到侵犯，生产资料、资金和劳动力被任意无偿调用，某些干部的宗法式、家长式统治等，都要从所有制问题的高度去把握、去研究。如果把它们仅仅看作是一个管理方法问题（如通常所说的行政方法还是经济方法问题），那就不能揭示问题的实质。"四人帮"为了论证我国的生产资料所有制是走资派所有制、党内资产阶级所有制，说我国的所有制问题"没有解决"，这当然是荒谬的。但是，我们也不能反过来认为我国的社会主义所有制已经不存在问题了，没有什么可研究的了。

所谓缺乏从发展上看问题的观点，主要是认为社会主义全民所有制一经建立就成为最彻底最成熟的所有制形式，至少在一段相当长的时间内它是不会变化的，不认为生产资料的全民所有制形式也要随着生产力的发展变化而发展变化。农村集体所有制在实行了"政社合一"的人民公社化以后，除了从以生产队为基本核算单位向以大队为基本核算单位，以至以公社为基本核算单位的过渡问题之外，似乎也没有更大的问题了。其实，当然不是这样。只要我们不是狭隘地、简单地理解所有制问题，不是静止地看待它，就可以看到，我国的全民所有制形式和集体所有制形式都存在不少问题，都有许多不完善的方面，它们限制了生产力的迅速发展，需要变革。为了按客观经济规律办事，加速实现四个现代化，有许多社会主义所有制问题要着力去解决。

这里不打算涉及更多的所有制问题，只想就我国的社会主义全民所有制的国家所有制形式问题和社会主义集体所有制的"政社合一"形式问题提出一些探索性的看法。鉴于问题的复杂性，很可能有不当之处。

一、关于全民所有制的国家所有制形式问题

长时间以来，我国的经济理论一直认为全民所有制必须而且只能采取国家所有制的形式。属于社会主义全民所有的生产资料，只能由无产阶级专政的社会主义国家代表全体劳动人民来占有。社会主义国家直接领导属于国家的企业，国家通过自己的代表，即由有关的国家机关任命的企业领导人管理这些企业。国家机关直接计划这些企业的全部生产活动，等等。对全民所有制的这种认识一直延续到今天，被认为是天经地义、毋庸置疑的。现在看来，这种种看法都需要重新评价，因为多年的实践使我们认识到，全民所有制的国家所有制形式带来了许多问题。概括地说：

第一，在全民所有制的国家所有制形式下，国家政权的行政组织取代了经济组织，企业成为国家各级行政机构的附属物，甚至成为基层一级政权（如政企合一单位）。中央直属企业隶属于中央一级国家政权，地方企业隶属于地方各级国家政权。一些政治经济学书籍在论证国家所有制形式的必要性时，都指出社会主义全民所有制的性质决定了企业不应该在产供销、人财物等方面，拥有独立自主的权限，这些权限都应该集中到国家，企业的一切活动都得听从上级行政组织的安排和批准，否则，社会主义全民所有制就不成其为全民所有制了，甚至像有的书上所说，就"被分割成为地方所有制、部门所有制、企业所有制或者集体的资本主义所有制了"。由于国家所有制的这种概念根深蒂固、神圣不可侵犯，20多年来，我国虽然进行过多次经

济管理体制的改革，改来改去，无非是在中央集权和地方分权的关系上考虑，不论是强调集权还是强调分权，都没有触及国家所有制形式问题，都没有去注意解决企业在统一领导下的独立性问题。一些企业的隶属关系几经改变，时而收时而放，变来变去，都无非是确定这些企业究竟应该隶属于哪一级政权，应该成为由哪一级政权来拨动的算盘珠。资金上的统收统支、产品上的统购包销这一套办法，始终不曾有多大触动。企业不能实行全面的、独立的、严格的经济核算制。企业既没有必要的经济管理权限，当然也就不必也不能承担经济责任，干好干坏、盈利亏损都是一样的，同企业和企业职工本身没有直接的利害关系。

第二，国家所有制是由国家政权的行政组织取代经济组织，直接指挥企业的一切经济活动。多年的实践表明，这种所有制形式容易产生官僚主义、命令主义、瞎指挥、"按长官意志"办事，违反客观经济规律。

这是因为经济基础和上层建筑是人类活动的不同领域，它们的运动具有各自不同的形式、特点和客观规律。国民经济是一架大机器。它的运转的动力是经济利益。资本主义经济的动力在于资本家对利润的追逐。满足劳动人民个人和社会的物质文化需要，则是社会主义经济中的经济利益所在，它推动着社会主义经济的运动。社会主义经济中的各个劳动者和各个生产单位，以经济利益为纽带结合起来，为满足个人和社会的各种需要而进行生产。社会主义国民经济这架大机器的运转还借助于各种经济机制和杠杆。它们是：价值、价格、商品、货币、市场、银行、信贷、利息、预算、成本、利润、簿记、经济合同、工资、奖金，等等。它们是国民经济这架大机器的齿轮、联动装置、传送带……客观经济规律的要求和作用是通过这些经济机制和杠杆的运动来实现和表现的。它们的运动显示人们的经济活动是否符合客观经济规律。在经济管理中，要按客观经济规律办事，就必须把经济活动建立在对经济利益的关心的基础上发挥经济利益的动力作用，善于运用各种经济机制和杠杆。为此，就必须使各种社会主义经济组织具有自身的经济利益，在集中统一的领导下有独立自主的权限来利用这些经济机制和杠杆以进行自己的经济活动。国家政权则是上层建筑的一部分。它也是一架大机器。但它的运动却有着与经济基础的运动完全不同的形式、特点和规律。它不是经济组织，不实行经济核算，从而也没有用自己的收入抵偿自己的支出并且向社会提供利润的经济责任。它的运动不是借助于上述种种经济机制和杠杆，而主要是借助公文、命令、指示、规定、条令等非经济的杠杆来实现的。客观经济规律的要求和作用不是直接通过这些非经济的杠杆的运动而实现和表现的，因此，后者也不能直接地反映客观经济规律的要求和作用，从而人们也不能通过它们去认识客观经济规律。虽然在管理国民经济中不能不运用这些非经济的杠杆，但它们决不能成为主要的，更不能用它们来取代经济的机制和杠杆。相反，在必须运用它们来管理国民经济时，为了知道它们是否正确地反映了客观经济规律的要求，也还要从经济机制和杠杆的运动中去判断和认识。主要地或单纯地利用这些非经济杠杆来管理国民经济必然会出现违反客观经济规律的情况，而且这种违反往往必须经过一个相当长的过程，在客观经济规律给予了惩罚以后才会被人们所认识。在全民所有制采取国家所有制形式下，一切经济活动由国家政权来指挥和决定，就会出现主要地或单纯地利用非经济的杠杆来管理国民经济的情况。再加上国家政权的行政组织是远离生产、流通、分配、交换的，要靠这只手去拨动千千万万颗直接从事生产、流通、分配、交换的那些算盘珠，怎么可能不出现官僚主义、命令主义、瞎指挥呢？怎么可能不违反客观经济规律呢？胡乔木同志的重要文章《按照客观经济规律办事，加快实现四个现代化》中所列举的种种现象，例如，考虑行政方便，要求经济活动机械地适应行政的系统、层次、区划，机构重叠，层次繁多，手续复杂，公文旅行，文件泛滥，会议成灾，办事无效率，经营缺效果，经济运转不灵，凭"长官意志"办事，靠首长批条子行动，等等，都决不单纯是一个管理经济的方法问题（如最近人们常说的用行政方法管理经济），实质上涉及社会主义全民所有制的国家所有制形式问题。不妨举一些例子来说明。

有一个工厂为了给一套引进的设备进行配套，需要向国外补充订货，货单在各个行政组织中往返周转，单单办理申请手续就耗费了 9 个月时间，其中仅在两个部之间来回往返就达半年之久。上海华光啤酒厂要进行一项工艺改革，实行后可大幅度增加产量。这项改革的报告从轻工业部批复下达后，在各行政部门办公室里转来转去就花了 5 个多月的时间，才由市轻工业局下达到工厂。沈阳重型机器厂要盖宿舍，申请书经过了 11 个机关审批，盖了 24 个图章。这几个例子说明，由国家政权的行政组织来管理经济，结果是国家政权的行政组织有多少系统、多少机构、多少层次，公文就必须沿着主管的这些行政系统、机构和层次去旅行，旅途中要通过一道道关卡，还要不断遇到交通堵塞和红灯。有一个化工厂要从国外引进生产聚酯纤维的先进技术。这套技术可以连续缩聚，直接抽丝，不需要像以往的技术那样先缩聚，再造粒而后抽丝。可是，各种产品的生产是按国家的行政部门的划分分别管理的，外汇也是按行政部门划分的。按照国家行政组织的这种划分，化工厂向国外购买聚酯纤维的装置就不能是连续生产的，即不经过造粒，由缩聚直接抽丝，因为抽丝是纺织部门管的事。这就是说，化工部门必须把缩聚后的物料加以冷却，造成颗粒，再由纺织部门拿去重新升温熔化，进行抽丝。于是，为了服从这种国家行政组织的划分，化工厂进口这套装置，就把这套连续生产的先进技术装置的完整生产流程，人为地切掉属于纺织部门管的那一部分，使它失去了先进性。我们还经常地了解到，许多原材料由于各道生产工序和各种产品的生产分属各个行政主管部门而不能综合利用的情况。至于商品流通不根据经济上的合理性来组织而受到行政区划的限制，造成迂回运输和商品的不合理分布，更是司空见惯的事。这些都是在国家所有制形式下强使经济活动违反经济、合理的原则去服从国家行政组织的系统和划分的例子。其他方面的例子很多，无需再一一列举了。

第三，在国家所有制形式下，社会主义国家是通过自己的代表，即国家任命的企业领导人去经营这个企业的。企业领导人作为国家政权的代表在企业中行使他们的权力，他们直接向企业所属的国家政权机构负责，而不是向企业和企业的职工负责。这种状况往往造成他们必须按照上级政权的行政组织的命令行事，而不必问这种命令的经济合理性，即使这个命令是不合理的，他们作为国家委任的代表也必须执行。企业的经营好坏同他们个人没有直接的利害关系，只要执行上级命令，即使造成严重损失，他们也无须承担经济上的责任，同他个人的收入更没有关系。相反，他不执行这种命令，倒是要给自己带来不利。有些企业的封建衙门化，有些领导人的官僚化，不能说同国家所有制形式没有关系。企业领导人既然是国家政权机关任命的，职工就无权对他们的去留作出决定，不能对他们进行有效的监督，致使有些领导人专横跋扈、胡作非为。

最后，社会主义全民所有制作为劳动者同生产资料直接结合的社会形式，理应由劳动者直接管理全民所有制的生产资料，管理企业的生产、交换、分配等活动。为了使劳动者把这些生产资料经营管理好，理应使他们从经济利益上关心本企业的经营状况，使他们的利益不仅同全社会的利益而且同本企业的利益直接结合在一起。但是，国家所有制形式却未能使劳动者同生产资料紧密地结合起来，凡事由上级国家行政组织决定，劳动者无权过问，企业经营好坏又同他们的利益没有直接关系，劳动人民怎么能起到生产资料的主人翁的作用呢？这些生产资料又如何能管理好、运用好呢？

国家所有制形式同生产力的矛盾，在 20 世纪 50 年代就已有所暴露。在毛泽东同志的著作中，曾一再涉及了。例如，在《论十大关系》中就谈到"工厂在统一领导下的独立性问题""国家、生产单位和生产者个人的关系"问题，实际上就涉及了改善全民所有制形式的问题。但那时，生产建设的规模毕竟很小，各地区、各部门间的经济联系还比较简单，所以矛盾还不大引人注目，毛泽东同志的精辟思想未能为大家所很好领会和贯彻。以后，随着生产力的发展，随着生产的社会化程度的提高，它同生产力的矛盾就尖锐起来了，成为生产力发展的一种障碍。因此，为了加速实现四个现代化，必须改变国家所有制这种形式，找出能促进生产力迅速发展的社会主义全民所有制的新形式。实践将创造出这种新形式来。

那么，改变社会主义全民所有制的国家所有制形式是否意味着改变全民所有制的性质呢？恰恰相反，正是为了适应它的性质。

在社会主义全民所有制条件下，全体劳动者既然是生产资料的共同所有者，就必须按照全体劳动者的共同利益来运用生产资料。建立在社会化大生产基础上的社会主义全民所有制要求对生产资料的经营管理实行集中统一的领导，按照体现全体劳动者共同利益的统一计划来发展国民经济。列宁说过："建成社会主义就是建成集中的经济，由中央统一领导的经济①，这是一方面；另一方面，全体劳动者的共同利益又是同各个劳动者的利益密不可分的，它是各个劳动者的利益的集中；而全民所有的生产资料又总是分归各个生产单位经营管理的，即占有、支配和使用的。这样，全民所有制作为劳动者同生产资料直接结合的社会形式，就只有使各生产单位及其劳动者关心本身的利益的增进，由劳动者直接经营管理，才能有效地运用生产资料，从而增进全体劳动者的共同利益。因此，社会主义全民所有制又要求实行广泛的民主，使各个生产单位具有必要的权力和独立性，具有自身的利益，并能够考虑自身的利益，使各生产单位的劳动者享有经营管理权。恩格斯说：在新的社会制度下，"一切生产部门将由整个社会来管理，也就是说，为了公共的利益按照总的计划和在社会全体成员的参加下来经营。"② 毛泽东同志说："各个生产单位都要有一个与统一性相联系的独立性，才会发展得更加活泼。"③ 这都是很正确的。生产资料经营管理上与统一性相联系的独立性并不改变它的全民所有制的性质，生产资料并不因此就属于各生产单位所有，而只归它们占有、支配和使用。因为各生产单位是在统一计划的领导下，独立地运用这些生产资料，生产的剩余产品的大部分也不归各个生产单位所有，而是归全体劳动者所共有，并且根据全体劳动者的共同利益进行分配。由此可见，社会主义的全民所有制的性质，要求把它的经营管

① 列宁：《在全俄中央执行委员会、莫斯科苏维埃和全俄工会代表大会联席会议上的演说》，《列宁全集》第 28 卷第 378 页。

② 恩格斯：《共产主义原理》，《马克思恩格斯全集》第 4 卷第 365 页。

③ 毛泽东：《论十大关系》，《毛泽东选集》第 5 卷第 273 页。

理中的统一性和独立性结合起来。从以往的实践看来，社会主义全民所有制的国家所有制形式是难以做到这一点的，是难以使全民所有制充分发挥它的优越性的。

看来要做到这一点，需要使国家行政组织和经济组织分开，经济活动要由各种经济组织去进行，各个管理经济的国家行政组织要改变为实行经济核算的经济组织①。各种经济组织应该具有统一领导下的独立性，实行全面的独立的严格的经济核算，它们的一切经济活动都应该纳入经济核算的轨道，受到银行和簿记的监督，它们应该有自身的经济利益，负有法律规定的经济上的责任。各经济组织中的劳动者有权在维护和增进全体劳动者的共同利益的前提下，在统一计划的指导下，结合对本单位和自身的利益的考虑直接参加经营。

那么，无产阶级专政的国家是否还应该具有经济职能呢？国家在消亡以前，在社会经济中心形成以前，是具有经济职能的；但这种职能不应该是代替各种经济组织去直接指挥各生产单位的一切经济活动，而应该是在各经济组织的独立经营的基础上，通过反复协商和协调，制定统一的国民经济计划，安排国民经济的比例，协调各方面的活动，进行国民经济平衡，制定统一的经济政策，调节各方面的经济利益上的矛盾，制定经济法律并执行法律，等等。

二、关于集体所有制的"政社合一"形式问题

在实现人民公社化以后，我国的集体所有制形式发生了重大变化。农村人民公社实行了"政社合一"。人民公社不仅是一个经济组织，而且成为国家的基层政权。20 年的实践表明，"政社合一"的所有制形式带来了一系列的问题，需要重新考虑。

集体所有制本来是这样一种社会主义所有制形式：在各个集体所

---

①　需要指出，目前有些专业公司只是名义上的经济组织，它们不实行经济核算。实际上依然是国家行政组织的一个单位，挂着公司的牌子，有的专业公司对外叫公司，对内则是某个部的一个局。

有制经济中生产资料归这个集体经济中的劳动者所共有，这些劳动者共同劳动，共同占有产品，共同分配收入。除去上缴农业税以外，各个集体所有制单位，作为独立的所有者同全民所有制以及其他集体所有制单位的关系只能建立在等价交换原则的基础上。集体所有制经济在考虑国家利益的大前提下，根据对本集体的经济利益的考虑对自己的生产、交换、分配的安排拥有完全的独立的自主权，一切活动由本单位的劳动者共同决定。

首先，集体所有制的这种性质，决定了国家对它只能实行间接计划，而不能实行直接计划。按照我国目前的计划体制，直接计划是国家对全民所有制经济实行计划领导的方式。国家可以直接安排全民所有制单位的生产、交换、分配等活动，国家制定的计划对于全民所有制经济具有指令性，必须执行。对于集体所有制经济，国家本不能直接下达具有指令性的计划，而只能间接地计划集体所有制经济的活动。这就是说，只能运用各种经济政策，利用价格、信贷、购销合同、奖售等经济机制和杠杆，间接地引导集体所有制经济按照国家计划需要的方向安排生产，进行分配和交换。由于实行了"政社合一"，人民公社就成了国家的一级政权，上级政权组织可以向人民公社下达命令了，人民公社作为下层组织必须执行。结果，正如我们在不少地方看到的，国家对集体所有制经济的活动本应采取的间接引导的计划方式，在不少地方就被直接计划的方式所代替，生产指标和基建指标等国家计划指标可以直接下达到公社和生产队。这种计划方式使集体所有制单位无权根据自己的经济利益，独立自主地决定自己的经济活动。于是，强迫命令、瞎指挥风盛行，大量地出现违反群众意愿，不顾集体经济的利益，强制公社和生产队按照上级政权组织的命令进行生产、分配和交换的情况。一些地区强令生产队不顾具体条件改单季稻为双季稻、三季稻，强令生产队砍掉果树种粮食等荒谬现象就是例子。

其次，一个集体所有制经济中的土地、生产工具、资金、产品，只属于本集体所共有，劳动力也只是本集体的基本生产力，全民所有制经济和其他集体经济不能无偿调用，而只能在平等互利的基础上，遵循自愿的原则进行交换。可是，在"政社合一"这种所有制形式下，公社成为国家的基层组织，从而经常发生上级政权组织，无偿地调用生产队的人力、物力和财力的情况，使得集体所有制不成其为集体的所有制。

其实，在过去论述人民公社集体所有制性质的不少文章中，早就指出过"政社合一"这种所有制形式使国家政权得以直接干预集体所有制单位的一切活动，可以支配集体所有制单位的生产资料。但是，由于当时矛盾还没有充分暴露，这些文章都是把这一点作为人民公社的优越性而加以肯定和宣传的。例如，有的文章写道："政社合一了，人民公社既是基层经济组织，又是基层政权组织。政权是全民的代表，而不是某个集体的代表。因此，公社生产资料的实际支配权就不仅是属于公社这个集体，并有代表全民的政权参与其事"，"国家能够直接参与公社物质生产的组织和收入的分配，这样就使公社具有了全民所有制的因素，加强了国家对公社的领导。"现在看得比较清楚，这些都不仅不应该当作人民公社的优越性加以颂扬，而且应该切实加以纠正。

第三，农业社时期，各级干部都是社员，是农业社的生产资料和产品的集体所有者的一分子。他们同其他社员一样，凭自己的劳动从农业社的收入中分配到自己的收入。他们由社员选举产生，受到社员的监督。他们要向全体社员负责。因为在经济利益上他们同全体社员是密不可分的，所以，他们切身地关心农业社的经营的好坏，能够考虑农业社的利益。实行"政社合一"后，公社干部由国家干部担任了。他们是国家基层政权组织的领导人，而不是公社的社员。他们不是本集体的生产资料的集体所有者的一员。他们领取国家工资，生产队的经营好坏、收入多少同他们没有直接的利害关系。他们是由上级政权机关委派的，社员无权决定他们的任免。他们是国家基层政权的领导人，而公社委员会又是基层政权组织。这样，他们中的许多人往往更多地从国家政权的立场考虑问题，而较少考虑集体经济的利益，有些人则滥用国家政权赋予的权力和国家政权组织的权威，对公社各级组织的一切活动发号施令，横加干预，从而常常造成违背群众的利益和意愿的情况。最近报上刊载的浙江省天台县平桥公社长洋大队的调查情况很能说明问题。这个大队因地制宜把部分早稻田种上黄豆。这不仅是正确的，而且是集体所有制单位本应具有的、完全可以自行作出决定的权力，国家本是无权干预的。但是，天台县委却有权责令公社党委一律把已经开花的黄豆犁掉，改种水稻。值得注意的是公社党委一些干部的态度。他们完全不像社员群众那样痛心地感到这个荒谬的命令会严重地损害自己的切身利益（因为他们的收入不会受影响），从而不仅不能像社员群众那样坚决地抵制这个命令，奋起维护集体经济的利益。相反，他们却同县委的错误领导站在一起，同社员群众相对立，施展各种手段，迫使把黄豆苗犁掉了。此外，他们更动用专政手段，把敢于抵制错误领导的贫农社员带到公社片的所在地扣留了几个小时，而且威胁群众说："要抓出个把坏人来示众！"

最后，"政社合一"这种组织形式，容易把国家应该举办的许多事业和工作，如教育、卫生等，推到人民公社，在"群众大办"的名义下，把负担转嫁给农民。公社干部则必须把许多精力用于从事政权、文教等工作，严重影响他们抓好生产。

毫无疑问，目前，农村中存在着的问题，许多是"四人帮"干扰破坏造成的，不能统统都算到"政社合一"的账上。例如，他们叫嚷，要"用无产阶级专政的办法办农业"，就是煽动一些干部用封建法西斯专政的办法镇压农民，破坏农业。在这种蛊惑性口号的影响下，有些公社干部竟然把公社这级基层政权变成为镇压群众的机关，任意打人、骂人、罚人、抓人。其实，即使是真正的无产阶级专政的办法也不能用来办农业，国家领导集体所有制经济，既不能用管理政权的那套办法，更不能用镇压阶级敌人的那套办法。

根据上面的一些分析，看来应该使农村的基层政权组织同人民公社集体所有制经济组织分开，重新建立乡镇政权。乡镇政权担负政权本身的各项任务，不能对人民公社的经营管理直接进行干预。那么，这样一来是否会削弱国家对人民公社的领导呢？是否使人民公社的集体所有制离全民所有制比"政社合一"时远了呢？不是这样。国家对人民公社是要加强领导的，但加强领导不应该单纯从组织隶属关系上着眼，把人民公社变成基层政权，由国家直接干预人民公社的一切活动。要加强国家对人民公社的领导，必须建设强大的现代化的全民所有制工业，使工业发挥国民经济中的主导作用，用现代化的工业产品去装备农业，实现农业现代化。要加强国家对人民公社的领导还要靠制定和执行正确的经济政策，利用各种经济机制和杠杆，发展社会主义商业，在等价交换的基础上密切全民所有制同集体所有制的经济联系。恩格斯说："暴力虽然可以改变占有状况，但是不能创造私有财产本身。"① 同样，"政社合一"也不能因为国家政权同人民公社集体所有制经济结合一起而像有些同志所说的那样，使集体所有制具有全民所有制因素，使集体所有制向全民所有制接近。国家政权并不能创造出全民所有制来。有些地方错误地平调生产队的生产资料，只是强制地改变了它们的占有状况，破坏了集体所有制，并没有能创造出全民所有制来。要使集体所有制向全民所有制接近，首先要靠生产力的大发展，靠集体经济的大发展，只有在这个基础上才能逐步提高集体所有制的公有化水平。否则是不可能的。1958 年人民公社化过程中，有的集体所有制单位并入全民所有制经济，但是由于生产力水平低，这种合并带来了许多问题，最后又同全民所有制分开了。这种分开，形式上看来是使集体所有制从全民所有制重新退回到集体所有制了，离全民所有制远了。实际上，这种分开，促进了集体经济的发展，反倒使集体所有制离全民所有制近了。基于同样的道理，没有必要担心，"政社"分离后，国家对集体所有制经济的领导会削弱。集体所有制是要向全民所有制过渡的，实践将会开辟实现这种过渡的具体途径，创造出过渡的具体形式。

（原载《经济研究》1979 年第 1 期）

---

① 恩格斯：《反杜林论》，《马克思恩格斯选集》第 3 卷第 202 页。

经济利益、经济杠杆和经济组织

一、经济利益是生产发展的动力

在社会主义经济管理中如何发挥经济利益在国民经济发展中的动力作用，是一个重要问题。

经济利益是人们在生产中期求并实现的利益。人们从事物质生产，直接地是为了满足以物质资料为基础的各种生活需要，也就是为了物质利益（即经济利益）。历史唯物主义认为："人们奋斗所争取的一切，都同他们的利益有关。"① 这里所讲的利益，最基本的是经济利益。

人们要从事物质资料的生产，彼此之间必须结合成一定的生产关系。这种结合就是经济利益的结合。所以恩格斯说："每一个社会的经济关系首先是作为利益表现出来。"② 在不同的生产方式中，人们之间的经济利益的结合方式是不同的。在生产资料私有制的经济中，剥削者和被剥削者之间的关系，是经济利益对抗的结合，或者说表现为经济利益的对抗。这种经济利益的对抗，构成阶级对抗、阶级斗争的客观基础和重要内容；而在生产资料公有制的经济中，人们之间的结合则是经济利益上的平等、互利的结合。

既然人们从事物质生产，直接是为了实现自己的经济利益，那

---

① 马克思：《第六届莱茵省议会的辩论（第一篇论文）》，《马克思恩格斯全集》第 1 卷第 82 页。

② 恩格斯：《论住宅问题》，《马克思恩格斯全集》第 18 卷第 307 页。

么，人们对经济利益的追求就成为生产发展的内在动力。这个说法当然是一种舍弃了具体内容的一般的命题。这里说的生产是生产一般，这里说的经济利益则是经济利益一般，而生产和经济利益总是具体的。在不同的生产方式中不同的经济利益作为生产发展的动力是不同的。在那些阶级对抗的生产方式中，也并非一切阶级的经济利益都能成为生产发展的动力，只有统治阶级的利益才"成为生产的推动因素"①。而且，成为生产发展动力的统治阶级的经济利益，在这种生产方式发展的不同阶段在推动生产发展中的作用也并非总是一成不变的。例如，在资本主义生产方式下，资产阶级的经济利益在于从无产阶级身上榨取剩余价值，它对剩余价值的贪得无厌的追求成为资本主义生产发展的动力。人们从资本主义的上升时期看到了资产阶级的这种经济利益如何把在封建主义经济中沉睡的生产力唤醒，使它开足马力迅跑。无产阶级的经济利益在资本主义生产方式的范围内只能限于争取生活条件和劳动条件的某些改善，不能根本摆脱被剥削的地位，它的这种经济利益并不直接构成资本主义生产发展的动力。的确，资本家往往也采用各种办法使工人们为了自身的经济利益而尽力劳动，但资本家这样做时，仍然是以增加剩余价值为其内在契机的。所以，这里的动力仍然是资本家对剩余价值的追逐。资产阶级对剩余价值的追逐是无止境的，但资产阶级的这种经济利益对生产发展的动力作用则要受资本主义生产关系狭隘框子的限制。周期性爆发的经济危机说明了这一点。资产阶级对自己的经济利益的追逐引起了同无产阶级在经济利益上的对抗，资产阶级同无产阶级之间的斗争就是在这种经济利益对抗的基础上进行的。它们之间争夺的政治权力"不过是用来实现经济利益的手段"②，它是围绕着争取各自的经济利益而展开的。无产阶级为了从根本上谋求自己的经济利益，谋求绝大多数人的经济利益，就必须推翻资产阶级的政治统治，消灭私有制。列宁说得好，

---

① 恩格斯：《自然辩证法》，《马克思恩格斯选集》第 3 卷第 519 页。
② 恩格斯：《路德维希·费尔巴哈和德国古典哲学的终结》，《马克思恩格斯全集》第 21 卷第 344 页。

"从经济利益有决定作用的原理中，决不应当做出经济斗争（即工会的斗争）有首要意义的结论，因为一般说来，最重要的'有决定作用的'阶级利益只能用根本的政治改造来满足；例如，无产阶级的基本经济利益只能经过用无产阶级专政代替资产阶级专政的政治革命来满足。"①

从这里我们可以了解到，经济利益是社会生产发展的动力同阶级斗争是阶级社会发展的动力这两个命题并不是相互排斥的。阶级斗争的根源在于不同阶级之间在经济利益上的对立。剥削阶级对自身的经济利益的无限贪欲同被剥削阶级在经济利益上的尖锐对立，只有通过政治革命才能获得解决。因此，以经济利益的对立为基础的阶级斗争成为阶级社会发展的动力。

那么，到了社会主义社会，人们在生产中的结合是否仍然是阶级利益的结合呢？经济利益是否仍然是生产发展的动力呢？是否应该发挥它在国民经济中的动力作用呢？这些问题长时间以来被林彪、"四人帮"搅得异常混乱。姚文元说，只有"修正主义强调经济利益"②，张春桥说，马克思主义"不讲究什么物质利益"，强调物质利益原则就是钞票挂帅③。他们像一切历史唯心主义者一样，"不知道任何基于物质利益的阶级斗争，而且根本不知道任何物质利益"④。他们荒谬地把经济利益同资本主义、修正主义画上等号，把它看成是罪恶的渊薮，似乎只有资产阶级才重视自己的经济利益，而无产阶级则对自身的经济利益漠不关心，甚至鄙夷经济利益。

其实在社会主义社会中，人们仍然要结合在一起从事物质资料的生产，这种结合仍然是经济利益的结合。社会主义用生产资料的公有制代替了生产资料的私有制，绝不是消灭一切经济利益，而只是改变

---

① 列宁：《怎么办?》，《列宁全集》第 5 卷第 359 页脚注。

② 1974 年 6 月 5 日姚文元对《红旗》编辑组召集人的谈话。

③ 张春桥：《破除资产阶级的法权思想》载 1958 年 10 月 13 日《人民日报》。

④ 恩格斯：《社会主义从空想到科学的发展》，《马克思恩格斯选集》第 3 卷第 423 页。

了人们之间在生产过程中的经济利益上的结合方式。消灭的只是资产阶级通过剥削无产阶级来取得剩余价值这种经济利益。或者说消灭的是资产阶级和无产阶级之间的经济利益上的对立的结合方式而代之以劳动者之间的经济利益上的平等互利的结合方式。认为消灭了资本主义生产方式中人们在经济利益上的结合方式就是消灭了一切经济利益，其荒谬无异于认为消灭了资本主义生产方式就是消灭了一切生产一样。

在社会主义社会，经济利益仍然是推动生产发展的内在动力，只不过经济利益的社会属性及其推动生产发展的方式起了根本的变化罢了。在社会主义公有制条件下，满足劳动者和社会的需要成为生产的直接目的。劳动者为了满足自身的和社会的需要而生产，这样一种经济利益是社会主义经济发展的强大动力。生产满足需要并创造新的需要，新的需要又推动生产的进一步发展。经济利益的这种动力作用，不同于剥削社会中的作用，它不会导致劳动者之间的尖锐对抗，从而也不会受到由于这种尖锐的对抗而造成的狭隘框框的限制。在生产资料社会主义公有制的基础上形成了一个完全不同于其他生产方式中的经济利益的劳动者的经济利益体系：国家（社会）的利益、生产集体的利益和生产者个人的利益，生产者的长远利益和眼前利益，工人的利益和农民的利益，多数民族的利益和少数民族的利益，中央的利益和地方的利益，体力劳动者的利益和脑力劳动者的利益，这个地区和部门的利益与那个地区和部门的利益，等等。这种种经济利益，首先是人与人之间在物质生产中结成的关系。这些不同的经济利益从根本上说来是一致的，不存在根本性的对抗。生产资料的社会主义公有制是这种根本一致的物质前提和物质基础。但是，社会主义公有制并不能自然地使各方面的经济利益时时处处都能一致起来而不产生矛盾和摩擦。相反，矛盾和摩擦是经常发生的，社会必须经常进行调节，以便使劳动者的各种经济利益得以协调一致，并且还需找到在各个特定条件下能使各种经济利益协调一致的具体的结合形式。只有使劳动者的各种经济利益协调一致，经济利益在社会主义经济中的动力作用才能得到充分发挥。一句话，生产资料的社会主义公有制为这种协调一致提供了可能，要把这种可能性变成现实则需要人们做出巨大的努力。改进国民经济管理就是这种努力的表现，它在这方面起着重要的作用。

国民经济管理具有两方面的内容，一个方面是按照社会化大生产的客观要求来组织好管理好社会化大生产，另一个方面则是调整好劳动者的各方面的关系，特别是经济利益方面的关系，使之协调一致。这两个方面又是密切联系在一起的。为了实现四个现代化，必须改进国民经济的管理，其中也包括从上述两个方面进行改进的内容。

我国经济发展的 30 年历史表明，在国民经济管理中什么时候承认社会主义经济中存在着经济利益，各方面的经济利益协调得好些，国民经济发展就快；相反，什么时候不承认社会主义经济中存在着经济利益，不顾甚至严重损害某一方面或某些方面的经济利益，经济的发展就遭到挫折。举例来说，在国民经济管理中如何正确处理国家、集体和个人这三方面的经济利益，使三者协调一致，是一项重要的事情。毛泽东同志在《论十大关系》中一再强调这一点。这三者的关系，我们在有些年代（例如第一个五年计划时期和 20 世纪 60 年代的三年调整时期）曾经处理得好一些，经济的发展也比较快，而在有些年代则处理得不好，影响了经济的发展，甚至使经济倒退。

就全民所有制经济来说，如何使国家利益、生产单位（企业）利益和劳动者个人利益三者妥善地结合起来，始终是全民所有制经济发展中的一个根本问题，也是全民所有制经济中能否发挥经济利益的动力作用的一个根本问题。可是，在较长的一段时间里，我们只注意国家利益，错误地认为全民所有制企业的一切既然是全民所有，企业就不应具有独自的经济利益，否则企业就变成集团所有了。从这种错误认识出发，企业没有独立地组织生产、进行经营管理的自主权。企业经营好坏、盈利亏损，对企业毫无经济上的损益，同职工的个人利益更不相干。企业职工的个人利益也被严重忽视，计件工资、奖金制度遭到否定，计时工资又同劳动的量和质脱节，职工的劳动报酬同个人劳动的好坏以及企业经营的好坏没有联系，干好干坏都是一样。生产发展了，职工的收入不能相应地提高。凡此种种，不是使国家利益、企业利益同职工个人利益三者紧密地结合起来，协调一致，而是使三者彼此脱离，甚至相对立。企业和职工都无从考虑自己的经济利益。经济利益的这种结合方式（脱离也是一种结合方式）使得它作为社会主义经济发展的内在动力作用遭到严重的削弱。

再就集体所有制的人民公社来说，也存在着国家利益、生产者集体和社员个人三者的利益。农村集体所有制经济作为社会主义经济的一个组成部分，有义务对国家的建设做出贡献。它所创造的一部分国民收入通过农业税、价格等集中到国家预算，用于社会主义建设。国家则通过农田水利投资、价格等形式将一部分国民收入用于发展农业。两者相抵后集中到国家的集体所有制经济所创造的那部分国民收入，必须数额恰当才能使国家利益和农村集体所有制单位的利益妥善地结合起来。如果像有些年份那样，国家征收的农业税过多、工农产品的剪刀差扩大，就会损害农村集体所有制单位的经济利益，挫伤农民的生产积极性。多年来一再刮的"一平二调""趁穷过渡"的"共产风"，严重伤害了作为基本核算单位的生产队的经济利益。长时间里，种种平均主义的分配以及没收自留地、取缔家庭副业和集市贸易等错误做法，也给社员的个人利益造成严重损害。上述种种错误做法，造成国家利益、集体经济利益和社员个人利益不能协调一致，农业生产怎么可能迅速发展呢？

由此可见，在国民经济管理中必须十分重视经济利益问题，必须调节好各方面的经济利益关系。

二、发挥经济杠杆调节经济利益的作用

那么，在国民经济管理中如何使经济利益发挥作为经济发展的动力作用呢？

如果我们把国民经济比做一架大机器或机器体系，那么经济利益就有如动力机，它所产生的动能，通过各种经济杠杆的作用使国民经济这架大机器运转起来。因为国民经济的运动遵循着客观经济规律，所以国民经济赖以运动的杠杆也就是客观经济规律赖以起作用的杠

杆。国民经济这架大机器赖以运动的经济杠杆很多，例如价值、价格、货币、市场、信贷、预算、成本、利润、工资、奖金、税收、企业基金等都是。它们有如机器上的传动装置、传送带、联结杆、齿轮等。如果说这种比喻有不恰当的地方的话，那就是，不同于生产中的机器，或机器体系，那里的动力来自机器之外的各种能源，而经济利益作为国民经济发展的动力，则不是来自国民经济的外部，而是存在于它的内部，它是一种内在的动力。

那么，为什么经济利益能通过种种经济杠杆来推动国民经济的运动呢？这是因为，社会主义经济中的各种经济利益是借助经济杠杆作为纽带结合起来并得到调节的。各种经济杠杆都联系并调节着特定方面的经济利益。例如，价格联系并调节着产品的生产者和消费者的经济利益、生产部门和销售部门的经济利益、批发部门和零售部门的经济利益、销售部门和消费者的经济利益、工人和农民的经济利益等。税金联系并调节着生产单位和国家的经济利益、国家和消费者的经济利益。工资联系并调节着职工、生产单位和国家的经济利益、职工间的经济利益。市场联系并调节着生产者和消费者、买者和卖者之间的经济利益。企业基金联系并调节着国家利益、企业利益和职工个人利益，等等。正因为这样，所以，通过这些经济杠杆的作用，就可以调节各方面的经济利益，使其协调一致，从而使经济利益得以推动国民经济的运动。在国民经济的管理中，要按客观经济规律办事，就必须把经济活动建立在对经济利益的关心的基础上，善于运用各种经济杠杆，发挥经济利益的动力作用。

如上所述，在社会主义经济中，存在着复杂的经济利益体系，与此相适应，也存在着复杂的经济杠杆的体系。不同的经济杠杆的作用，有些是同方向的，有些是反方向的。也就是说，有些是相互补充的，有些是相互制约的。例如，一个企业的产品的出厂价格同该企业的利润是沿着相同的方向作用的，在产品成本不变的情况下，出厂价格高，企业的利润就大，出厂价格低，企业的利润就小。而成本则同利润是沿着相反方向作用的，在产品出厂价格不变的情况下，成本降低，企业利润就增加，成本提高，企业利润就减少。再如，原材料的价格，同原材料生产部门的利润是沿着相同方向作用的，而同原材料使用部门的利润是沿着相反方向作用的。

各种经济杠杆由于它联系和调节的经济利益不同，以及它们的作用方向对有关方面的经济利益的影响相异，使得各种经济杠杆在国民经济这架大机器的运动中具有不同的、彼此不能完全取代的性质和作用。例如，财政拨款与银行贷款，两者具有不同的性质和作用。财政拨款是无偿的，使用单位不必归还；银行贷款则是有偿的，借款单位必须按期归还并且支付利息。我国的全民所有制企业的资金中长期占用的部分是由预算来保证的，即固定资产是通过财政的基本建设投资形成的，自有流动资金也是由财政拨给的。这两部分资金，企业都是无偿使用的；而企业需要的短期周转性资金（如由于季节性的生产经营等原因而发生的短时间的资金不足），则通过银行贷款来满足，这部分资金的占用是有偿的。对企业的生产资金分别利用财政拨款和银行贷款这两种经济杠杆来调节，是为了在资金的分配使用上把集中统一与机动灵活这两个方面结合起来。财政拨款可以保证国家将建设资金有计划地分配于各个部门和地区使国民经济能够按比例地发展。银行贷款则可以机动地满足企业对资金的临时需要，并且可以避免用财政拨款来满足它而造成的资金积压和浪费。利用这两种经济杠杆来管理全民所有制企业的资金曾经起了一定的作用。但是，多年的实践表明，它带来了一些消极后果。企业资金中通过财政拨款来满足的部分，国家的全局利益是便于顾及的，但是这种方式因为是无偿的，并且是由财政集中拨付的，结果造成：第一，企业对这部分资金的运用好坏不必承担经济上的责任，容易鼓励企业多占用资金，使企业资金的周转缓慢，利用效果降低，这样又会损害国家的利益；第二，这种方式没有顾及企业的经济利益，多占用对企业没有损失，少占用对企业没有增益，从而不利于把国家利益同企业的利益结合起来。如果充分利用银行贷款这种经济杠杆，把由财政拨款的那部分企业资金改由银行贷款，实行有偿占用，由企业定期归还，并支付利息，就可以加强企业的经济责任，加强银行对企业的监督，再配合企业基金的建立，就可以利用企业及企业职工对本身的经济利益的关心来改善企业的经营管理，这样做可以把国家利益、企业的利益和职工的个人利益结合起来。当然，财政拨款这种经济杠杆也还要利用，除了用于行政和事业单位以外，国家还可以通过它所掌握的一部分资金，通过财政拨款的形式加强对重点部门、落后地区的发展的支持。

再如，农产品收购价格和农业贷款在促进农业发展上的性质和作用也是不同的。十一届三中全会决定提高农产品的收购价格，这是发展农业的一项重要措施。提高农产品收购价格的直接结果是增加农民的收入，对于调动农民的生产积极性会起很大的作用。但是，提高农产品收购价格，首先是对那些农产品商品率高的社队有利，而对于商品率低的社队则在增加收入上不能起大的作用，这些社队往往是一些穷的社队。农业贷款是有偿的，并不增加农民的收入，它是用来支援社队购买农业生产资料等以促进生产的。在发放农贷时要考虑社队的实际情况，对于一些穷的社队，可以通过农贷给予更多的支援，穷社队的生产发展了，就能从农产品收购价格的提高中得到更多的好处。

其他如工资和奖金、税金和利润等这些经济杠杆，也都有各自不同的性质和作用。

正因为各种经济杠杆对各种经济利益的影响具有不同的方向，不同的性质，对于调节各种经济利益具有不同的作用，所以，我们在利用各种经济杠杆来进行国民经济管理时，必须把各种经济杠杆放在整个经济利益的体系中来考虑，必须把它们结合起来运用，要看到利用它们所产生的各种结果——直接的结果和间接的结果，有些结果甚至是连锁性的（如一种产品的价格的变动就会引起连锁性的后果）。

多年来，"四人帮"反对利用各种经济杠杆来管理国民经济，把它们说成是产生资本主义的土壤和条件，鼓吹用他们所说的脱离经济利益的"政治""路线""阶级斗争"作为管理国民经济的"纲"。在他们的破坏下，一些经济杠杆（例如奖金、企业基金等）被否定了，抛弃了；一些经济杠杆（例如工资等）失去了它固有的性质和作用；还有一些经济杠杆（如信贷、利息、价格等）不能起到应起的作用。特别是各种经济杠杆之间相互联系和相互制约的关系遭到了破坏。在这种情况下，任何一种经济杠杆都不可能发挥它应有的作用。例如，奖金是实现劳动者的个人利益，调节劳动者彼此之间，国家、集体和个人之间的经济利益关系的重要经济杠杆。打倒"四人帮"以后，奖金的作用已被重新肯定。但是，为什么它的作用至今没有充分显示出来呢？除了奖金制度本身不健全这一原因外，还同产品价格、企业利润、企业基金等经济杠杆等不健全，不能起到应起的作用有关。由此可见，要使经济利益充分发挥其作为促进社会主义经济发展的动力的作用，我们必须从经济利益体系上认识各种经济杠杆的性质和作用，使它们各得其所，在彼此相互联系和相互制约中调节各方面的经济利益，以达到它们间的协调一致，推动调节国民经济这架大机器的灵活运转。

三、国民经济的管理主要应靠各种经济组织

国民经济是由各种经济组织（公司、企业、工厂、银行、公社、生产队、商店等）构成的，它们是国民经济的细胞。各种经济组织的活动交织成国民经济的运动。经济利益通过各种经济杠杆而调节、推动国民经济的运转正是由各种经济组织的活动来实现的。所以，如何发挥各种经济组织的作用，是国民经济管理中的一个重要问题。

经济组织和行政组织有一个根本不同点，这就是，经济组织作为法人，是依法成立并能以自己的名义行使权利和承担义务的组织。它的一切活动都是建立在对社会的和自身的经济利益的关心的基础上的。它必须以等量的劳动消耗取得最大的有用效果。为此，它必须实行独立的全面的严格的经济核算，遵循经济核算的原则，换句话说，必须用自己的经营收入来抵偿自己的支出并取得利润，以扩大生产、满足社会的共同需要、增进职工的福利。所谓独立的经济核算，就是说，各个经济组织是作为核算的主体或者说独立的核算单位而核算自己的经营活动的，严格地说，它们应该是自负盈亏的。各经济组织必须在以收抵支后取得利润，如果亏损了，它必须承担经济上的损失，并设法清偿。所谓全面的经济核算，就是说，经济组织的一切经营活动都要纳入经济核算中。它的全部资金的使用都是有偿的，应该取得

按资金计算的平均利润。它的全部收入都应该来自它的经营活动。它的全部支出都应该在经营费用（生产费用或流通费用等）中得到反映。所谓严格的经济核算，就是说，经济组织的活动必须严格遵循经济核算的原则。各经济组织之间的往来必须实行等价交换。违反经济合同，必须课以罚款。经济组织的活动要受到银行、财政等各方面的严格的监督，必须履行上缴税收、交付利息、按期归还借款等经济责任和义务。为了实行独立的全面的严格的经济核算，各经济组织的一切活动都必须考虑经济利益，都必须利用各种经济杠杆来进行。

企业化的事业组织（电影院、剧团、医院等）从事的是非物质生产领域的活动，它们的收入是再分配收入，在性质上和物质生产领域的经济组织是不同的。

行政组织和经济组织不同，它不是法人，不是独立的经济核算单位。它的收入不是来自自己的经营活动，而是来自国家预算。它的支出也不反映为经营费用。它的一切活动不是遵循经济核算的原则，即不必用它的收入来抵偿它的支出并取得利润。也就是说，它不存在盈利或亏损问题，所以也不必为自己的活动的经济结果——盈利或亏损——承担责任，因而也不存在盈利或亏损影响其自身的经济利益问题。行政组织的活动主要不是通过各种经济杠杆，而是借助一些非经济的手段，例如公文、命令等。

国民经济管理，无疑需要有一些行政组织，但主要要靠各种经济组织。可是，在我国现行的经济体制下，却往往用行政组织代替经济组织来管理国民经济，行政组织直接指挥企业的一切经济活动，企业则成为国家各级行政机构的附属物。有些经济组织甚至同行政组织合为一体（如政企合一的企业、政社合一的人民公社），经济组织同时是基层政权。这种经济体制不适应现代化大生产的要求，产生了许多问题。例如管理多头、层次繁多、政出多门、管理机构臃肿庞大重叠、办事效率低、不讲经济效果、手续复杂、公文旅行、文件泛滥、会议成灾，等等。这种由行政组织取代经济组织来管理国民经济的经济体制，往往为了行政上的方便，要求经济活动机械地适应行政的系统、层次和划分，从而破坏了经济上的合理性。例如，不能对同一行业的生产、建设进行统一的规划和合理布局，形成地区之间和企业之间生产缺乏合理分工和密切协作，许多企业不必要地重复生产同一品种规格的产品，不少设备和技术力量分散使用，各不配套，产供销不能很好结合，中间环节多，物资流转慢，资源不能合理利用等。行政组织自己是不直接从事生产经营的，它们远离生产、流通、分配和交换，由它们去指挥直接从事生产经营的企业，很难不违反客观经济规律，不产生命令主义、主观主义和瞎指挥。由行政组织来直接指挥企业的一切经济活动，往往给国民经济带来严重的损失，而这些损失又不会在行政组织的收支账目中反映出来的，所以甚至已经造成了严重损失，它们也不得而知，或不能及时得知。

这种由行政组织来管理国民经济的体制，甚至使企业等经济组织也变成多少类似行政组织的机构，使得企业等经济组织不具有独立核算单位所应具有的独立性。具体点说，它的资金由国家调拨，任务由国家下达，产品大多由国家统购，利润全部上缴国家，亏损由国家包干补贴，领导人由国家委派。它不具有自身的独立的经济利益，不能把自己的活动建立在对经济利益的关心的基础上。它在人财物和供产销的安排上，都不具有独立核算单位所应该具有的自主权，所以也不能从用等量的劳动消耗取得最大的有用效果的原则出发，独立地安排自己的经营活动……总之，在现有的经济体制下，各经济组织不可能实行独立的全面的严格的经济核算制，它不负盈亏的责任，银行、财政等方面也无法对它实行有效的严格的监督。在这种情况下，经济组织的一切活动唯上级命令是听，只要是上级决定的，照办就是了，管它是否具有经济的合理性，反正经营好坏同它没有直接的利害关系。所以，经济利益不能成为它的活动的内在动力，从而各种经济杠杆也起不到它们各自应起的作用。结果是，不少企业管理机构庞大，人员众多，劳动生产率低，产品质量差，资金周转缓慢，浪费惊人，亏损严重。

由此可见，要使国民经济能够在它的内在动力——经济利益的推动下富有效率和效果地灵活运转，必须改革经济体制，其中一个重要的方面，就是改变那种由行政组织取代经济组织直接指挥一切经济活动的制度。具体地说，就是使国家行政组织和经济组织分开，各个管理经济的国家行政组织要改变为实行经济核算的经济组织。经济活动应由各种经济组织去进行。各种经济组织应该具有统一领导下的独立性，真正成为独立的经济核算的主体，实行独立的全面的严格的经济核算，自负盈亏。它们的一切经营活动都应纳入经济核算的轨道，受到银行、财政等方面的监督。它们应该有自身的经济利益。它们应该真正作为法人而行动，能以自己的名义行使法律规定的权利，承担法律规定的义务。各经济组织中的劳动者有权在维护和增进全体劳动者的共同利益的前提下，在统一计划的指导下，结合对本单位和自身的利益的考虑直接参加经营。

要把由行政组织进行管理的方式改变为由经济组织进行管理的方式，在工业交通方面重要的途径就是组织专业公司和联合公司。在集体农业方面，就是创造条件使政社分开，使人民公社成为名副其实的单纯的集体经济组织。

不言而喻，组织形式并不是万能的，而且要使经济组织真正能起到它应起的作用，还有赖于整个经济体制的改革和完善。因为经济组织是否能实行独立的全面的严格的经济核算，除了各经济组织必须加强自身的管理以外，还必须从计划管理体制、财政和资金管理体制、物资管理体制、市场和价格管理体制、工资管理体制、劳动力管理体制，甚至外贸和外汇管理体制等方面保证各种经济组织能够成为自负盈亏的、实行独立的全面的严格的经济核算的组织。目前这些经济体制是不能保证的，需要作相应的改革。

当然，在把由行政组织直接管理经济的体制改变为由经济组织管理经济的体制以后，国家各级政权还要保留某些行政组织以行使无产阶级专政国家的经济职能。但这些行政组织的职能不应该像目前这样代替各种经济组织去直接指挥各生产单位的一切活动，直接从事管理生产、建设的日常具体业务，而应该是加强思想政治领导、制定方针政策并检查其执行，在各经济组织的独立经营的基础上通过反复协商和协调制定统一的经济计划特别是长远规划，协调各经济组织之间的关系和活动，组织协作，进行综合平衡，调节各方面的经济利益上的矛盾，督促经济法律的执行等。这些行政组织应该精简合并，减少到最低限度。只有这样才能既充分发挥各种经济组织在管理经济中的独立自主的作用，又保证无产阶级专政国家对国民经济的集中统一领导。

（原载刘国光主编：《国民经济管理体制改革的若干理论问题》中国社会科学出版社1980年版）

经济体制改革的几个基本问题

近来，各方面都关心我国经济体制的改革问题。我想就有关的几个基本问题简单地谈一点自己的粗浅看法。

一、经济体制改革的实质是改革全民所有制的国家所有制形式

经济体制改革的实质是什么？有些同志认为，改革经济体制就是改革经济管理的方法，即由目前的以行政方法为主管理经济改革为以经济方法为主管理经济。无疑，在经济体制改革中存在着管理方法的改革问题。但是，我认为不能把经济体制的改革简单地看作是管理方法的改变。因为，管理方法固然重要，但毕竟是派生的，目前存在的以行政方法为主管理经济的一套管理方法，是由全民所有制采取国家所有制形式决定的。在经济体制改革中只注意经济管理方法的改变，而不进行所有制形式的改变，应该说是舍本逐末。

有些同志认为，经济体制改革就是解决管理权限的划分问题，即调整国家行政机构内部中央集权和地方分权的关系，或者进一步说是解决中央、地方和企业三方面的管理权限的划分问题。毫无疑问，经济体制改革问题包括解决管理权限划分的问题。但是，从我国建国以来几次经济体制改革的情况来看，单纯着眼于管理权限的划分是不能从根本上克服经济体制中的严重弊病的，而只会出现"一统就死，一放就乱，一乱又统，一统又死"的循环。

那么，经济体制改革的实质是什么呢？我认为，就全民所有制范围而言，经济体制改革的实质在于改革全民所有制的国家所有制形

式。国民经济管理中存在的弊病从根本上说，不少是同全民所有制采取国家所有制形式分不开的。不改变国家所有制这种全民所有制的形式，单纯着眼于改变管理方法或解决管理权限的划分是不能克服许多弊病的，而且连管理方法的改变也解决不了，管理权限的划分问题更解决不好。

什么是生产资料社会主义全民所有制的国家所有制形式？过去苏联的《政治经济学》教科书和《简明经济辞典》以及我国的一些社会主义政治经济学书籍都说，社会主义全民所有的生产资料只能采取国家所有制的形式，而国家所有制就是：社会主义全民所有的生产资料，由无产阶级专政的社会主义国家代表全体劳动人民来占有，社会主义国家直接领导属于国家的企业，国家通过自己的代表，即由国家机关任命的企业领导人管理这些企业，国家机关直接计划这些企业的全部生产活动，国营企业的产品按国家机关规定的方式和价格实现，等等。一些政治经济学书籍在论证国家所有制形式的必要性时都指出，社会主义全民所有制的性质决定了企业不应该在产供销、人财物等方面拥有独立自主的权限，这些权限都应该集中到国家，企业的一切活动都得听从上级行政组织的安排，否则，社会主义全民所有制就不成其为全民所有制了。（注）我国目前的全民所有制经济的经济体制，就是在全民所有制的国家所有制形式的基础上形成的。

全民所有制采取国家所有制形式在全民所有制的一定发展阶段上特别是初期曾经是必要的，对于克服财经困难、恢复国民经济、战胜国内外敌人的破坏、进行社会主义改造、开展社会主义经济建设，起了重要的作用。但是这种所有制形式随即暴露出许多问题，而且随着生产社会化程度的提高和生产规模的扩大，越来越暴露出它同社会化大生产之间的矛盾。这种所有制形式有一个本质特征，这就是由国家政权组织代替经济组织，直接指挥全民所有制经济的一切活动，直接从事日常业务工作，企业不过是隶属于各级国家政权组织的附属物。例如，在计划管理上，由国家的计划机关直接计划国民经济的活动和国营企业的活动，计划指标具有指令性，层层下达直至企业，企业非经上级行政机关的批准不得根据实际情况变更计划。在资金管理上，企业的资金除了极其有限的部分外，由国家的财政机关直接无偿拨付，企业的收入几乎全部上缴国家的财政机关。在生产资料管理上，由国家的物资管理部门统购统配各种重要物资。在商业管理上，商品由国家的商业部门统购包销。在劳动管理上，由国家劳动管理部门统一分配劳动力、决定工资标准和总额。在价格管理上，由国家的物价管理部门规定相当大一部分产品的价格，等等。在国家所有制基础上形成的由国家行政组织直接管理国民经济的体制，是产生我国经济中许多弊病的一个根本原因。这种经济体制使客观的经济运动人为地服从于行政的系统、层次和划分，割断了它们的内在联系。按部门管，割断了各行业之间的联系，按地区管，割断了各地区之间的联系。各个地区、各个部门往往各搞一套，各管一摊，自成体系，重复生产，重复建设，甚至互相扯皮，互相掣肘。例如，全国各地建立的汽车制造厂达到130个，轴承厂多至600个，大厂吃不饱，而成本高、质量次的小厂却继续建。在一个市里可以建设起几个生产同样产品但分属不同主管部门和主管地区的工厂，之所以要建立这些工厂，唯一的原因是为了适应各个部门各个地区各搞一套的需要。有条件发展食糖生产的地区，只考虑本地区对糖的需要，宁愿缩小甘蔗种植面积改种粮食，也不愿意发展糖料作物的专业化生产。一项从国外引进先进技术在一个地区建立专业化产糖区的合理方案，由于涉及几个主管部门难以统一进行而不能付诸实行。事例众多，不胜枚举。过去几次体制改革之所以不成功，就是因为经济的管理不论是以条条为主还是以块块为主，以中央为主还是以地方为主，也不论管理权限怎样划分，都没有跳出由行政系统管理的框框，企业都没有改变作为中央或地方政权组织的附属物的地位，改变的只不过是企业的隶属关系，也就是说没有跳出全民所有制的国家所有制形式的框框。同时，这种经济体制必然要以行政方法为主管理经济。因为，在国家所有制形式下，国家行政组织同企业之间的关系不是经济交往的关系，而是行政上的隶属关系，是命令和服从的关系。国家行政组织对待企业犹如对待下级行政组织一样，是直接依靠命令、指示、批示等来指挥企业的活动的。企业办一件事，也要像下级行政组织对待上级行政组织那样，按照国家行政组织的系统和层次逐级上报审批，上级行政组织批准后，再逐级下达。所以用行政办法代替经济办法来管理经济，是同全民所有制采取的国家所有制形式分不开的。如果不改变由国家行政组织直接管理国家经济的体制，是不可能实行以经济方法为主管理经济的。由此可见，改革经济体制归根到底就是要改革国家所有制形式。

二、经济体制改革的关键问题是发挥经济利益 在国民经济发展中的内在动力作用

在任何生产方式中，人们对经济利益的追求都是生产发展的内在动力，只不过在不同的生产方式中，经济利益的社会属性及其起作用的方式不同罢了。在社会主义经济中，劳动者直接为了满足自身的和社会的需要而生产，这样一种经济利益是社会主义经济发展的强大动力。经济利益的这种作用，不同于剥削社会中的作用，它不会导致人们之间的尖锐对抗，从而也不会受到由于这种尖锐的对抗而造成的狭隘框框的限制。在这种经济利益的推动下，社会主义经济得以迅速的发展。这是社会主义制度的优越性的根本所在。

社会主义经济中，存在着完全不同于其他生产方式的经济利益体系，其中包括国家（社会）的利益、生产单位的利益和直接生产者个人的利益、工人的利益和农民的利益、人民的长远利益和眼前利益等。这种种经济利益之间有一致的方面，也有矛盾的方面。只有使各种经济利益紧密地结合起来，协调一致，才能使经济利益在社会主义经济中的动力作用得到充分发挥。相反，如果损害某一方面的经济利益，使各种经济利益发生严重摩擦，不能协调一致，经济利益在社会主义经济中的动力作用就要受到削弱。

多年的实践表明，社会主义全民所有制在国家所有制形式的基础上形成的经济体制，使经济利益在社会主义经济发展中的动力作用受到了很大限制和削弱。我们要改革经济体制，就是要使经济利益得以充分发挥作为社会主义经济的内在动力的作用。

那么，为什么在国家所有制形式下，经济利益在社会主义经济发

展中的内在动力作用会受到很大限制和削弱呢?

如前所述,社会主义生产直接地是为了满足社会及其成员的需要,这是社会主义社会中经济利益的根本所在。社会主义生产是在千千万万个企业中进行的。要使社会主义生产能够满足社会及其成员多种多样、变化万千的需要,就要使各个企业得以根据社会及其成员的需要来进行生产,使生产同需要得以紧密地结合起来。只有这样,才能使生产不仅能满足需要并创造新的需要,而且使新的需要推动生产的进一步发展。但是,在全民所有制采取国家所有制的形式下,远离生产和流通的国家的行政组织直接指挥千千万万个企业,企业生产什么、生产多少都得听命于国家各级行政组织。企业直接地是为了完成上级行政组织下达的任务、为了完成总产值之类的指标而生产。同时,由于生产资料由国家供应,产品由国家统购包销,资金实行统收统支,企业既不能也不必关心自己的产品是否适合需要,更不能根据需要的变化自主地安排和改进自己的生产。这样,生产和需要也就不可避免地要出现严重的脱节。此外,即使国家行政组织层层下达的任务是符合需要的,但由于生产者同消费者(包括生产的消费者)不能通过市场建立联系,千变万化的需要不能通过市场灵敏地反映出来,在需要有了变化以后,企业或者不能及时得知,或者知道了也不能甚至不必相应地改变生产去适应需要。因此,人民和社会需要的东西常常得不到或严重短缺,不需要的东西又往往大量过剩。在这种情况下,经济利益的动力作用岂能不遭到严重的削弱?

经济利益的动力作用,是通过社会主义企业的活动来实现的。要使经济利益的动力作用得到充分发挥,就要使各个企业具有自身的经济利益,即具有自身的内在动力,换句话说,就是要使企业得以从对经济利益的关心(其中包括对社会、企业自身的和职工的利益的关心)出发而主动地去努力发展生产,改善经营。但是,在全民所有制采取国家所有制的形式下,企业成了国家各级行政组织的附属物,一切活动都得听命于上级行政组织。国家是生产资料的所有者,国营企业的利润全部上缴国家,企业的亏损也由国家来担负。所以,企业不具有自身的经济利益,不必也不能关心经济利益,经营好坏不会给它自身带来益损，企业不必也不能根据情况的变化，从对经济利益的考虑出发，自主地从事经营活动。它像算盘珠子那样，要靠国家各级行政组织的手去拨动，拨一拨动一动，不拨不动，怎么拨就怎么动，甚至拨了也不动。试问，如果千千万万个企业不具有发展生产、改善经营的内在动力，企业的增产节约、提高质量、扭亏增盈、改进服务态度等都要靠国家从外部不断用命令、指示、号召去推动，国民经济这架机器怎么可能不故障百出、运转不灵呢？为了要推动国民经济这架机器的运动、排除不断出现的众多故障，直接指挥千千万万个企业，国家各级行政机构又怎么可能不越来越庞大？事务又怎么可能不越来越繁杂、忙乱？工作又怎么可能不出现官僚主义、命令主义和瞎指挥呢？

社会主义的经济利益最终要实现为劳动人民的个人利益。劳动人民对个人经济利益的关心，是使经济利益成为社会主义经济发展的强大动力的根据。生产资料的社会主义公有制则是使劳动人民得以在实现社会共同利益的基础上实现个人利益的前提和根本保证。社会主义全民所有制作为劳动者同生产资料直接结合的社会形式，理应由劳动者直接管理全民所有制的生产资料，直接从事企业的经营活动，并且使劳动者得以从对经济利益（包括对社会、企业和他们个人的利益）的关心出发，把属于全民所有制的生产资料管理好、运用好，把他们的个人利益不仅同全社会的利益而且同本企业的利益直接结合在一起。但是，全民所有制采取国家所有制的形式却使劳动者同生产资料不能实现直接的紧密的结合，凡事由上级国家行政组织及其任命的领导人决定，劳动者无从过问，这样劳动人民也不可能从对经济利益的关心出发来运用生产资料。毫无疑问，认真贯彻按劳分配，对于从经济利益的关心上调动直接生产者的劳动积极性、促进企业的生产，是有很大作用的。但是，如果直接生产者只限于作为劳动者而努力劳动，无权过问企业的生产经营，那么按劳分配的这种作用又是受到很大限制的。只有对于直接生产者来说，他们的经济利益不仅决定于自己的劳动状况，而且首先决定于企业生产经营状况，经济利益作为经济发展的内在动力的作用才能得到充分发挥。因此，必须使直接生产者不仅作为劳动者而积极劳动，同时使他们作为全民所有的生产资料的所有者得以直接参与企业的生产经营。

总之，使经济利益能够充分发挥它在社会主义经济中的内在动力的作用，这是经济体制改革的关键所在。实行经济体制改革，就是要逐步改革社会主义全民所有制的国家所有制形式，以便使各方面的经济利益紧密地结合起来，协调一致，特别是使企业的经济利益同劳动者个人的经济利益紧密结合起来，协调一致。

三、经济体制改革的核心问题是使企业成为相对独立的经济核算的主体，使职工得以自主地管理企业

企业是直接运用生产资料从事经济活动的国民经济的细胞。全民所有的生产资料要管理得好、使用得好，经营富有效率和效果，就必须使企业成为相对独立的经济核算的主体，并使企业职工真正成为企业的主人，得以自主地管理企业。

经济核算制的基本要求是企业必须用自己的经营收入来抵偿自己的支出并取得利润。要使经济核算制能真正起到推动企业改善经营管理的作用，经济核算就必须是独立的全面的严格的经济核算。所谓独立的经济核算，是指企业拥有可以自行支配的资金，并作为相对独立的经济核算的主体在人财物、产供销等方面拥有独立的支配和经营的权力。同时，企业占用了全民所有的生产资料就应该承担起经营好坏和盈亏的责任，即有责任按期偿付利息、归还贷款，有责任在用自己的经营收入抵偿自己的经营支出后为社会取得按平均利润率计算的利润，如果由于企业本身的原因而亏损了，企业和职工必须承担经济责任，并设法通过自己的努力加以弥补。所谓全面的经济核算，就是说企业的一切经济活动都必须纳入经济核算的轨道，都必须核算经济效果。为此它的全部资金的使用都应该是有偿的，它的全部收入最终都应该来自它的经济活动。它的全部支出最终都应该靠自己的经营收入来抵偿。所谓严格的经济核算，就是说企业的活动必须严格遵循经济

核算的原则，必须严格履行交纳税收、交付利息、按期归还借款等经济责任。企业的活动要受到银行、财政、统计、簿记等各方面的严格的监督。各经济组织之间必须严格遵守经济契约规定的义务和权利。不履行经济责任和义务的企业要受到法律的制裁。

但是，在全民所有制采取国家所有制形式的基础上形成的经济体制，却使企业不可能实行独立的全面的严格的经济核算，不可能成为相对独立的经济核算的主体。因为企业不具有经济核算单位所应具有的相对独立性。它的生产任务由国家下达。所需物资由国家供应，产品由国家统一调拨，利润上缴国家，亏损由国家包干补贴，产品价格由国家决定，劳动力的分配由国家安排，不能自己处理不需要的生产资料……一句话，它在人财物、产供销的安排上，都不具有独立核算单位所应该具有的自主权力，企业资金中的全部固定资产和大部分流动资金（即定额流动资金部分）来自国家预算的拨款，而不是用自己的经营收入形成的。企业使用这些资金是无偿的，也无需归还，因此，企业不必在资金的占用上精打细算，不必核算资金的使用效果。既然企业缺乏经营管理的自主权力，所以也就不必和不可能承担盈亏的责任。亏损了，就把亏损转嫁于国家财政。这一切都使银行、财政、统计、簿记等不可能对企业实行严格的监督。经济核算的作用必然要受到很大削弱，人财物难免不大量浪费和损失。这是一方面。另一方面，在全民所有制采取国家所有制形式的基础上形成了由国家政权的各级行政组织代替经济组织来管理国民经济的体制。行政组织和经济组织不同，它不是相对独立的经济核算主体。它的收入不是来自自己的经营活动，而是来自国家预算。它的支出靠来自国家预算的收入来维持，并且也不反映为经营费用。它的一切活动不是遵循经济核算原则，即不必用它的收入来抵偿它的支出并取得利润。也就是说，它不存在盈利亏损问题，所以也不存在要为自己的活动的经营效果——盈利或亏损——承担经济责任的问题，从而也不存在由于盈利或亏损而影响它自身的经济利益问题。

从这里我们可以看到，在国家所有制形式下形成了一种非常奇怪的经济核算制。这就是：直接从事生产活动的企业没有经营的权利，却要它们实行经济核算制，而在这种经济核算制下，企业不能也无需承担盈亏的责任；决定和指挥企业一切活动的国家行政组织，集中了各种经营管理的权力，却又不实行经济核算制，也不承担企业盈亏的责任。结果，在这种奇怪的经济核算制下没有一个组织承担经营盈亏的责任。盈了就盈了，亏了就亏了，反正都是财政部门一个口袋里的钱，全国都是一本账。这种经济核算制当然起不了应起的作用。因此，为了使经济核算制能够起到提高经济管理水平和生产经营效果的作用，它就应该是独立的全面的严格的，企业就应该是相对独立的经济核算的主体，让从事生产经营的经济组织承担起盈亏的责任。

但是，要使企业把全民所有的生产资料管理好，运用好，切实负起盈亏的责任，就必须使企业职工当家做主，参与企业的计划、生产、收入分配、干部的遴选等方面的决定。企业作为相对独立的经济核算的主体所具有的自主权力和应承担的义务，归根到底应该是企业职工享有的权利和向社会承担的义务。经济体制的改革应该考虑发挥职工自主管理企业的作用，改变由国家机关任命的企业领导人代表国家管理企业并只向国家机关负责的制度，应该使企业领导人既对社会负责，也对企业和企业的职工负责，否则改革将是不彻底的，社会主义制度的优越性也不可能充分发挥。全民所有制的国家所有制形式应该有步骤地改革为全民自主的所有制形式，使直接生产者同生产资料能直接地紧密地结合起来，使企业职工得以自主地管理和经营全民所有的生产资料。

四、经济体制改革的出发点是使企业成为相对独立的商品生产者，发挥价值规律的调节作用

价值规律是商品生产的规律。商品不仅是劳动产品，而且是一种生产关系，是一种生产资料所有制形式；商品生产是一种生产资料所有制关系借以运动和实现的形式。在全民所有制采取国家所有制形式下，生产资料归无产阶级专政的国家所有，各级国家行政机关直接计

划企业的全部生产活动，生产资料由国家行政机关直接调拨分配，企业不得自行买卖和处理。所以全民所有制的国家所有制形式本身是排斥商品生产的。在这种所有制形式下生产资料不是商品，而只具有商品的外壳①。社会主义的商品生产被局限于很小的范围，企业不可能考虑市场的需要来调整生产，价值规律的作用受到很大的限制，不能对社会主义生产和交换起调节作用，特别是对生产资料的生产和交换不能起调节作用。排斥价值规律的调节作用，造成产供销脱节、产需脱节、经济运转不灵、经济效率低、经济效果差、人财物浪费严重。所以，我们改革经济体制，有一个基本出发点，就是要改革排斥商品生产和价值规律的作用的经济体制，在国民经济有计划按比例发展规律起调节作用的同时，使价值规律得以起调节作用。

价值规律的作用是通过各种经济杠杆（商品、价值、价格、货币、信贷、成本、利润、工资、奖金、税收、利息等）的运动来实现的。所有这种种经济杠杆都同特定的经济利益相联系，并调节着特定方面的经济利益。例如，价格这种经济杠杆调节着产品生产者和消费者的经济利益、生产者和销售者的经济利益、批发部门和零售部门的经济利益、工人和农民的经济利益等。我们要发挥经济利益在国民经济发展中的动力作用，就要善于通过利用各种经济杠杆来调节各方面的经济利益，使其协调一致，通过利用各种经济杠杆使价值规律发挥其调节作用，使经济运动的计划性同灵活性得以结合起来，使计划经济的集中性同企业活动的自主性得以结合起来。

---

① 斯大林就是从在苏联的社会主义国家所有制形式的基础上形成的经济关系出发作出这种论断的。这种论断是符合当时苏联的实际的。显然，问题不在于这种论断是否正确，而在于生产资料是否应该成为商品，进一步说，在于社会主义全民所有制是否只能采取国家所有制的形式。多年实践表明，生产资料不成为商品，不能在市场上买卖，对社会主义经济的发展是不利的。要使生产资料成为商品，那就要改变生产资料全民所有制所采取的国家所有制的形式。因此，如果说斯大林的论断需要重新考虑的话，那么问题显然不在于他否认社会主义国家所有制形式下的生产资料是商品，而在于他把国家所有制形式看作社会主义全民所有制的唯一形式，从而认为生产资料不可能成为商品。

　　社会主义经济需要用统一的计划去调节国民经济，以保证国民经济有计划按比例的发展，这是没有疑问的。但是，计划必须建立在对客观经济规律的正确认识的基础上，必须反映客观经济规律的要求，其中包括价值规律的要求。所以，用建立在这种基础上的统一计划去调节国民经济，本身就包含了价值规律的调节作用，或者说，计划的调节本身就应该是有计划地利用各种经济规律，其中包括价值规律对经济进行调节。在社会主义计划经济中发挥价值规律的调节作用，最根本的一点就是有计划地利用各种经济杠杆去调节各方面的经济利益，去调节国民经济各方面的运动，使其保持平衡和协调，并使国民经济沿着集中计划所正确反映的客观经济规律的要求和方向发展，以实现计划所预期的目标。

　　要使价值规律得以通过各种经济杠杆的运动而发挥其调节作用，就必须改革目前的经济体制，特别是在国家所有制形式基础上形成的计划体制、生产资料管理体制、商业管理体制、价格管理体制、财政信贷管理体制、劳动力管理体制等，以便使企业成为相对独立的商品生产和交换的主体，享有相对独立的商品生产者的地位，具有作为商品生产者所应具有的各种权利，负有作为商品生产者所应负起的各种经济责任和义务。这里，企业作为相对独立的商品生产和交换的主体同作为相对独立的经济核算的主体应该是一致的，正如一块钱币的两面一样。企业要成为相对独立的商品生产者，必须是相对独立的经济核算的主体，实行独立的全面的严格的经济核算，企业要能实行独立的全面的严格的经济核算，则必须是相对独立的商品生产和交换的主体。企业作为这两个方面的主体所享有的权利以及应负的责任和义务应该是一致的。

　　那么，怎样才能使企业成为相对独立的商品生产和交换的主体呢？怎样才能使价值规律得以起调节作用呢？显而易见，这不是解决经济管理权限的划分，更不是改变经济管理方法所能办到的。说到底，必须改革全民所有制的国家所有制形式，改变那种在国家所有制形式基础上形成的由国家行政机关利用行政权力直接决定企业全部生产活动，直接统一调配人力、物力和财力，由国家行政组织代替经济组织直接指挥全民所有制经济的一切活动的经济体制。国家各级行政部门同企业之间的关系应由过去的那种行政隶属关系改变为它同相对独立的商品生产者的经济交往关系，国家不是直接命令和指挥企业干什么和怎么干，而应该利用商品货币关系、各种经济杠杆去指导和引导企业的经营活动，尊重企业作为相对独立的商品生产者的地位。全民所有制企业相互之间也应作为相对独立的商品生产者对待。

综上所述，为了把全民所有制的国家所有制形式改革为全民自主的所有制形式，使企业成为相对独立的经济核算的主体，企业职工得以自主地管理企业，使企业成为相对独立的商品生产和交换的主体，发挥价值规律的调节作用，从而使经济利益真正成为社会主义经济发展的内在动力，就必须使国家行政组织同经济组织分开，各个管理经济的国家行政组织要改变为实行独立的全面的严格的经济核算的经济组织，成立各种形式的专业公司和联合公司。经济活动应由各种经济组织去进行。这些经济组织既不隶属于中央行政机构也不隶属于地方行政机构。当然，在国家消亡前，在把管理经济的行政组织改变为实行经济核算的经济组织以后，国家政权还要保留某些行政组织，行使无产阶级专政国家的经济职能。但这些行政组织的职能不应该是像目前这样代替经济组织直接决定和指挥各个国营企业的一切活动，直接从事管理经济的日常具体业务，而应该是加强政治思想的领导，制定方针政策并检查其执行，决定一些重要的投资的方向，在各经济组织的自主经营的基础上通过反复协商和协调，制定统一的经济计划特别是长远计划，协调各经济组织之间的关系和活动，组织协作，有计划地运用各种经济杠杆调节经济的运动，进行综合平衡，调节各方面的经济利益上的矛盾，督促经济法律的执行等。这些行政组织应减少到最低限度。只有这样，才能既充分发挥各种经济组织独立自主地从事经营的作用，发挥直接生产者自主管理企业的作用，又保证无产阶级专政国家对国民经济的集中统一领导。当然，社会主义全民所有制的国家所有制形式的改革，只能逐步地来进行，具体地怎样改革也需要在实践中积累经验。

需要指出的是，由于社会主义全民所有制采取国家所有制形式已经几十年了，这使得有些同志习惯于用目前国家所有制形式下的一套做法来看待无产阶级国家的作用。在他们看来，国家所有制是万万动不得的，改革了国家所有制，国家就立即完全失去了集中统一领导国民经济的职能。这实在是一种误解。因为，在取代无产阶级国家行使集中统一领导国民经济的职能的社会经济中心最后建立起来以前，国家要对国民经济实行集中统一的领导，这是一个问题；而在国家所有制形式下由国家的行政组织代替经济组织直接决定和指挥作为下属组织的国营企业的一切活动，直接从事日常的业务活动，则是另外一个问题。不能把这两个问题混为一谈。

　　在这篇文章中，我没有也不拟就我国的经济体制改革提出具体的设想。因为，我认为，经济体制改革事关重大，不可匆忙从事，必须先就改革中的一些基本问题进行深入的研究，以便明确改革的方向。只有在这个基础上，才谈得上进一步考虑改革的具体设想。

　　（注）关于社会主义国家所有制的性质和特征，在以往的政治经济学和经济学辞典里都有过明确的表述。例如，苏联《政治经济学教科书》第 1 版，在谈到社会主义国家所有制和合作社集体农庄所有制之间的差别时指出："社会主义国家直接领导属于国家的企业，通过自己的代表，即由有关的国家机关任免的企业经理管理这些企业。国家机关直接计划这些企业的全部生产活动""国营企业的产品是社会主义国家的财产，是按国家规定的手续和价格实现的"（苏联《政治经济学教科书》，人民出版社 1955 年版第 429、428 页）。又如，我国出版的《政治经济学教材》（社会主义部分）试用本，在谈到社会主义国家所有制时指出："国营企业必须由国家委派干部来领导，企业生产资料的所有权属于国家，不按照国家的规定、没有上级主管机关的批准，企业不能把生产资料转移、出让或赠送别的企业和单位""一切企业的生产和经营都必须服从和坚决执行国家的统一计划，而不能和国家的计划相抵触；国营企业需要的生产资料的采购及其产品的调拨和销售，劳动力的增加或减少，都必须服从国家的统一规定，面不能听任各个地方、各个部门、各个企业自由处理；国营企业职工的工资标准和奖励制度必须由国家统一规定，企业的赢利，除了按照国家规定留作企业奖励金的小部分以外，必须通过国家统一分配，集中使用"，如果不是这样，"社会主义全民所有制就会受到损害，统一的全民所有制，就会被分割成了地方

所有制、部门所有制、企业所有制，社会主义全民所有制就有经过和平演变倒退为变相的资本主义所有制的危险"（《政治经济学教材》（社会主义部分）试用本，上海人民出版社 1964 年版第 73—74 页）。

（原载《关于我国经济管理体制改革的探讨》山东人民出版社 1980 年版）

关于经济体制改革的几点意见

——记与牛津大学布鲁斯教授的一次谈话

最近，我趁在英国剑桥参加国际经济协会的圆桌会议之便，到牛津大学同布鲁斯教授就经济体制的改革问题进行了交谈。

布鲁斯教授对东欧各国的经济体制改革进行过多年的深入研究。这次交谈虽然时间不过两小时，许多问题来不及深谈，但是，仍使我得到许多启发。下面想结合我的理解和想法作一介绍。

布鲁斯教授说，东欧一些国家比较小，中央和地方的关系不是最重要的，它们的经济体制改革主要是解决中央和企业的关系。中国这样大，首先要解决中央和地方的关系，然后要解决中央和企业、地方和企业的关系。中央和地方的关系是集权和分权的问题，而不是市场问题；中央和企业、地方和企业之间的关系才是市场问题。中国在进行经济改革时，在解决中央和地方的关系上要考虑哪种办法矛盾最少。经济改革只考虑行政权力的划分不能成功，最需要的是利用市场。

的确是这样，过去我国进行过几次经济体制的改革，都只着眼于中央和地方之间的权限的划分。这种权限的划分固然是重要的，解决得好有利于发挥中央和地方两方面的积极性。但是，单纯着眼于中央和地方之间的权限的划分，仍然不能解决中央和企业、地方和企业之间的关系。例如，扩大地方权力，把中央所属企业下放归地方管辖，并没有改变企业同行政机构之间的行政隶属关系，企业仍然是行政机构的附属物，只不过由过去附属于中央政权改变为附属于地方政权而已。中央同企业、地方同企业之间的关系不应该是行政权力的划分问题。如果把这后一类关系也看作是行政权力的划分问题，即使把企业

117

的权力扩大，也不能改变过去那种企业同中央、同地方之间的行政隶属关系，或者说，也不能改变企业作为中央和地方行政机构的附属物的地位。而不改变这种关系和地位，原有的一套经济体制可以说不可能有实质性的改变。布鲁斯教授所说中央和企业、地方和企业之间的关系是市场问题，我认为，这是很重要的。所谓是市场问题，就是说，我们必须改变过去那种企业同中央、地方之间的行政隶属关系以及企业作为行政机关的附属物的地位，使企业成为相对独立的经济核算的主体、成为相对独立的商品生产和交换的主体。这样，中央同企业、地方同企业之间就不像中央同地方之间那样是领导和被领导、命令者和服从者之间关系（用布鲁斯教授的譬喻来说，军队的领导机关有两种职能——参谋的职能和指挥（命令）的职能，中央和地方对企业主要不应该行使指挥（命令）的职能，而应该行使参谋的职能）。中央同企业、地方同企业之间的关系应该建立在经济核算的基础上。企业应该具有作为相对独立的经济核算的主体和相对独立的商品生产和交换的主体所应具有的权力和应负的义务。国家应该利用商品货币关系、各种经济杠杆去调节它同企业的关系，去指导和引导企业的经营活动。我们要进行的经济体制改革不仅要解决中央和地方之间行政权限的划分问题，而且应该把中央同企业、地方同企业之间关系由以往的行政隶属关系改变为中央、地方同相对独立的商品生产者和交换者的关系。不进行后一种改革，现有经济体制所产生的诸种弊端是难以祛除的。

布鲁斯教授认为，高度集中计划的经济体制和完全的市场调节的经济体制都是容易实行的。实行起来最困难的是含有市场机制的计划经济体制。他自己赞同最后这种经济体制。他认为，在实行最后这种经济体制时，国家运用经济办法来管理经济要有三个条件：

第一，国家应有权力决定重要的投资。

我觉得，这一条是很重要的。在实行含有市场机制的计划经济体制情况下，企业自然应该在中央集中计划的指导下有权力根据市场所反映出来的产品供求关系的变化而调整生产、改进技术、进行投资……但是，国家仍然应当拥有决定重要投资的权力，以便克服国民经济中可能出现的比例失调和不平衡、保证重点部门的发展、支援经济发展落后的地区，以克服地区间经济发展的不平衡，等等。当然，这部分投资也不应该像以往那样采用预算无偿拨款的方式，而应该是有偿使用的，必须按期归还。

第二，国家要决定政策和企业的行为原则。

我觉得，在把中央同企业、地方同企业之间的关系由以往的行政隶属关系改变为它们同相对独立的商品生产者和交换者的关系之后，国家的经济职能不是削弱了而是加强了。国家的各级行政组织不再直接命令企业干什么不干什么以及怎么干，可以从烦琐的日常经营业务中摆脱出来，认真地研究和制定经济政策、规定企业应该遵循的活动原则，正确地借助商品货币关系和各种经济杠杆，指导和引导企业朝着正确的方向、沿着正确的轨道发展，避免发生利用市场机制所可能产生的消极后果。

第三，中央和地方都应当有办法管理和利用各种参数，如价格、利息等。

布鲁斯对这一点同以上两点一样未做详细说明。参数是在所讨论的数学或物理问题中，在给定条件下取固定值的变量，或者说，可以在某一范围内变化的常数。据我理解，布鲁斯教授的意思是说在含有市场机制的计划经济体制下，国家应当管理和利用各种经济杠杆去指引企业的经济活动，去调节经济，使能实现符合客观经济规律的预期的计划目标。例如，国家可以利用价格这个参数去调节产品的供给和需求，可以利用利率的高低去引导企业的投资方向等。在国民经济中这类经济参数是多种多样的，税收、信贷等都是，它们的作用各不相同，需要结合起来运用。

布鲁斯教授认为，在实行含有市场机制的计划经济体制情况下，上述第二和第三两条做起来最困难。我觉得这是有见地的。计划与市场能否结合好，能否克服其间的矛盾，除了第一、二条以外，特别是要看经济领导机关能否善于有计划地去管理和利用各种经济参数、经济杠杆去调节经济，这比以往利用行政命令的办法来指挥经济的活动显然要困难得多。

布鲁斯教授还认为，在实行这种经济体制下，对外贸易仍应由国家管理，实际计划经济的社会主义国家不能不管外贸。问题是用什么办法来管，不能管死，而应该管得灵活。不能让国际市场的价格波动影响国内的价格和生产。既不能对外完全开放，又不能同国外断绝。这个问题非常复杂。

布鲁斯教授还就我国的经济体制改革问题提了一点意见。他说，中国的计划任务不能太大，否则国家的经济条件就会很紧张。这样就会使经济体制的改革遇到困难。

这个问题，我们已经注意到了，目前正在进行调整。克服国民经济比例的严重失调，正是进行经济体制改革的必要步骤。显而易见，不解决比例严重失调的问题，任何好的改革方案、任何好的改革措施，都只能成为不能实行的一纸空文。还应当考虑到，实行经济体制改革的过程中，各方面的经济关系（产品的产供销关系、财务关系、工资奖金等）会发生大的变动，没有充裕的物资和资金方面的准备是难以应付变动中所可能发生的各种困难和问题的。就当前来讲，特别是要缩短基本建设战线。如果它不是缩短反而拉长，则会使财力和物力更加紧张起来。这不仅会严重阻碍克服失调的比例关系，而且会使经济体制改革难以进行。遗憾的是，这一点并不是大家都认识到了。但我希望它能逐渐地和较快地为大家所认识。

（原载《经济管理》1979 年第 11 期）

关于布鲁斯的社会主义经济模式的理论

　　社会主义经济模式问题，作为一个重大的理论提出来探讨大体上是 20 世纪 60 年代前后的事。现在已经是众说纷纭、学派林立了（当然其中不少是非马克思主义的）。这个问题，是在社会主义的实践中提出来的。把马克思和恩格斯创立的科学社会主义付诸实践，在第二次世界大战以前一段很长时间，只有一个国家——苏联。很自然地，在长时间里，人们也都把当时苏联的经济模式看作是社会主义经济制度的唯一可能的模式。第二次世界大战后建立的一些社会主义国家（包括我国在内）也都按照当时苏联的经济模式来建立自己的社会主义经济制度。但是，在实践中，这种经济模式虽然显示了自己的优点，同时也逐渐暴露出许多毛病。生活要求变革，南斯拉夫第一个做了尝试。生活也告诉人们，以科学社会主义理论为指导而建立的社会主义经济制度可以有不同的模式，建设社会主义的国家应该寻求适合于自己的特定社会历史条件的模式。社会主义经济模式理论，就是在实践的基础上提出和发展起来的。英国牛津大学客座教授布鲁斯是最早探讨这个问题的学者之一。

　　社会主义经济模式问题，依我看，可以从两个不同的角度来考察。一个是从生产资料社会主义所有制形式着眼来研究，也就是研究在特定的生产力性质和水平的基础上社会主义公有制的形式、它们的结构以及随着生产力的发展社会主义公有制形式的发展和它们的结构的变化。另一个是从社会主义经济运行的原则的角度来探讨。不言而喻，无论从哪一个角度出发，都必须以巩固和发展社会主义生产关系作为前提。社会主义经济模式问题的上述两个方面显然是既有区别又有联系的。依我看，在探讨社会主义经济模式问题时，可以分别从不同的角度来进行，但最后必须把两者结合起来，才能求得问题的完满解决。

布鲁斯在社会主义经济模式理论上的贡献，主要是从后一种角度出发提出了富有启发性的见解。所以，在他的理论里，社会主义经济模式有时称作"社会主义经济的运行模式"，或者更具体地称作"计划经济的运行模式"。他认为，在社会主义生产关系范围内，社会主义经济的运行可以采取不同的原则，从而可以有不同的运行模式。社会主义经济作为计划经济，它的运行原则自然要涉及各种经济活动如何作出决策的问题。所以，他根据各种经济活动如何作出决策来划分社会主义经济的不同模式。他把各种经济活动的决策分作三个层次：

（1）宏观经济的决策：也就是涉及国民经济范围的问题的决策，例如，关于国民经济发展速度、国民收入用于消费和积累的比例、积累基金在各部门的分配比例、积累基金分配使用中的技术选择、消费基金在个人消费和社会消费间的分配比例等的决策。

（2）企业的经常的决策：例如，关于企业的产出（产量、品种结构等）、企业的投入（劳动力、原材料、动力等）、供给的来源和销售的方向、产品的成本、企业的人员构成、报酬的形式和方法等的决策。

（3）家庭或个人的经济活动的决策：例如，个人对职业和工作地点的选择、居民对消费品和劳务的选购等决策。

他认为，第三层次的经济活动由国家（或中央机构）集中地作出决策，只能是一种例外，即在战争时期等特殊条件下。除此之外，在正常情况下，第三层次的经济活动就应该由家庭或个人作出决定，也就是说这一层次的决策应该是非集中化的分散的决策。当然，这一层次的分散性决策也要受到其他层次特别是第一层次经济活动决策的影响。

根据对第一、二层次经济活动的决策是否集中化，布鲁斯将社会主义经济划分为三种模式：

在第一种模式中，第一、二层次经济活动的决策都是由中央一级集中做出的。在这种模式下，实行的是计划上的严格等级制，下级计划是与上级计划相适应的，是上级计划的正式组成部分，因此，中央和企业之间的垂直联系占优势，企业间的水平联系只起补充的作用。从上到下的信息传递采取直接命令的形式，即由上面命令规定下面应该做什么和如何做。采取实物形式的经济计算和资源分配占优势。货币只起着消极的加总的工具作用。

第二种模式的特点在于第一层次的经济活动是由中央一级集中决定的，第二层次的经济活动则是由企业分散地决定的。在这种模式下，国家虽然制定国民经济计划，但国家的计划对于企业不具有约束力，不作为强制性的计划指标下达给企业，企业自己编制的计划，也无须上报批准。除少数品种外，生产资料不由中央集中直接分配。企业和企业之间通过市场的媒介建立起水平的联系。货币成为经济运行的能动的积极的工具。

在这种模式中，国家对企业活动的计划控制，是通过以下三方面来实现的：

（1）因为宏观经济决策是由国家集中控制的，这就给企业的活动规定了总的轮廓。例如，企业虽然有权进行投资以扩大自己的生产，但这部分投资在总投资额中所占比重比较小。这样，国家决定大部分投资的使用，也就在一定程度上决定了企业的活动。如果国家决定投资建设钢厂，那么这个工厂自然就得生产钢而不是生产鞋。又如，国家对国民收入用于消费和积累的比例的决策，决定了社会对生产资料和消费资料的总的需求规模。

（2）国家通过对目标的确定和企业行为准则的确定，也可控制企业的活动。

（3）国家还可通过各种经济参数的选择来控制企业的活动。例如，国家可以通过规定某些商品的价格、税收、利率等对企业的活动进行有效的控制。

在第三种模式中，三个层次的经济活动的决策都是分散化的。例如，投资基本上不由国家决定，而由企业决定。国家不规定企业的目标，而由企业自己经营，国家也不规定价格，等等。当然，据我看，在这种模式中，经济的发展也应该是有计划的，国家或社会经济中心对宏观经济的某些活动也应该是有控制的。

关于三种社会主义经济模式的优劣、利弊，这里不打算谈。布鲁斯认为，各种模式的采用都是有条件的。第一种模式通常出现于某个特殊的时期，这时，社会所追求的最优先的目标相对地少，特别是在实行工业化的初期，当时经济结构发生激烈的变化、很多地方发生不平衡和紧张、计划目标很大而资源极为有限。当经济上的目标越是复杂化、优先的目标越是多，这种模式就越难以有效地运行，越是要求实行第二、三种模式。从布鲁斯的社会主义经济模式理论来看，社会主义经济必须处理好第一和第二层次的决策之间的关系以及计划和市场的关系。布鲁斯致力于建立第二种模式，他认为，这种模式在这些方面处理得比较好，既能给企业以经济活动的自由，又不失去国家对整个经济生活的控制。他的经济模式理论就是试图构筑第二种模式。

第一层次决策和第二层次决策之间的关系，实际上就是国家（或社会经济中心）和企业的关系。布鲁斯在英国牛津同我交谈时指出，中央和地方的关系是行政权力划分的问题，而国家（中央、地方）和企业的关系则是市场问题。我认为，这是很有见地的。过去我国几次进行经济体制改革之所以没有收到应有的效果，其重要原因之一，在于只着眼于解决中央和地方的行政权力的划分（虽然这是重要的），而没有着力去解决国家和企业的关系，没有改变国家同企业之间的行政隶属关系，没有改变企业的无权的附属物的地位，没有使企业成为相对独立的商品生产者和交换者，国家不是利用市场机制去引导企业的行动，而是单纯地依靠行政命令去指挥企业的活动。在布鲁斯试图建立的第二种模式中，第二层次经济活动的决策是由企业做出的，国家同企业的关系不是行政上的领导和被领导、命令者和服从者的关系，国家对于企业，不是作为司令部行使指挥命令的职能，而是作为参谋部行使参谋的职能。为此，国家必须通过确定企业的行为准则，善于利用市场机制，善于运用影响企业决策的各种参数（价格、工资、利息、税收等）去引导企业的活动。

布鲁斯的经济模式理论在探索解决第一层次和第二层次经济活动决策之间的关系问题时，提出了在社会主义计划经济中引入市场机制，使其成为计划经济内在固有的运行机制的问题。这个问题可以说是从社会主义经济运行的原则的角度考察社会主义经济模式问题时所要解决的最困难、最复杂的问题，同时又是核心的问题。长时期以来，人们把第一种经济模式看作是社会主义经济的唯一可能的模式，从而认为社会主义计划同市场机制是绝对排斥、互不相容的，因为，在第一种经济模式中除了第三层次的经济活动的决策以外，确实也不存在市场机制的作用。而且，在传统的观念中，市场机制只能是自发的因素，只能同私有制经济相联系。社会主义经济的实践突破了这些传统观念。布鲁斯的经济模式理论把市场机制引入社会主义计划经济中。他把这种经济模式称作含有市场机制的计划经济（的运行）模式或称为利用有控制的（有调节的）市场机制的计划经济模式。所谓含有市场机制，据我的理解，是说市场机制不是作为计划经济这架大机器的配件、附件拼接到这架大机器上去的，而是成为计划经济这架大机器的内在的、有机的运行机制。正如在数字控制机床中电脑系统乃是机床的内在的有机构成一样。所谓有控制（有调节）的市场机制，则是说市场机制不是一个与计划无关的，甚至相对立的自发因素，而是作为计划经济内在的、有机的运行机制，所以它本身就要受到计划的控制和调节。在布鲁斯试图建立的这种社会主义计划经济的运行模式中，社会主义计划经济不是像以往的第一种经济模式那样采取由中央一级主要借助以实物形式表示的经济计算和资源分配，通过计划的严格的等级制结构和自上而下的垂直的直接命令的原则来运行的，而是借助有控制、有调节的市场机制来运行的，是主要通过对各种经济参数的管理和调节去引导企业的活动以实现计划的预期目标的。在布鲁斯试图建立的经济模式中，市场机制在三种不同层次的经济活动的决策中的作用是不同的。它的作用首先在于第三层次的决策，其次在于第二层次的决策以及第一和第二层次决策之间联系。第一层次的经济活动的决策也受到市场机制的作用的影响，但主要不是受市场机制作用的。正因为这样，第二、第三层次的决策最终要受到第一层次宏观经济决策的决定性的影响（这种决定性影响主要是通过市场机制去实现的），而市场机制也要受到宏观经济决策的控制和调节。布鲁斯的这种理论上的经济模式要付诸实践自然还要解决许多困难和问题。可以想象，采用这样的经济模式，同第一种模式下的决策相比，在进行经济活动的决策时，无论对于企业还是对于中央一级决策机构都提出了高得多的要求。

这里想顺便谈到与此有关的概念的运用问题。在我国的报刊上曾出现过一些概念，例如计划经济和市场经济相结合、计划调节和市场调节相结合（这后一概念我自己也曾用过）。运用这些概念，有意无意地反映了一些作者心目中的社会主义经济模式。所谓计划经济与市场经济相结合，显然是说，社会主义经济除了计划经济以外还应该存在非计划的也就是无政府的、自发的市场经济，社会主义经济是这两种互相排斥的经济的"结合"。我想，这样的社会主义经济模式是不能接受的，因此这样的概念也是不可取的。计划调节和市场调节相结合的概念，显然是说，计划经济是不借助市场机制来运行的；而市场机制也不是作为社会主义计划经济的内在的有控制、有调节的机制起作用以实现计划的目标的。这个概念意味着社会主义经济应该而且可以按照两种相悖的原则来运行，一种是完全排斥市场机制的那种计划经济的原则，也就是前面讲过的第一种经济模式的运行原则，另一种是不受计划控制和调节的、自发的市场经济的运行原则，这是私有制商品经济运行的原则。试图把上述两种相悖的运行原则"结合"于社会主义经济中是行不通的。所以，这个概念至少也是不确切的。如果只讲调节，那么，与其运用这个概念，不如运用有计划地利用市场机制的调节的概念。

最后，我还想回到本文开初提到的问题上来。正如前面所说的，布鲁斯的经济模式理论主要是从社会主义计划经济的运行原则着眼的。但是，布鲁斯自己也意识到，社会主义经济模式问题终究是不能离开社会主义公有制的形式和结构问题的。社会主义经济的模式不仅是它的运行原则的模式而且是社会主义公有制的形式和结构的模式。他在谈到他所试图建立的含有市场机制的社会主义经济模式时指出，实行经济的分权是发展对公有制的必要责任感的条件，而工人参加国有企业的管理则是实行经济的分权的必不可少的条件。他的社会主义经济模式理论同他的实现社会所有制的思想是分不开的。在他看来，生产资料的社会化是一个过程，而不是一次性行动就能完成的。生产资料的国有化是社会化的最初一步，而不是最后一步。因此，既不能把目前条件下的国家所有制基本上当作社会所有制的成熟形式来看待，也不能否认现有的国家所有制显示了社会所有制的某些特征。但是，在他的经济模式理论中，社会主义公有制的形式和结构的模式问题，没有展开论述。

我国的经济体制正面临着进行重大的改革。这种改革必须有理论作为指导。关于社会主义经济模式的理论，对于指导经济体制的改革具有很重要的意义，但在我国的社会主义经济理论中以往还是一个空白。布鲁斯的经济模式理论对于我们是有参考意义的，至少可以给予我们一些启示。为了使我国经济体制的改革得以顺利地进行，加强对社会主义经济模式理论的研究，是非常必要的。

1980 年 4 月

（原载有林、赵少平、王梦奎编：《经济改革文丛》第 1 辑，辽宁人民出版社 1981 年版）

不能用小生产的方法
管理社会主义大生产

  小生产是以劳动者对他的生产资料的私有权为基础的。在解放前的我国，小生产有如汪洋大海，在国民经济中占据统治地位。解放后，绝大部分原先的小生产经济已经转变成为社会主义经济，走上了社会化大生产的轨道。但是，在我国的农业、手工业以至工业中，却还存在着以小生产方式来组织经营社会主义大生产的情况。原因是多方面的。农业中，集体农民基本上还是从事手工劳动，简陋的、原始的生产工具仍然是主要的，生产的社会化很不发达，还保留着以小生产方式经营的社员个人自留地和家庭副业。工业中，还有相当一部分企业和工种没有完全摆脱落后的手工业生产方法，无论企业内的分工还是社会范围的分工都远远没有充分发展。农业、工业中，都还存在着一定数量的、以个体劳动为基础的、尚未纳入社会主义轨道的小生产。生产力的这种落后状况和生产关系方面的这种原因，使得存在和习惯了几千年的小生产的经营方式不可能很快根除。我们的一些干部缺乏管理现代化大生产的严格训练和经验，也是在社会主义生产关系建立了以后还不能立即摆脱小生产经营的习惯和影响的原因之一。加之近年来林彪、“四人帮”疯狂歪曲和篡改马列主义、毛泽东思想，竭力反对社会化大生产所客观要求的严格的科学管理，在他们的蛊惑宣传下，有些干部竟然把小生产的那种经营方式看作是社会主义的，而把适应社会主义所有制、适应现代化大生产的科学的经营管理方式，视为资本主义的或修正主义的。这样，用小生产经营方式来组织管理社会主义大生产的状况就更加恶性发展了。

  小生产的经营方式是由小生产的特点决定的。关于小生产的特点，马克思有一段简明扼要的叙述。他指出："这种生产方式是以土地及其他生产资料的分散为前提的。它既排斥生产资料的积聚，也排斥协作，排斥同一生产过程内部的分工，排斥社会对自然的统治和支配，排斥社会生产力的自由发展。它只同生产和社会的狭隘的自然产生的界限相容。"① 按照马克思的这段精辟的概括，观察我国的实际情况，可以看到，在我国社会主义经济的经营管理中，小生产的经营方式和经营思想有多方面的表现。不妨举其要者说一说。

除了独立的手工业以外，小生产具有自给自足的特点。我国封建社会的广大农村就是这样。"自给自足的自然经济占主要地位。农民不但生产自己需要的农产品，而且生产自己需要的大部分手工业品。"② 直到 19 世纪中叶以后，这种自给自足的自然经济的基础才遭到了一定程度的破坏。在农业的社会主义改造基本完成以后，这种状况虽然有了大的变化，但是，由于农业生产力还很低，农业生产还带有不小的自给性，使得自给自足的自然经济的经营方式和经营思想，至今还支配着一些干部。例如，就农业来说，有些干部把毛泽东同志从整个农业经济着眼而提出的"以粮为纲，全面发展"的正确方针误解为要每个农业生产单位（公社、大队，甚至小到只有几十亩土地的生产队）实行农产品的自给自足，特别是都要做到粮食自给自足。从这种错误的认识出发，一些地方的农业生产不能因地制宜地按照经济区划实行合理布局。特别是一些适宜种植棉花和其他经济作物的地区，以及适宜种蔬菜的城市近郊区，都要求实现粮食自给自足，有些水果高产地区甚至砍掉果树去种粮食。其结果是，队队都既种粮食，又种棉花、油料作物和其他经济作物，把为数本来有限的耕地使用得十分零碎。这种状况如不逐步改变，必定会严重地影响农业的现代化。因为，不实行生产的专业化，生产不因地制宜地适当集中，农业机械就不能充分发挥作用，而且各个农业生产单位也无力购置用于

---

① 马克思：《资本论》第 1 卷，《马克思恩格斯全集》第 23 卷第 830 页。
② 毛泽东：《中国革命和中国共产党》，《毛泽东选集》第 2 卷第 286—287 页。

种植种类繁多的作物的农业机械。这样，必定会严重阻碍现代农业新技术的推广，严重阻碍农业劳动生产率的提高、农产品成本的降低和农业收入的增加。在我国的工业中，这种自给自足的小生产经营方式和经营思想突出地表现为一些企业不愿意实行生产的专业化和协作，想做到"万事不求人"，把企业办成一应俱备的"小而全""大而全"的"万能厂"。这种状况同样地造成社会劳动的巨大浪费，严重地障碍着工业新技术的采用、劳动生产率的提高、产品质量的改进、生产成本的降低和利润的增加，造成企业机构臃肿、人员冗多、管理混乱。再就对外贸易而言，在这种自给自足的小生产的经营思想影响下，有些干部把毛泽东同志提出的"独立自主，自力更生"的正确方针误解为自给自足、闭关自守、盲目排外、与世隔绝，严重地影响了对外贸易的发展。

除了为市场生产的独立手工业者外，自给自足的小生产者，只有当供自己消费的产品偶然有点剩余时才把它们作为商品拿去交换。因此，对于他们来说，商品交换不是不可或缺的。对于为市场生产的独立手工业者来说，情况有所不同。他们生产的产品，是要作为商品拿去交换的，但这种商品生产是一种为买而卖的简单商品生产，它的市场和商品交换范围是极其狭小的，它对市场的依赖程度也是很有限的。不仅如此，独立手工业者，天然地惧怕商品生产的发展所带来的竞争，因为竞争的发展会破坏它们赖以长期存在的基础，导致他们中的绝大多数人的破产。因此，他们总是力图阻止竞争的发展，也就是阻碍商品生产和商品交换的发展。手工业行会的种种行规都是为此而制定的。我国封建统治阶级的轻商、抑商，也同这密切相关。

在生产资料的社会主义改造基本完成以后，我国的商品生产和商品交换已经是以两种社会主义公有制为基础了。它的规律——价值规律不再作为强制性的竞争规律，忤逆生产者的意志而作用于生产者，并导致他们的两极分化。它乖乖地为社会主义服务着。可以预料，在我们这样一个原先商品经济很不发达的国家，在实现四个现代化的过程中，随着社会分工的大发展和生产社会化程度的大提高，商品生产和商品交换定必也会有一个大的发展。这种大发展反过来又会促进生产力的大发展。可是，一些同志却看不到这种历史趋势，不认为这是我国社会前进的必经阶段。他们自觉或不自觉地用小生产的眼光来看待社会主义商品生产和商品交换，把它等同于在封建社会内部孕育出来和发展起来并导致小生产者两极分化的资本主义商品生产和商品交换，把它视为罪恶的渊薮，忧心忡忡地要像封建社会手工业行会对待发展着的商品生产和商品交换那样去限制社会主义商品生产规模和商品交换范围的扩大。他们甚至连社员经营正当的家庭副业都当作资本主义要加以取缔。有些同志轻视商业和财政金融工作，轻视流通过程的作用，也都同这有关。这种状况不改变，显然会严重障碍社会主义商品生产和商品交换的发展，从而严重阻碍社会分工的大发展和社会生产力的大提高，严重阻碍四个现代化的早日实现。

小生产是以简单再生产为特征的。农民的自然经济和手工业者的手艺生产的生产过程都是"在原有规模上即在原有技术基础上的重复"①。低下的生产力使得各个小生产者没有积累从而没有可能去改进生产、扩大生产。这就决定了小生产者的天性是因循守旧、故步自封、安于现状、不思进取。小生产，特别是小农经济，是不讲技术改革和生产效率的，他们没有劳动生产率这个概念，也没有按分秒或更小单位计算甚至也没有按小时计算的精确的时间观念，而只有季节、时令和"日出而作，日入而息"这类观念。他们不注意时间的节约。他们也没有成本、利润、核算、效果这类范畴。簿记对小生产远不如对资本主义生产更不必说像对社会主义生产那样必要，充其量不过有一本流水账就够了。诚然，在商品生产发展过程中，价值规律像根鞭子，驱使他们去改进技术，提高效率。但是，他们害怕这根无情的鞭子，因为他们中的绝大多数在竞争面前是无能为力的，这根鞭子是在驱赶着他们走向灭顶的深渊。在我国，由于商品经济太不发达，许多小生产者甚至还没有可能进入价值规律这个伟大的学校。这种状况，使得我们一些干部不懂得生产经营中要尊重价值规律，习惯于用小生产的经营方法和经营思想去组织管理现代化大生产。他们不关心新技

---

① 列宁：《俄国资本主义的发展》，《列宁全集》第 3 卷第 45 页。

术的采用和生产工具的改革，可以年复一年地生产一些过时的产品。他们为了完成生产任务，可以不顾消耗，不计成本，不讲盈利，甚至把社会主义经济中的价值、成本、利润等范畴看作是资本主义经济的相应范畴而加厌弃。他们只知增加人，不知提高劳动生产率。他们不讲核算，不求节约，主张"吃大锅饭"，他们奉行的格言是："反正肉烂在锅里"。他们不懂得，一切节约归根到底都是时间的节约，一切浪费都是时间的浪费，而浪费时间就是放慢速度，就是延缓实现四个现代化的进程，就意味着落后，等着挨打。对于这些同志来说，到价值规律这个伟大学校去补课，学会按社会主义大生产的客观要求去管理社会主义经济，注重效率和效果，勇于创新和进取，抛弃小生产的习惯，是非常必要的。

小生产是以一家一户为生产单位分散经营的，这种生产的微小性和分散性，又决定了它的狭隘性。社会主义的现代化生产则是社会化的大生产，它要求实行全社会有计划地"对自然的统治和支配"。小生产的分散性和狭隘性，无疑是同这种客观要求相对立的。所以，列宁指出，要建成中央集中统一领导的社会主义经济，必须同地方主义、同小私有的习惯作斗争，而这是很困难的。① 在现实生活中，我们经常会遇到小生产的分散性、狭隘性的习惯势力同对社会生产实行全社会的有计划的管理的冲突。例如，有些同志、有些企业、有些地区和部门，只顾本单位、本地区、本部门的利益，缺乏"全国一盘棋"的全局观念，各自为政，自行其是，自立"土政策"。设备、原材料越多越好，宁肯大量积压，也不愿调给别的单位、地区和部门。投资也越多越好，甚至不顾需要乱上项目，挪用国家重点建设项目的资金，造成基本建设战线过长，延缓了建设进度，降低了投资效果等。不难看出，这种小生产的分散性和狭隘性，绝不是社会主义大生产所要求的中央集中统一领导下的各方面积极性，它只会给实现四个现代化带来严重的损害。

---

① 参见列宁：《在全俄中央执行委员会、莫斯科苏维埃和全俄工会代表大会联席会议上的演说》，《列宁全集》第 28 卷第 378—379 页。

以一家一户为生产单位的小生产，特别是小农经济，带有宗法性的特点（马克思称之为"农村家长制生产"，或译作"农民家庭的农村宗法生产"）①。在这种生产单位中，生产的安排、劳力的调配、产品的处理等，全都由家长决定。在行会手工业中，师傅有无上的权威。这种宗法制的管理方法，完全不适用于人员众多、工艺复杂、分工很细、劳动者共同占有生产资料的社会主义现代化大生产。遗憾的是，几千年的宗法制，根深蒂固，积习难返。在一些公社、一些生产队、一些企业甚至一些地区，至今还或多或少存在这种宗法式的管理。例如，一些干部不讲民主，独断独行，一个人说了算，瞎指挥，强迫命令（当然，用地主老爷的态度和封建统治的办法对待农民和工人，是不能归之于小生产的经营方式和经营思想的）。这种宗法式的小生产的经营方式和经营思想，也是对社会主义大生产的严重束缚。有些地方不顾实际条件强行种植双季稻所带来的后果，就是一例。不实行无产阶级的民主管理就不能实现四个现代化，这一点已经为越来越多的人所认识。

仅从以上几个方面，就足以说明，小生产的经营方式和经营思想确实是实现四个现代化的严重障碍。我们必须十分重视这个问题。毫无疑问，要彻底根除它们，有赖于社会生产力的大发展。但是，认识或不认识这个问题，是否自觉地去解决这个问题，其结果是大不一样的。为了解决这个问题，必须进一步深入批判林彪、"四人帮"的极左理论和政策的流毒，划清小生产与社会主义大生产、资本主义和修正主义与社会主义之间的界限。同时，要提倡干部学习科学知识和现代生产技术、学习管理现代化生产的本领。总之，为了四个现代化的伟大事业，从各方面入手，一步一步地去解放这个问题，已经是时候了。

（原载 1978 年 7 月 29 日《光明日报》）

---

① 参见马克思：《资本论》第 1 卷，《马克思恩格斯全集》第 23 卷第 95 页。

国民经济平衡的几个问题

一、保持平衡是经济正常运动的前提和条件

任何事物的存在和发展都是运动和平衡的统一。无论是在自然界还是人类社会，任何事物的存在和发展都要以平衡作为前提和条件，虽然任何平衡都会被事物的运动所打破，但是，旧的平衡破坏了，出现了不平衡，又总是要求克服不平衡，去建立新的平衡。如果平衡遭到彻底的破坏，那么这个事物本身也就不存在了，更谈不上在保持它的质的规定性的范围内的发展了。最简单的例子就是骑自行车。骑自行车就要保持平衡，在自行车的运动过程中会不断地出现不平衡，但又总是要纠正这些不平衡，使能保持平衡。自行车就是在不断出现不平衡，又不断纠正以保持平衡中进行的。如果平衡遭到了彻底的破坏，自行车就倒了，也就不能再行进了。再以人体的运动为例。恩格斯说得好："在活的机体中我们看到一切最小的部分和较大的器官的继续不断的运动，这种运动在正常的生活时期是以整个机体的持续平衡为其结果，然而又经常处在运动之中，这是运动和平衡的活的统一。"[1] 人的机体是一架非常复杂的机器，人的生命就是在平衡和运动中延续和发展的，机体的各个方面要求保持持续的平衡，如果平衡遭到破坏，就要进行调节，使能重新获得平衡。机体经常处在运动中，会经常出现不平衡，需要不断进行调节，以便保持平衡。如果危及生命的不平衡得不到克服，人的生命也就结束了。举例来说，人体

---

[1]　恩格斯：《自然辩证法》，《马克思恩格斯选集》第 3 卷第 563 页。

的血液中葡萄糖的含量具有一定的数值，必须保持这个数值，即维持血糖的平衡。人在正常而空腹时的血糖正常含量为每百毫升血液中有80～120毫克。如果情绪过度激动、激烈运动或大量食糖，会出现暂时性的高血糖，饥饿时则会出现暂时性的低血糖。这些都是容易纠正的。如果持续性地血糖过多就会出现糖尿病，如果持续性地血糖过少就会出现低血糖病。如果血糖含量的平衡遇到严重破坏，就会危及生命。血糖的一定数值是由人体中的各种机制来调节的，其中一个重要的机制就是胰脏的胰岛控制胰岛素分泌的数量。胰岛素分泌多了，就使血液中的葡萄糖迅速而大量地进入细胞，从而使血糖的浓度降低；如果人体的胰岛素分泌少了，就使血液中的葡萄糖向细胞转运发生困难，从而使血糖的含量增高。在正常的健康的人体内，通过控制胰岛素的分泌数量等途径可以调节血糖的浓度，使其持续地保持平衡，这样生命就能维持，机体就能得到正常的发展。如果胰岛素的分泌数量持续地过多或过少，就会导致血糖浓度持续地过低或过高，从而导致低血糖病或糖尿病。再如人体的血液、组织间液和细胞内液的酸碱度都近于中性，而且要求保持恒定，变化极小，体液的 pH 值经常保持在 7.4 左右，称为酸碱平衡，只有在酸碱平衡情况下，各种组织中的酶的活动和生化过程才正常，从而才能保证各脏器生理功能。然而，人体从外界摄取的养料既有酸性的也有碱性的，人体内还会不断产生各种酸性和碱性物质，因此又会经常地改变体液的酸碱度，破坏酸碱之间的平衡。但是，人体中有各种系统，如体液中的缓冲系统、呼吸系统和泌尿系统参与调节酸碱平衡，在它们的共同作用下可以保持酸碱度的恒定。如果这些系统遭到破坏，就会破坏酸碱平衡，出现酸中毒或碱中毒的各种严重症状，严重的酸中毒会导致死亡。

经济生活也是运动和平衡的统一。经济生活的正常发展也要求保持运动中的平衡，如果出现了不平衡也要及时调节以重新建立平衡。

对经济生活中的平衡，人们有不同的理解。有些人把它理解为统筹兼顾、适当安排的意思，例如，在谈到要对某项经济工作的各个方面作出全面考虑的时候，就说："要进行综合平衡"。这里说的"综合平衡"，就是这个意思。这样来理解"平衡"当然也无不可。但严格说来，平衡是经济生活中的一种状态，概括地说，经济生活中的平衡，是指资源（供给）同需求之间的相适应。从大的方面说整个国民经济中社会总产品和国民收入的平衡，是指社会在一年内所生产的社会总产品和国民收入（资源）同国民经济各个方面对社会总产品和国民收入用于补偿、消费和积累的需求之间的平衡；从小的方面说，市场上一种商品的供给（资源）同有支付能力的需求之间的平衡，都可以概括为资源同需求之间的平衡。

平衡是国民经济存在和发展的条件。只有使资源同需求保持平衡，国民经济才能得到顺利的发展，否则它的发展就会受到阻碍。例如，如果原材料工业的发展落后于加工工业对原材料的需求，加工工业就吃不饱，有一部分加工工业的生产能力就得不到利用；相反，如果原材料工业的发展超过了加工工业对原材料的需求，那么就会有一部分原材料积压。无论哪种情况，即无论是资源少于需求还是资源大于需求，都不利于经济的发展。当然"一切平衡都是**相对的**和**暂时的**。"① 在国民经济的发展过程中，经常会出现不平衡，不是资源超过需求，就是需求超过资源。为此，就要进行调节，使它们之间保持平衡。正如恩格斯说的："平衡是和运动分不开的。在天体运动中是**平衡中的运动**和**运动中的平衡**（相对的）。"② 在国民经济的运动中，应该说也是平衡中的运动和运动中的平衡。平衡中的运动，是说国民经济是在平衡中运动的，运动中的平衡，是说国民经济中的平衡是在运动中建立的。这种平衡会不断地被国民经济的运动所打破，并且又在运动中建立。所以，平衡是相对的，而运动则是绝对的。我们从事经济工作，就是要努力保持经济运动中的平衡，促使经济在平衡中运动。

上述道理本来是不难理解的。但是，在极左思潮的影响下，对于国民经济中的平衡问题曾经宣扬过许多混乱的观点，造成了经济的严重破坏。其中一个混乱的观点，就是承认平衡的相对性时，否认平衡

---

① 恩格斯：《自然辩证法》，《马克思恩格斯选集》第 3 卷第 563 页。
② 恩格斯：《自然辩证法》，《马克思恩格斯选集》第 3 卷第 563 页。

对经济发展的重要性，否认保持平衡是国民经济发展的前提和条件，同时，否认不平衡对经济发展的不利影响。由此出发，还进而把平衡说成是消极的，把不平衡说成是积极的。把力求保持平衡说成是右倾保守，是"均衡论"，把鼓吹不平衡、追求不平衡说成是革命的、进步的。这种种看法是根本错误的，甚至是违反常识的。这种观点根源于对对立统一规律的错误理解，即只承认对立面的斗争是事物发展的内在动力，而不承认对立面的统一是事物存在和发展的条件，而事物正是在对立面的斗争和统一中存在和发展的。在保持某个事物的质的规定性的范围内，对立面的斗争是以保持这个事物的对立面的相对统一为条件的，而且对立面的斗争的结果是建立这个事物的对立面的新的统一，如果对立面的斗争使原有事物的对立面的统一遭到了彻底的破坏，那么这个事物的旧质就遭到了否定，这个事物就不再存在而转化为新的事物了。所以，没有对立面的斗争，固然事物不可能发展，如果没有对立面的统一，这个事物也不能存在，从而也不可能发展。对立面的斗争是事物的对立面处于统一体中的斗争，对立面的统一是事物的对立面处于斗争中的统一。没有离开对立面的统一的斗争，也没有离开对立面的斗争的统一。所以，把平衡看成是右倾保守的，是消极的，把不平衡看成是革命的进步的，是积极的，这样一种观点本身就是一种形而上学的观点。

宣扬这种观点的人，是为了鼓励人们有意识地去打破平衡的经济秩序，人为地去制造不平衡，认为这样就能推动经济的发展。例如，在制定计划时，就应该制定不平衡的计划，即所谓"留有缺口"。认为制定平衡的计划是消极保守，而那种留有缺口的计划，则可以鼓励、推动那些其生产不能满足需求的所谓"短线"部门，努力去赶上那些其需求超过资源供应可能的所谓"长线"部门。在1958年的"大跃进"时期，提出了钢铁生产翻一番的任务，认为这样就可以带动国民经济各个部门向前追赶，从而形成"一马当先，万马奔腾"的局面。在以后不少年代制定留有很大缺口的计划，都是以这种错误的观点为指导的，其结果是大家都知道的，国民经济的万马未能奔腾起来，钢铁这一匹马也倒下了，国民经济遭到极大的破坏，损失惨重。那种留有很大缺口的计划，年复一年地制定和贯彻，造成我国的国民经济的长期严重失调。可见，把平衡视为消极的、把不平衡视为积极的观点，是何等荒谬和有害。

二、不能以破坏平衡为代价去追求经济增长的高速度

前面说过，国民经济是在平衡中运动的，平衡是在国民经济的运动中建立的。而国民经济的运动则表现为一定的增长速度，所以这里又涉及经济增长速度与平衡的关系问题。

在"大跃进"期间和以后，在报刊上曾经宣传过一种观点，叫做"高速度中求平衡"。就这个观点来说它也认为对于国民经济的发展来说，平衡是必要的，但是这种平衡必须在国民经济的高速度发展中去建立、去达到。这种观点究竟对与不对，需要给以认真的讨论。

国民经济发展速度，是决定国民经济发展的各种因素综合作用的结果，其中有生产力方面的因素、生产关系方面的因素、上层建筑方面的因素等。在其他方面的因素的作用为已定的情况下，经济增长的速度则是生产力诸因素共同作用的结果，就我们所要讨论的问题的范围来说，它受生产力诸因素之间配比状况所制约。稍微具体地说，生产力诸因素之间的配比是协调的，各种生产力因素就能获得充分的利用，从而使国民经济的发展得以达到较高的速度；相反，如果生产力诸因素之间的配比是失调的，各种生产力因素就会部分地或全部地不能获得充分的利用，从而使国民经济的发展缓慢甚至它的速度成为负数。就一种产品生产的增长速度来说是这样，就整个国民经济的增长速度来说也是这样。这种配比的协调性自然既包括生产力诸因素的质的方面的配比的协调性，也包括它们的量的方面的配比的协调性。而且它们的质的方面的配比的协调性也要表现为它们的量的方面的配比的协调性，因为生产力诸因素的量的配比的协调性是具有特定的质的生产力诸因素的量的配比的协调性。例如，有了现代化的高炉，就需要有优质的矿石和优质的焦炭以及具有现代技术知识和技能的劳动者同它相匹配，而且一定容积的现代化的高炉，还要求生产力的上述种

种特定质的因素在量上同它保持配比的协调性。只有这样，包括现代化高炉在内的这种种生产力因素才能获得充分的利用，从而使生铁的增长达到高速度。就整个国民经济来说，也是这样。这里所说的生产力诸因素之间的配比的协调，也就是我们说的平衡，而各种生产力因素的配比的协调，最后都会表现为资源同需求的平衡。由此可见，国民经济的高速度发展是在国民经济保持平衡中实现的，或者说，要以国民经济的平衡为前提和条件；离开了国民经济的平衡这个前提和条件，国民经济是不可能高速度发展的，至少不可能持续地高速度发展，即使一时经济的发展速度很快，接着也要急剧地降下来。因为，这种一时的高速度的取得正是以造成国民经济平衡的严重破坏为代价的。例如，这种一时的经济增长的高速度，或者是靠采取对资源作掠夺式的开采来达到的，而这种开采不仅使采储的比例遭到破坏，而且破坏资源本身，或者是靠拼设备来达到的，而设备不及时维修，带病运转，迟早是要"进医院动大手术"的；或者是靠动用储备来达到的，而储备作为"蓄水池"本是用于调节"水扯"以克服一些暂时性的不平衡的，如果只出不进，丧失了它的调节作用，一旦经济失去平衡就难以及时扭转了；或者是靠加班加点、拼体力，来达到的，这种办法也是难以为继的。所以，不以平衡为前提和条件，即使通过各种途径可以取得一时的高速度，也会由于导致严重的不平衡而使国民经济的发展速度大幅度下降。

"高速度中求平衡"是另一种截然相反的看法。依照这种看法，保持平衡不是达到经济增长高速度的前提和条件，相反，达到平衡乃是经济高速度增长的结果。所谓"高速度中求平衡"是说，要在达到经济增长高速度的前提条件下建立国民经济的平衡，或者说，要在国民经济高速度增长中去实现国民经济的平衡。诚然，正如前面所说的，平衡是在国民经济运动中建立的，因为平衡是相对的，在国民经济的运动中，平衡是会经常被打破的，但同时又会在国民经济的运动中建立，这种相对的平衡则是国民经济的进一步发展所必需的，所以，国民经济又是在平衡中运动的。"高速度中求平衡"的观点，只承认平衡是在国民经济运动中建立的，否认国民经济要在平衡中运动；同时，这种观点又把承认平衡是在国民经济运动中建立的命题加以绝对化，认为平衡可以在国民经济的任何运动中建立，更具体地说，可以在任意的国民经济高速度发展中建立，即这种高速度发展不必以保持国民经济的平衡作为前提和条件。这种观点自然是不能同意的。因为，不是建立在保持国民经济平衡基础上的国民经济增长的高速度，必然会造成国民经济平衡的严重破坏。我们在大跃进期间就经历过这种情况。脱离实际可能的大跃进发展，造成国民经济比例的严重失调，我们被迫对国民经济进行调整，花了几年工夫，平衡是重新建立了，但我们付出的代价却是极为沉重的。因为，这种新的平衡是建立在生产遭到严重破坏后的倒退的基础上的。

当然，保持平衡，不能成为我们发展经济的目的。在相同的条件下，我们可以选择不同的平衡方案，从而使国民经济的增长有不同的速度。如果以国民经济中最强的环节（即所谓"长线"部门）作为建立平衡的基准，以求达到国民经济发展的最高速度，其结果，前面已经谈到，不再赘述。如果以国民经济中最薄弱的环节作为建立平衡的基准，那么，其他各个环节就会有大量的资源闲置起来而得不到利用，从而使国民经济的发展速度降低到最低程度。这对于国民经济的发展自然也是不利的。所以，必须通过各种途径，挖掘各种潜力去加强国民经济最薄弱的环节，使国民经济得以在更高的水平上建立平衡，从而使国民经济的发展得以取得较高的速度。当然，在短时期内（例如年度计划时期内），最薄弱环节所可能加强的程度总是有限的，更不可能使国民经济各个部门和各个环节都加强到最强的环节的水平，所以，我们只能在尽了各种努力后，在现实可能的基准上建立平衡，并在这种平衡的基础上达到国民经济发展的现实可能达到的速度。"高速度中求平衡"的观点，不把高速度建立在保持国民经济平衡的基础上，尽管也说要"求平衡"，实质上同把平衡看作是消极的，把不平衡看作是积极的观点是相通的。

在经济速度与平衡的问题上，还有一个流行较广的观点，即所谓国民经济波浪式发展的观点。如果说，国民经济的发展速度会有起伏，不可能保持恒定，从而呈现出国民经济发展的波浪式起伏，这自然是无可非议的。但是，有些提出国民经济波浪式发展观点的人，显然不是为了说明经济发展中的这种波浪起伏的现象，而是想使我国国民经济的马鞍形起伏获得理论根据，所以他们说的国民经济波浪式发展是就我国国民经济发展的大起大落的情况而言的。

"大跃进"以来，我国国民经济的大起大落，不属于国民经济发展中正常的现象。大起是人为地追求高速度的结果，这种高速度严重地破坏了国民经济的平衡，人为的高速度难以为继，被迫调整，从而导致大落。在国民经济平衡得到了恢复，严重比例失调得到克服以后，头脑再度发热，重新追求人为的高速度，于是又大起，结果又大落，如此循环往复。提出国民经济波浪式发展的论点，就是企图把这种脱离经济发展健康轨道的情况说成是合乎规律的。这种辩护性理论的荒谬是很清楚的，这里不想多费笔墨。

抛开这种脱离常轨的痉挛式的大起大伏的发展曲线不谈，对经济发展中正常的起伏，是需要很好地研究的。这种正常的起伏的幅度是大点有利还是小点有利？对于这个问题不可能也不应该做出绝对肯定的回答。只能说，一般讲来，应该力求较平稳地发展，避免较大的起伏。因为在这种较平稳的发展中，较易保持国民经济的平衡，从而较易减少由于不平衡而带来的消极影响。举例来说，造成国民经济发展的起伏，原因固然很多，由基本建设而形成的新生产能力的投产的不均衡则是重要原因之一。新的生产能力投产的不均衡，造成生产的不均衡，而为了应付这种不均衡，就需要有定额相当高的各种物资的储备。这样，就会使大量的物资呆滞而不能发挥作用。所以，经济的增长速度以比较平稳为有利。

三、社会主义计划经济的平衡发展要有反馈机制

如前所述，保持平衡是使经济正常发展的前提和条件。那么，怎样才能保持平衡呢？在出现了不平衡时怎样才能及时地克服不平衡以建立新的平衡呢？这些问题的回答不仅取决于不同的社会经济制度，而且取决于同一社会经济制度下所实行的不同的经济体制。

过去，我们对于社会主义经济制度和资本主义经济制度下实现国民经济平衡的不同机制以及这些机制作用的不同后果谈得比较多。这自然是必要的。但是长时期以来，人们都把斯大林领导时期苏联建立的经济体制看作是唯一可能的社会主义经济体制，把苏联实行的计划经济制度看作是唯一可能的计划经济制度。这样，人们就自然地很少考虑到社会主义经济可以有不同的经济体制，而在不同的社会主义经济体制下，平衡的保持和不平衡的克服会有不同的机制。

众所周知，在过去的传统的观念里，平衡的建立和保持，必须而且只能依靠中央集中制定的指令性计划来实现，人们认为，只要中央制定的指令性计划是平衡的计划，国民经济的发展就能基本上保持平衡，即使出现若干不平衡也只具有局部的暂时的性质。同时，在国民经济发展的过程中如果出现了不平衡也必须而且只能由中央制定的计划的修改来解决。

多年的实践表明，这种集中决策的、排斥市场机制的经济体制对于国民经济平衡的建立和保持确有一些突出的优点。举例来说，中央可以为完成特定的经济社会目标而将有限的资源集中地用于某些方面，与此同时建立和保持国民经济中的某些平衡，如财政收支平衡、信贷平衡、某些重要物资的供求平衡等。同时，在国民经济平衡遭到大的破坏时，中央可以集中地运用自己的力量使平衡得以较快恢复。我们在我国第一个五年计划期间和三年困难时期以后的经济调整时期就看到过这种种情况。同时，在这种经济体制下，中央有可能通过计划根据所要实现的经济任务和资源条件自觉地有预见地事先作出平衡的安排，从而有可能避免像资本主义经济中那样，在经济的不断波动中通过自发的市场机制的作用进行调节，在付出各种代价后才恢复平衡。

但是，集中决策、排斥市场机制的经济体制在使国民经济平衡发展方面也存在着许多问题。我们看到，在这种高度集权的经济体制下，通过中央集中制定的计划所建立和保持的国民经济某些方面的平衡有时是靠牺牲另一些方面的平衡来实现的。例如，在突出地发展资金密集的重工业过程中，为了保持财政收支的平衡，就必须限制国家财政用于农业、轻工业的支出，限制用于文教卫生和其他满足人民共同消费和改善人民生活的支出。这就是说，财政收支的平衡的建立和保持往往是以农产品、轻工业产品、文教卫生等方面供需不平衡，甚至压抑人民的消费为条件的。这些不平衡开始时往往是不显著的，或潜在的，甚至由于压抑了社会对它们的有支付能力的需求还给人们以供求平衡的虚假的外观。正因为这样，人们常常在短期内看不到这种潜在的、不显著的不平衡的存在①，误以为中央的计划是无所不能的，从而常常运用这种依靠牺牲一些方面的平衡的办法去建立和保持国民经济别一些方面的平衡。这种办法长此以往地运用下去，不显著的不平衡就会成为显著的不平衡，潜在的不平衡就会成为表面化的不平衡，微小的不平衡就会成为巨大的不平衡，从而最终会破坏国民经济的全面平衡。近期我国国民经济比例严重失调，其中固然不少是由"四人帮"多年的破坏造成的，但也同在高度集权的经济体制下长年累月地靠牺牲一些方面的平衡以追求某些不恰当的经济目标（如经济增长的过高速度等）分不开的。

同时，我们也看到，即使不是这样，中央集中制定的计划也并不一定就能自觉地保持国民经济发展的平衡，如果这种计划是不适当的，反而会人为地造成不平衡。因为：

第一，存在着许多难以预计的不确定因素（如自然灾害等），会使计划常常同实际相背离。经济计划中难以预计的这些不确定的因素，自然同实行的经济体制无关。但是，由于经济体制的不同，它们给经济生活所带来的影响却是不一样的。在高度集权的经济体制下，由于中央集中制定的计划具有指令性，基层无权根据实际状况进行变更，所以在出现不能预计的情况时，执行原订计划就可能造成范围较广的不平衡。当然，如果计划同实际的背离不大，而且计划留有余地，有足够的储备用以应付不时之需，那么还可以通过运用储备来克服未能预计到的不平衡。如果像我们多年来所实行的那样，计划是满

---

① 当然，这种潜在的、不显著的平衡也会通过许多现象表现出来，例如抢购、排队、走后门、"以物换物"、投机活动等。

打满算的，甚至本身就是"留有缺口"的不平衡的计划，那么，即使不出现难以预测的许多不确定的因素，也不仅不能使国民经济的发展保持平衡，甚至反而会由于计划的实行造成新的不平衡，要是出现了难以预计的不确定因素那就更是这样了。

第二，实行这种高度集权的经济体制，要使中央集中制定的计划得以使经济的发展保持平衡并能在出现了不平衡的时候及时地进行调整，那就要求：（1）经济信息必须是充分的，否则根据不充分的信息而制订的计划就可能导致失算，从而造成不平衡。而在高度集权的经济体制下，如果中央集中制订的计划失算，就往往会给国民经济带来全面的消极后果，甚至灾难性的后果，1958年钢铁翻番的计划就是明显的例子。何况在我们这样一个落后的大国要取得充分的经济信息实在是一件不容易的事。（2）经济信息必须是准确的，否则根据失真的经济信息而制定的计划也可能导致失算，从而造成不平衡。同样，在高度集权的经济体制下，中央集中制订的计划的失算往往会给国民经济带来全面的消极的后果，甚至灾难性的后果。1958年的"大跃进"计划就是根据对农业的失真的信息而制定的。当时误以为农业过关了，工业已无后顾之忧可以放手发展了。那时还由于过高地估计了粮食的收获量而出现过高的征购的错误，结果一些农村的粮食严重供不应求。这些错误的计划决策的严重后果已是众所周知的了。现在看来，要取得准确的经济信息也不是一件容易的事，对于我国这样一个落后的大国更是如此。这里不仅涉及我们的统计工作的水平，而且涉及不同地区、不同部门、不同集团的经济利益。在农业学大寨运动中，我们看到，为了猎取学大寨先进单位的荣誉，在粮棉征购前，往往不少单位多报产量（特别是通过隐瞒耕地多报单位面积产量），而在征购粮棉时往往不少单位又少报产量，这就是一个例子。还应该看到，在这种高度集权的经济体制下，中央计划、决策部门实际上不可能对各个地区、各个部门、各个企业和各方面的情况有确切的了解，所以，中央集中制订的计划、做出的决策，可以说失误是不可避免的。（3）信息的传递必须是及时的，否则即使信息是充分的、准确的，如果传递不及时，实际情况的变化不能及时传递到中央的计划和决策部门。这种时间上的延误，使得中央的计划和决策部门根据过时的经济信息而制定的计划和决策得不到及时的修正，也会破坏经济平衡，带来消极的后果。例如，在"文化大革命"期间，学校停课闹革命，学生不学习，乒乓球消费量很大，打倒"四人帮"后，学校教育恢复正常，计划部门仍根据过时的经济信息布置乒乓球生产的任务，造成了大量的积压。不仅如此，正如我们所知道的，在高度集权的经济体制下，机构重叠，官僚主义严重，公文长途旅行，办事效率很低，不仅经济信息的传递极其缓慢，而且即使传递到了中央计划和决策部门也往往要拖延许多时日才能作出反应，从而造成大量损失。可以说，在这种高度集权的经济体制下，信息传递的延误以及决策的延误是不可避免的，所以，由于计划和决策的失算而造成的经济不平衡，及其不能及时克服也是不可避免的。

第三，在高度集权的经济体制下，如果中央集中制订的计划和做出的决策失算了，造成了经济的不平衡，需要进行纠正，或者即使原订计划是正确的，但由于实际情况发生了变化需要对原计划和决策进行修正，这些都只能由中央集中地进行。即使不考虑有官僚主义的困扰以及计划制订者和决策者判断的失误，在这种高度集权的经济体制下，中央计划和决策部门从制订计划和决策到发现计划和决策需要进行修正到着手进行修正并使基层单位付诸实行以恢复经济的平衡也往往需要经历一段相当长的时间的迁延，而在这段迁延的时间里经济的不平衡未能及时克服，会造成不能挽回的损失。从国民经济平衡的角度来看，高度集权的经济体制的最大弱点之一就是在这种经济体制下，国民经济的运行缺乏反馈的机制。一项错误的计划和决策不会由于它的实行而产生反馈使其得到纠正。相反，如果中央的计划机构和决策机构自己不进行纠正，这项错误的计划和决策就会继续实行下去。例如，如果企业不接到上级关于缩减乒乓球产量的指示，即使企业知道乒乓球已经大量积压，它仍要继续按原计划规定的产量生产。

所谓"反馈"，用美国科学家 I. 阿西摩夫的通俗的概括就是：

"偏误本身持续地作为送回去的信息并成为所需要的校正的手段。"①至于说到经济运行中的反馈，不妨举资本主义经济作为例子。从资本主义市场经济中我们看到，如果一种产品供过于求，会通过市场机制的反馈得到纠正，这就是说，通过市场价格上涨送回的信息，促使这种产品的产量增加从而达到供求平衡；如果这种产品的产量继续增加，超过了需求，又会通过市场机制的反馈得到纠正，这就是，通过市场价格下跌送回的信息，促使这种产品的产量减少从而达到供求平衡。当然，市场机制的反馈不只是通过价格的上下波动来实现的，还会通过利率等经济杠杆来实现。由此可见，在存在着经济的反馈机制的情况下，当经济运行中出现了一种不平衡时，这种不平衡会在自身的发展中送回信息进行纠正，并恢复平衡。应该说，在充分发展的资本主义经济中，市场机制的反馈在克服经济中的某些不平衡方面是很灵敏的。当然它也有很大的局限性：

第一，从克服一种产品和劳务的供求不平衡来看，资本主义经济中市场机制的反馈虽然是很灵敏的，但它却不能避免资本主义基本矛盾所造成的经济周期以及经济危机所带来的经济破坏。

第二，由于资本主义市场机制的反馈是通过各个企业对私利的追逐而实现的，缺乏集中协调一致的计划性，所以它是千千万万个企业自发的盲目的行动的结果。这里，价值规律像一只"看不见的手"在千千万万生产者和消费者的背后用一种强制的力量通过市场的不停波动使不断遭到破坏的平衡得以恢复。所以，通过资本主义自发市场机制的反馈而实现的平衡是一种事后的平衡、强制的平衡、以经济的破坏为代价的平衡。

我们改革现行的高度集权的经济体制，就是要使社会主义计划经济自身具有反馈的机制，能够通过市场的活动对经济中出现的不平衡及时做出反应并及时加以纠正。当然，这种市场不应该是私有经济中的自发地、盲目地作用的市场，而应该是有计划地运行的市场，或者说中央计划指导下的市场。不言而喻，既然要发挥市场机制的反馈作

---

① I. 阿西摩夫，《人体和思维》，科学出版社 1978 年版第 179 页。

用，就不能也不应该排除对不平衡做事后的调节。但是，既然这种市场是有计划地运行的，是在计划指导下运行的，那么，这种通过市场反馈机制而进行的事后的调节则是有计划有预见的事前的调节的必要补充。有了市场的反馈机制将可以对计划和决策的失算做出灵敏的反应并迅速加以纠正，对于计划中预计不到的不确定因素给经济造成的不平衡也同样如此，从而也有助于及时修正计划。

可以设想，在改革了集中决策的、排斥市场机制的经济体制，实行国家、企业、劳动者个人分层决策，利用市场机制的经济体制以后，企业实行独立核算、自负盈亏，并作为相对独立的商品生产者具有了自主的地位。这样，在中央的计划和决策有了失算的时候，不必等到中央计划部门和决策部门发现这种失算并着手纠正，企业就可以在自己活动的范围内主动地进行纠正，从而可以避免在高度集权的经济体制下由于中央计划和决策的失误而造成的广泛的迁延时日的损失。当然，在新的经济体制下，就一个个生产者和消费者来说，他们对经济信息（包括市场提供的信息）做出的反应也可能失误，或者从他们自身的角度来看虽然是正确的，而从国民经济的整体来看则是错误的，同整个国民经济发展的要求不合拍。但是，第一，由于有中央计划部门和决策部门的计划指导以及有计划地利用各种经济杠杆进行引导和协调，会使各个生产者和消费者的活动减少盲目性，并尽可能地符合中央计划的目标；第二，由于有了市场的反馈机制，他们自身的失误也有可能较快地得到纠正。

在建立了具有市场反馈机制的新的经济体制以后，价格在调节经济的平衡发展中将起重要的作用。要使市场机制对经济的运动发生的反馈能使经济的运动保持平衡，价格给予生产者和消费者的信息必须是灵敏的、准确的，否则或者起不了它应起的作用，或者会造成消极的后果。例如，一种产品的生产成本已经大大降低，如果价格仍继续保持不变，或者一种产品的价格大大低于它的价值，就会给生产者和消费者提供错误的信息，使他们做出错误的判断和决策，从而产生消极的影响。因此，在新的经济体制下如何有计划地利用价格杠杆来调节经济，以保持经济的平衡发展，将成为一项重要的课题。当然，也要看到价格杠杆的作用是有局限性的。即使在资本主义经济中，价格的波动也不总能提供足够充分和足够准确的经济信息，除非竞争是完全的，而完全的竞争始终不过是一种理论上的抽象，在实际生活中竞争总是不完全的，在不完全竞争下，特别是在垄断条件下，价格提供的信息可能是失真的。在资本主义经济中尚且如此，在社会主义经济中我们就更不能把价格的作用看作是万能的、完美无缺的，我们对于市场机制的反馈作用也应当这样看。有人提出，新的经济体制应该是这样一种体制，在这种经济体制下，经济的调节完全是自动的。这种观念是构筑在完全竞争和市场机制的完全调节的基础之上的。我想，这种观念是不可取的。因为，即使在资本主义市场经济中也不存在完全竞争的条件和完全的市场自动调节，因为国家干预的作用在加强，且不说还有垄断的存在。对于社会主义经济来说，它的本质特征是有计划发展的。在新的经济体制下，市场机制应该是有计划地利用的市场机制，市场的调节应该在计划的轨道上进行。虽然，不可能完全排除市场作用的盲目性和自发性，但应尽可能使其减少，从而使社会主义经济的运行以及平衡的建立和保持既具有计划性又具有灵活性。社会主义经济的完全自动调节是不可能实现的，我们也不应该去冀求建立完全自动调节的社会主义经济体制。

1981 年元月 8 日

（本文系为中国社会科学院经济研究所国民经济问题研究室编的论文集《国民经济综合平衡若干理论问题》而写。原文还有第四节"我国经济发展的战略与平衡"，在这一节中探讨了我国经济发展战略问题。在写成本文以后，接着作者又写了《我国经济的调整和发展战略问题》一文，对我国的经济发展战略问题做了进一步的论述，为了避免重复，在将本文收入本书时，作者将这第四节删去了。）

中国的经济结构和调整问题

从 1979 年起，中国对国民经济实行"调整、改革、整顿、提高"的八字方针。所谓调整，主要是调整经济结构和一些比例关系。

当前中国的经济结构和比例关系，是在解放后将近 30 年内逐渐形成的。30 年里，中国的经济结构发生了巨大的变化。随着社会主义工业化的进展，在国民收入的生产额中，农业所占的比重逐渐降低，工业的比重逐渐提高，近几年来已经超过了农业；建筑业和运输业的比重也有不同提高。在工业生产内部，轻、重工业的比例也发生了巨大的变化，两者在工业总产值中的比重，由 1949 年的 73.6% 比 26.4%，改变为 1978 年的 42.7% 比 57.3%。重工业的基础建立了，改变了旧中国只能生产一些轻纺产品的落后状况。在重工业中，机械、化学、冶金、石油、电力等工业发展尤为迅速。例如，我国已经建立了大中小相结合的、布局比较合理的钢铁工业体系，全国有十几个大型钢铁生产基地，三十几个年产钢十几万吨以上的中型钢铁企业和几百个小型钢铁企业。已经能冶炼 1000 多个钢种，轧制 200 多个规格的钢材。机械工业也有了较好的基础。我国的机床拥有量已经居苏联、美国之后的第三位，各种机械、设备的制造能力有了很大的提高。我国已经建成了 26 个大油田，原油年产量达到 1 亿吨以上，石油出口量逐年增加。我国的发电设备装机容量已达到 5211 万多千瓦，装机容量 25 万千瓦以上的大型火力和水力发电厂共有 61 个，小型水电站和中型火力发电厂遍布全国。许多新兴工业部门，如自动化仪表仪器工业、合成材料工业、电子工业、原子能工业等已建立起来，我国的工业部门日益齐全。经济结构的这种变化表明，中国已由解放前的农业国变成为工业占优势的工业——农业国。可以说，经过 30 年的努力，中国已初步建成了独立的比较完整的工业体系和国民经济体系，具备了逐步实现现代化的基础。

但是，由于各种原因，特别是林彪、"四人帮"的十年大破坏，中国的经济结构出现了一些严重的问题，一些重大的比例严重失调，它们正妨碍着中国经济的进一步迅速发展和人民生活的逐步改善。调整中国的经济结构，已成为刻不容缓的任务。现在我就我国国民经济结构和经济比例中存在的一些问题做一些简单说明。

（一）重工业发展过快，农业和轻工业的发展同重工业的发展不相适应。这是国民经济结构中存在的主要问题，也是国民经济比例失调的一个重要方面。从 1949 年到 1978 年，重工业总产值共增长了90.6 倍，而农业总产值只增长 2.4 倍，轻工业总产值只增长 19.8倍，相差悬殊。重工业脱离轻工业和农业的过分突出的发展，给中国经济带来了许多问题，使得农产品和工业消费品的增长远远不能满足人民的需要，消费品的供求矛盾日益加重。例如，30 年来，粮食总产量虽然有较大增长，但在人口迅速增加的情况下，按人口平均计算的粮食产量近几年来仍徘徊于 600 多斤，低于全世界平均 800 多斤的水平。从第二个五年计划以来，每年都要净进口几十亿斤粮食，以弥补城市口粮的缺额。不少工业消费品如肥皂、洗涤剂、家具、皮鞋、自行车、缝纫机、纸张等，长期处于供不应求的紧张状态。消费品的质量低，花色品种少。因此，人民的生活水平提高不快。

（二）农业内部形成了片面发展粮食的不合理结构。在农业总产值中，近年来种植业占 2/3 以上，其他林牧副渔各业合计不到 1/3，特别是畜牧业的比重很低。1978 年在种植业和畜牧业产值的总和中，种植业占 83.7%，畜牧业仅占 16.3%。而在种植业中，粮食播种面积又占总播种面积 80% 以上，各种经济作物和其他作物的播种面积则不及 20%。农业内部结构的这种片面发展的弊病，造成副食品供应紧张，轻工业、纺织工业的原材料供应不足。

（三）燃料动力供应紧张，浪费很大，是国民经济中一个突出的问题。中国是一个能源蕴藏十分丰富的国家。能源产量已居世界第三位。1979 年生产的各种能源折合标准煤已达 6.3 亿吨。但能源依旧不足，由于电力短缺，有 20%~30% 的工业生产能力不能利用。这里原因很多。一个原因是能源的开发慢于很耗费能源的整个工业，特别是一些重工业部门的发展。另一个原因是燃料动力工业内部的比例失调。例如，长期以来，新煤井投产能力不足，造成了每年新投产的煤炭生产能力和煤炭产量的增长之间比例的不合理，从而使一些煤矿开采和掘进之间的关系紧张和失调。再如，石油生产中储采比例失调和新油区勘探与老油区开发比例失调，引起了原油产量增长速度的下降。能源的紧张还同能源的消耗高、浪费大分不开。我国燃料热能的总有效利用率只有 28%，而在一些工业发达的国家则达到 50% 以上。全国燃料的热能利用率如果提高 2%，就相当于增产 6000 万吨煤。如果把多消耗的能源减下来，用目前同样多产量的能源可以增加 30% 的工业总产值。燃料动力消耗高的主要原因是工艺设备落后，技术管理差，操作水平低，以及原料和燃料的质量低。

（四）原材料工业主要是内部结构不合理，同加工工业的发展不相适应。就钢铁工业来说，首先是矿石生产落后于冶炼的需要，不能自给。其次是轧钢落后，初轧开坯和成材轧机能力都不足。此外，钢材的品种不全，尚有不少不能生产，规格不完全适合需要，质量差，出现一方面大量进口，另一方面大量积压的现象。化学工业的内部结构也存在不少问题。化学矿的开发、基础化工原料（特别是酸、碱）的生产，远远不能适应需要，使许多加工工业长期开工不足。用于农业和轻工业纺织工业的化工产品的产量、品种、质量都不能满足需要。例如，生产的化肥，主要是氮肥，磷肥很少，钾肥更少。

在原材料工业中，建筑材料工业是一个特别薄弱的部门。解放后建筑材料工业虽然有较大的发展，但仍不够快，与整个国民经济的发展越来越不适应。例如，城镇和工矿区住宅建设需用水泥就缺少 1/3 以上。许多建设项目，特别是城市住宅建设，常因建筑材料得不到供应而延误。

（五）机械工业的主要问题是设备比较陈旧，加工自动线少，机床加工速度比较低。有许多陈旧机床的精度、性能已经不能适应生产发展的需要，亟待更新。此外，我国机械制造工业的生产能力是大的，但产品结构存在问题，表现为一般的、落后的产品多（例如一般机床的产量约占机床总产量的 40% 多），关键的、效率高的先进产品少，绝大部分产品属于世界上 20 世纪 50 年代或 60 年代初期、中期生产的品种。同时，我国机械工业的综合生产能力比较低。以发电设备为例，主机生产能力大，高压输变电设备和大型电站锻件的生产能力同它不适应，其他的泵、阀、自动化仪表的生产能力更不适应。近年来，机床产量的增长速度大大超过钢材、电力产量的增长速度，致使钢材、电力供应不足。

（六）交通运输业是国民经济中的另一个薄弱环节，落后于国民经济发展的需要。造成运输的落后状况，在铁路运输方面主要是由于老线技术改造缓慢，铁路设备陈旧落后，例如蒸汽机车仍占机车总台数 80%，电气化铁路的比重只占 2%。水运的运输能力不足，船舶陈旧。港口吞吐能力仍满足不了外贸海运量的迅速增长的需要。

（七）基本建设规模过大，投资效果差，投资分配比例失调，是当前国民经济中一个十分突出的问题。在建的项目很多，远远超过了国民经济所能提供的物力、财力和人力。基本建设所需水泥、钢材和木材分别缺少 10%～30%。许多项目建建停停，不能按期建成投产。目前不少大中型项目的建设工期比第一个五年计划时期延长一倍以上，从而提高了工程造价，降低了投资效果，不仅不能按期形成生产能力，而且占用了大量物力、财力和人力，妨碍了当年的正常生产。在基本建设投资的分配上，生产性建设投资比重很大，非生产性建设投资（市政、民用住宅、科学事业、文教卫生等方面的基本建设）则严重不足。在第一个五年计划期间，在全部基本建设投资总额中，生产性建设投资和非生产性建设投资的比例为 71.7% 比 28.3%。到 1967—1976 年，这一比例成为 87.3% 比 12.7%。非生产性建设投资比重下降，造成市政建设落后，供水设施不足，市内交通拥挤，科技文教卫生设施严重不足，校舍紧张，特别是居民住宅困难。

（八）商业、服务业的发展落后。解放以来，从事商业、服务业的职工人数增加了，但在职工总数中所占的比重下降了。商业和服务业的网点大量减少。这样就给人民生活带来了许多不便，同时也使商业、服务业的工作质量下降。

（九）积累率过高，是国民经济比例严重失调的另一个重要方面。在第一个五年计划时期，国民收入用于消费和积累的比例曾经处理得比较恰当，分别占 75.8% 和 24.2%。但往后，除了有些年份以外，积累的比重都是偏高的，个别年份超过 40%，1978 年也达到36% 以上。在国民收入不多的情况下，将这样大比重的国民收入用于积累，造成国民经济各方面的紧张，引起一系列的比例失调，并且严重影响人民生活的改善，使多年来职工和农民的实际收入或者没有增加或者增加很少。

鉴于上述种种情况，用 3 年时间对我国的经济结构，对一些重大的经济比例进行调整，是完全必要的。否则就不能加快现代化的建设。调整是一种积极的措施，是为了更好地前进。虽然在调整过程中有些方面前进的步伐要放慢一些，甚至某些方面还要后退一些，但总体来说是前进，是在调整中前进。一年来，国民经济的调整工作已经取得了初步成效，今年和明年还要继续调整。如果 3 年时间不够，也可能再延长。现仅就几个方面的调整做些说明。

第一，调整工业与农业的比例，加强农业基础，改进农业的内部结构，使农林牧副渔实现全面发展。在这方面，除了进一步落实各项农村经济政策以外，国家还从多方面采取了措施并将继续采取措施。首先，去年，即 1979 年，提高了 18 种主要农副产品的收购价格，平均比前年提高将近 1/4，超购部分加价更多。其次，国家对收入低的农村社队减免了农业税，同时减免了社队企业的工商税等。这两项合计，去年农民增加收入 90 亿元以上。同时，国家预算和地方财政还将大笔资金用作农业基本建设投资和农业专业费。去年农业投资在国家基本建设投资中的比重已由前年的 10.7% 提高到 14%。工业部门增加了农用物资的生产和供应。由于贯彻了各种经济政策，采取了各种措施，农业生产迅速发展，农业的内部比例有了改善，片面发展粮食的弊病正在改变，出现了十分可喜的局面。去年粮食总产量增长200 亿斤以上，油料增长 10% 以上，畜牧业的发展加速了，去年猪、羊、大牲畜和畜产品普遍比上一年增产，肥猪收购量增加近两千万头。由于大量农产品上市，许多地方农村集市贸易的农产品价格大幅度下降，同国营商店的牌价趋于接近，四川等地集市贸易的猪肉价格甚至低于国营商业。工业正在逐步地加强为农业服务。工业和农业将协调地发展。

第二，调整重工业和轻工业的比例，加快轻纺工业的发展。国家在原材料、燃料、电力供应，技术措施费，基本建设投资，银行贷款，外汇和引进新技术，交通运输等方面对轻纺工业给予优先安排。国家用于轻纺工业的多数原材料明显增加。今年国家拨给轻纺工业用来进口原材料的外汇将比去年成倍增加。从去年下半年起，轻工业的发展速度显著加快，超过了重工业的增长速度。去年全年轻纺工业增长 9%，重工业生产增长 7.4%，轻重工业的比例开始向有利于轻工业的方向改变。去年一年内就有 25 个轻工业项目和 3 个纺织工业项目投入生产。据 18 个省、自治区、直辖市的统计，去年轻纺工业试制成功和投入生产的新产品有 13000 多种。一些重工业部门也在努力生产各种消费品。预计轻纺工业产品和其他各种消费品会有较大增长。

第三，调整重工业的内部结构，加强薄弱环节，加快为农业和轻工业服务的部门的发展。例如，钢铁生产的内部比例去年发生了重要的变化，改变了过去钢的生产增长慢于铁的生产增长，钢材的生产增长又慢于钢的生产增长的状况。同 1978 年相比，1979 年铁、钢和钢材的增长速度分别为 5.4%、8.3% 和 13%。在钢材中那些为用户急需而又供不应求的钢材则增长更快，达 20.5%。钢铁生产的增长速度近期是放慢了，这是为了集中力量提高产品的质量，增加品种，降低原材料消耗。在这些方面都已取得显著成效。化学工业的内部结构也正发生变化，将加强为农业、轻纺工业和市场服务，增产适销对路的产品。例如，去年化肥增产 20% 以上。今年，一些短缺产品将努力增产。建筑材料工业已经列为优先发展的部门。

第四，控制和压缩基本建设规模，减少建设项目，提高投资效果，调整投资分配比例，坚决停建、缓建那些条件不具备或国家不急需的工程。去年年初计划停建、缓建的 561 个大中型项目中，已经停建、缓建了 330 多个项目。一些重点工程和急需工程的建设进度加快。基本建设投资的分配也作了适当的调整，用于农业和轻工业的投资以及用于职工住宅和城市公用事业等为人民生活服务的投资的比重提高，用于重工业的比重降低，同时重工业内部的一些薄弱部门如煤、电、油等的建设则加强了。用于城市住宅建设投资，去年比前年增加 83.7%，全年全国职工住宅建设的竣工面积达 5640 万平方米，比 1978 年增长 50%，相当于建国 30 年来新建住宅总和的 1/10，有400 多万人搬进新居。正在建设的住房完工后还可供 100 万户职工居住。但是，现在看来，基本建设的规模仍过大，还要继续控制和压缩，投资效果差的状况还要继续改变，投资比例的调整也还要继续逐步进行。

第五，整顿现有企业，对盲目发展起来的工厂和消耗大、长期亏损的工厂实行转、并、关、停，去年转并关停的企业据不完全统计已有 3600 多个，还将继续进行。所有企业都在进行挖潜、革新、改造，使技术水平能有大的提高。从国外引进的新技术将主要用于现有企业的改造。各工业部门的企业将按专业化和协作的原则逐步改组。各个企业将继续改进经营管理，提高产品质量，增加产品品种，降低生产成本，提高经济效果。经过努力，各部门产品的质量普遍提高了，多数已经达到历史最好水平，一部分超过了历史最好水平。通过控制压缩基本建设规模和加强现有企业的挖潜、革新、改造，国家资金用于新企业的建设和用于现有企业的改建、扩建的比例将逐渐趋于合理。

第六，努力节约和开发能源。近期内燃料动力工业还不可能有大的增长，国民经济对燃料动力的增长的需要，主要将靠合理利用和节约来解决。去年全国能源生产总量只增加不到 1%，工业生产却能增长 8% 以上，就是靠降低能源消耗来实现的。潜力仍然很大。当前，除了现有燃料动力企业努力挖掘潜力、改进工艺、增加生产以外，正加紧地质勘探、开发设计，调整燃料动力工业内部的关系（煤矿采掘比例，油田的储量和采掘比例等），为今后的大发展做准备。去年共建成了 44 项大中型火力和水力发电工程，新增 400 多万千瓦发电设备。最近，能源的地质勘探和基地的建设接连传来可喜捷报。在南海"珠江口盆地"打出了一口高产油井，大型油气田——辽河油田和高产稳产的南阳油田已经建成，新疆南部塔里木盆地接连打出了三口每天喷出数百吨原油和上百万立方米天然气的高产油气井，四川东部地区发现了三个天然气储量丰富的新气田，四川新发现已探明储量 24 亿吨以上的筠连大煤田，陕西已探明彬县大煤田的储量达 96 亿吨以上，等等。我国能源生产的前景是很好的。

第七，交通运输业正抓紧建设，进行技术改造。铁路运输的薄弱区段、吞吐量大的港口码头正抓紧改造扩建。交通运输的紧张状况将逐步有所缓和。

第八，调整积累和消费的比例，逐步降低积累率，在发展生产的基础上，使全国人民的平均收入逐步提高。去年以来，由于压缩基本建设投资，提高农产品收购价格，扩大就业，提高职工工资，积累率开始下降，今后将逐步下降到 30% 以下，消费的比重将逐步提高到 70% 以上。近年来，城乡人民的生活有了改善，并将继续改善。农民从集体经济所得的收入提高比较快。去年头 9 个月，城镇职工工资收入总额比前年同期增加 15.8%。从去年 11 月起，40% 的职工升级。全民所有制单位职工去年全年的工资收入总额比前年预计增加 48 亿元，集体所有制企业职工的工资收入总额也比前年增加十几亿元。去年已安排了 700 万以上的城镇人员就业。通过广开门路，最近两三年内待业城镇人员的就业将基本安排好。

除此以外，在调整期间，还将努力扩大出口，充分利用国外资金和技术装备，促进经济的发展，还要加强科学技术、文教卫生、环境保护、城市建设等薄弱环节。

当然，在经过三年或更长一点时间的调整以后，国民经济结构存在的一些严重问题和比例严重失调，还不可能完全解决。但是经济结构将得到很大改善，一些比例关系将逐步趋于协同。在此基础上，我国将逐步建立起适合我国具体情况的、各方面协调发展的经济结构。

这样的经济结构将有利于现代化建设的顺利进行，将有利于人民生活的迅速提高。不言而喻，摆在我们面前的任务还是很艰巨的，需要付出巨大的努力。但是，一年来的调整工作所取得的初步成效，使我们充满了信心。

（本文系作者于 1980 年 3 月在香港《经济导报》社举办的"80年代中国经济研讨会"上的发言，编入《八十年代中国经济》一书，《经济导报》社 1980 年版）

中国经济发展中积累和消费的关系问题

所有发展中国家在发展自己的经济中都遇到一个困难问题，这就是，一方面要有大量的资金、各种装备和技术用于积累以进行建设，另一方面又要有大量的收入用于消费以提高人民的生活水平，也就是说，需要正确地解决积累和消费的关系问题。中国在建设中也遇到了这个困难问题。这个问题，我们有些时候解决得比较好，有一些经验，有些时候则解决得不好，也有一些教训。下面我想就几个方面来谈一谈。

一

发展经济所需的资金从哪里来？依这个问题的解决途径的不同，经济发展中积累和消费的关系的处理也不同。

有些经济发达的国家在走上资本主义的发展道路时，主要是靠掠夺农民和掠夺殖民地来解决资本的积累。中国作为一个社会主义国家自然不能走这些国家曾经走过的老路。

当代有不少发展中国家主要是靠向外国借款或靠外国资本到本国投资来获得发展所需的资金。中国也不能走这条路。因为这条路潜伏着使本国的经济依附于外国资本的危险。

中国实行的是自力更生为主、争取外援为辅的方针，即主要依靠自己的内部积累来取得建设所需的资金，外国的资本可以借用，但不作为建设资金的主要来源。即使在建国初期的 20 世纪 50 年代，在当时极端困难的条件下，我们也是这样做的。当时我们主要通过三个途径从自己的内部来提供资金。一个途径是财富的重新分配。中国人民

158

革命的胜利结束了帝国主义、封建主义和官僚资本主义对中国人民的残酷剥削和掠夺。过去被它们掠夺和剥削的财富，可以由人民用于建设国家和改善生活了。据统计，单单蒋宋孔陈四大家族掠夺的财产就达5亿两黄金。他们在逃跑时未能带走的财富，都变成了人民的财产。由于实行了土地改革，土地归农民所有，免除了农民每年向地主缴纳大约700亿斤粮食的地租的沉重负担。这些地租，过去由地主阶级用于奢侈性的消费，而不用于扩大生产。土地改革后，这些巨额的财富归农民所有，农民除一部分用于增加消费以外，将其余部分用于积累。此外，过去被民族资产阶级剥削去的一部分财富，在公私合营以后，除了支付的定息以外，也归国家用于建设了。第二个途径是发展生产。社会主义生产关系的建立大大地解放了生产力，生产突飞猛进地发展，为积累提供了源泉。单就农业来说，由于实行了土地改革，农民从封建枷锁下解放出来，有了自己的土地，不再向地主缴纳大量地租，土地的果实归自己所有，农民不仅有能力而且也乐于在自己的土地上投资，他们的生产积极性空前高涨，从而使我国的农业在土地改革后出现了历史上罕见的蓬勃发展。1949年至1952年，农业总产值每年平均增长14.1%，1953年至1957年每年平均增长4.5%。农业生产的迅速增长，不仅为农业，也为整个国民经济提供了大量的积累。工业和其他部门生产的发展以及工业生产成本的降低，也创造了大量的积累。1949年至1952年，工业生产每年增长34.8%。1953年至1957年每年增长18%。1957年同1952年相比，工业产品成本降低29%，每年降低6.5%。第三个途径是厉行节约，杜绝浪费，把一切可以节省的开支节省下来用于建设，同时，合理地使用建设资金。我们改变了解放前的铺张奢侈的社会风气，树立了勤俭节约的社会风尚。精简庞大的国家行政机构和缩减军费在节约国家开支方面起了重要作用。解放初期发行爱国公债也有助于资金的积累。由于合理地使用资金，使能用同样多的资金办更多的事。当然，实行自力更生的方针，并不是完全排除借用外国资金。解放初期，我们也曾向苏联借过一些款，但为数不多。从1949年到1959年的10年期间，外债收入在我国全部财政收入中所占的比重只有2%，而且还大多是在建国的最初几年借的。在当时的国际环境下，我们根本不可能从西方国家借到资本或吸收投资。从 20 世纪 60 年代起，由于中苏关系破裂，我们就完全依靠自己的资金从事建设了。70 年代后期以来，中国终于打破了被孤立、被封锁的国际环境，我们有可能从东西方一些发达国家借用一些资金，同时吸收一些外国资本到中国投资。这对中国经济的发展无疑是有利的。从我们以往的经验来看，我们是能够主要依靠自己的力量来解决发展所需的资金的。今后也应该这样做。但是，在一段时间里，我们曾把这个正确的方针作了绝对的理解。认为借用外国资本是不能容许的，甚至是不光彩的。这当然是错误的。特别应该看到，我们目前的经济状况已经同解放初期有了根本的不同，我们已经建立了比较完整的国民经济体系。只要我们在借用外国资本时慎重地从我国的偿还能力和新技术的消化能力出发，控制于一定的限度内，是不至于使我国的经济依附于外国资本的。而在当前，在人民的生活长期未能得到改善，存在很多困难的情况下，适当地借用外国资本，当可缓和积累和消费之间的矛盾。

用于积累的各种物资（机器设备、原材料等）和技术从哪里来？依这个问题的解决途径的不同，经济发展中积累和消费的关系的处理也不同。

有些发展中国家依靠出口自己的天然资源（如石油等）或其他初级产品取得外汇，以换取积累所需的各种物资和技术，而不由自己制造和开发。

中国的解决办法不同。虽然我们也出口一些天然资源和其他初级产品以换取建设所需的物资。但不是把这种办法作为长期的主要的办法。从有些国家的经验来看，完全靠这种办法并不成功。且不说那些不可再生的资源迟早要枯竭，而且依靠从外国购买设备和技术，也不能使自己获得建立独立自主的民族经济的能力。按照中国的通俗说法就是："现代化是不可能用钱买来的。"中国作为一个社会主义的大国，应该建立起自己的独立的完整的国民经济体系，并主要依靠自己的制造和开发来满足建设对生产资料和技术的需要。

如果说在资金的积累上，我们从建设初期起就主要依靠自己的内部积累来满足建设之所需的话，那么，在解决积累所需的各种物资和技术方面，我们则经历了一个从主要依靠进口到主要依靠自己生产和开发的过程。

解放前中国的工业极端落后，有限的一点工业主要是棉纺织业和其他一些轻工业，重工业的基础十分薄弱。1949年，我国的钢产量只有15.8万吨，不到全世界总产量的千分之一，炼钢能力不到100万吨。煤产量只有3243万吨，发电能力还不到190万瓩，发电量仅有43.1亿度。极少的一点机械工业基本上只能进行修理和装配作业。许多制造工业例如机床和工具制造业、轴承制造业、精密仪器仪表制造业以及各产业部门的设备制造业等根本没有。这种状况决定了我们在开始建设时必须主要依靠进口来取得建设所需的各种设备、其他物资和技术。建国初的10年期间，苏联和东欧各国曾帮助我国设计和装备了400个左右的工业企业，向我们提供的科学技术成就和生产经验方面的资料6000多项。这些对我国初期的建设无疑起了重要的作用。

当时，我们曾有两条路可供选择。一条路是从优先发展重工业入手，建立自己的基础工业，以便用自己生产的机器设备等生产资料去替代它们的进口，并用以装备和发展轻工业和农业；另一条路是从优先发展轻工业入手，用轻工业产品的出口去换取建设所需的机器设备等生产资料。我们当时选择的是前一条路。因此，我们在建设初期进口的设备和技术也主要用于建设一批现代化的重工业企业。在这批骨干企业建成以后，在建立了初步的工业基础以后，我们就能够用自己生产的设备、各种物资逐步替代一部分进口了。在第一个五年计划时期的有的年份，我国机器设备的自给率就达到了60%以上，到1995年进一步提高到80%以上。在我国出口贸易额中，工矿产品的比重，1952年为17.9%，到1957年就上升到28.4%。有些过去我国不能生产或主要依靠进口来满足国内需要的物资，如某些机器设备和一般机床，若干化工原料等，不仅不需要进口，而且还可以出口一部分了。这样，我们逐渐地完成了由主要依靠进口到主要依靠自己生产的转变。现在看来，我们选择的这样一条路是正确的，也基本上成功了。

正由于这样，在 20 世纪 60 年代中苏关系破裂以后，在中国还被一些外国封锁的情况下，我们能够基本上依靠自己的力量为建设提供设备和技术，而没有屈服于外国的压力。当然，也应当指出，在这方面我们也有过片面性，曾经错误地追求全面的自给，没有利用可以利用的国际间的分工协作所能带来的益处。

二

中国采取这种以自力更生为主的方针来解决建设所需的资金问题，无疑会给处理积累和消费的关系问题带来一些困难。但是，从我们的实际经验来看，只要处理得当，这些困难都是可以克服的。

按说这个问题在发展国民经济的初期更难以处理，因为这时经济很不发达，国民收入很少，人民生活水平极低，一部分人尚处于饥饿或半饥饿状态，城市有 400 万人失业。在这种情况下，需要用大量的国民收入来使广大人民不仅能够生存下去，而且逐渐摆脱贫穷，但是要做到这一点，又必须以经济的发展为前提，而发展经济又需要积累大量资金。所以，在当时，要解决好积累和消费的问题困难是很大的。可是恰恰在这段时期，我们在解决这个困难时获得了成功。这段时间，不仅国家积累了大量的资金用于建设，而且人民的生活水平也得到了比较快的提高。在国民经济恢复时期（1950—1925 年），我国国民收入增长 698.％。在第一个五年计划时期（1935—1957 年），我国国民收入增长了 53%，积累基金增加了 93%，消费基金增加了 34%，按人口平均计算的消费基金增长了 23%，每年平均增长 43%，在国民经济恢复时期全国职工的平均工资提高了 70%，农民的收入增长了 30% 以上。在第一个五年计划时期，全国职工的平均工资提高了 42.8%，农民的收入增长了将近 30%。1957 年全国农村人口平均的消费水平比 1949 年增加了 80% 以上，比 1952 年增加了 30%。到 1956 年，严重的失业问题就基本得到解决。

怎么能同时实现这两个目标呢？主要就是靠上面所说的三个途径。在国民收入数量为已定的条件下，积累和消费在数量上是互相限制的。要想增加积累而不对消费的增长进行限制是不可能的。从人民的长远的利益来考虑，适当地限制当前消费的增长是完全必要的，这种限制会由于积累的增加而带来日后的消费的增长。我们在解放初期无疑也对消费作了一些限制。但这种限制主要是限于地主阶级和资产阶级。由于把地主阶级和官僚资产阶级的财富收归人民所有，从而也限制了他们的消费并大大缩小了贫富之间的差距，使能在增加积累的同时，保证占人口绝大多数的工人和农民的收入有所增加，特别是使过去处于饥饿半饥饿状态的穷苦工农群众的生活有了较大的改善。当然，积累和消费的关系得以妥善地处理，从根本上说来，还是由于生产的迅速发展和降低生产费用，这段时期，国民收入的迅速增长为同时兼顾积累和消费提供了巨大的可能性。在国民收入有限的情况下，积累资金的有效使用，也有助于在保证发展国民经济所需的积累资金的同时使人民的消费也有所增加。第一个五年计划时期，在当时刚刚开始大规模建设，许多工程项目正在施工没有投入生产的情况下，每百元积累就可以增加 35 元的国民收入（这里说的积累是指积累的全部，比投资额为大，不仅包括用于增加固定资产的投资，而且还包括流动资金的积累）。

可惜的是，这种健康发展的过程，以后被工作中的失误所打断，从 1958 年起，我们曾一再为了追求经济发展的过高速度，以牺牲人民的消费为代价而增加积累。积累率由 1957 年的 24.9%（第一个五年计划时期平均为 24.2%），猛然提高到 1958 年的 33.9% 和 1959 年的 43.8%。积累率大幅度提高，给国民经济带来了严重的后果，造成了经济状况的极度紧张、混乱和比例的严重失调。这样高的积累率已经远远超过了国民经济所能承担的程度，大规模的基本建设占用了大量的生产资料，使得大批的工厂因为生产资料的供应缺乏而开工不足，在生产资料有限的情况下，许多建设工程项目不能正常施工，工期大为延长。因此，积累基金的使用效果极差，在整个第二个五年计划时期每百元积累所能增加的国民收入下降到只有一元（按当年价格计算）。事与愿违，过高的积累率并没有给人们带来预期的经济增长的高速度，反而使国民经济严重倒退，国民收入的平均增长速度降

为 -3.1%（按1957年的不变价格计算）。另一方面，积累率的大幅度猛增，更使人民的消费蒙受其害，无论工人还是农民的平均消费水平都从1957年的水平倒退了。1957年农民和职工的平均消费水平分别为79元和205元，1959年和1960年农民的平均消费水平分别降到65元和68元，职工的平均消费水平1958年降到195元（均按当年价格计算）。显然，要继续保持如此之高的积累率是不可能的。于是被迫后退，中国对经济进行调整，降低积累率成为调整中的一个重要课题，积累率一直退到1962年的10.4%。更为遗憾的是，失败的教训并未认真汲取。在经济情况好转以后，积累率又开始上升到相当高的水平，1966年达到30.6%。而在整个20世纪70年代，甚至在国民经济遭到严重破坏的情况下，积累率都在30%以上，1978年进一步达到36.5%。当然，1976年以来的经济情况同20世纪50年代后期和60年代初期的情况有许多不同，但过高的积累率给国民经济带来的恶劣后果却有许多相似之处。中国的经济再度被迫调整。降低积累率，使积累和消费保持适当的比例也成为调整中要解决的一个重大问题。可以毫不夸张地说，积累和消费的比例失调是1958年以来，中国经济的发展多次遭到严重挫折的重要原因之一。

回顾以往的历程，使我们得到了不少经验教训。

首先，中国实行以自力更生为主的方针解决发展所需要的资金问题，必须十分慎重地处理积累和消费的关系。为了依靠自己的力量解决资金问题，国民收入用于积累的数量是必须增加的，积累的比重在一段时期内也是必须提高的，但都必须在国民收入增长的基础上，以保证人民的消费水平的提高为前提。而且积累率的提高也不能是无止境的，应该是有限度的。要增加积累总是要对人民的当前的消费做某些限制。但有两种性质不同的、社会后果相异的限制。一种限制是在保证人民的平均消费水平逐步提高的条件下对人民的消费水平的增长幅度所作的限制。由于人民的生活逐步得到了改善，人民是高兴的，因此也乐意为增加积累作出贡献。因为他们从积累的增长中看到了生活将进一步迅速改善的希望。另一种限制则不同。那是以使人民的平均消费水平的下降为代价的。这种限制使人民减弱或丧失劳动热情，失去对美好未来的憧憬，甚至会带来社会的不安定。所以，在增加积累基金的过程中，在需要提高积累率的情况下，必须以保证人民的消费水平得以逐步提高为前提。

其次，在我们开展大规模经济建设的过程中，积累基金的增加和积累率在一定限度内的提高，必须逐步地来进行，不能求之过急，并且在积累率上升到较高水平后使其保持相对稳定。积累和积累率的迅猛的增长和由此而引起的它们的迅猛下降，会给国民经济带来灾难性的后果。积累的主要部分是用于基本建设的，而基本建设往往是跨年度的。积累的猛增和猛减，将使许多没有力量继续进行建设的工程在开始建设后不得不停止进行，从而造成极大的损失。这里还不说其他的损失了。可以设想，如果我们不是在 1958 年以来，一再错误地迅猛增加积累，而是逐步地增加并使积累率保持在一定的限度以内，我们将反而会积累更多的资金用于建设，我们的经济将会一直沿着上升的线达到远远超出现有水平的高度，人民的生活也将比现在好得多。

第三，只求积累多，不问积累的效果，是我们在积累和消费问题上一再遭受挫折的一个重要原因。从第一个五年计划以后，每百元积累所能增加的国民收入都远远不及第一个五年计划时期。在最近的第四个五年计划时期（1971—1975 年）平均只有 16 元，不到第一个五年计划时期的一半。可以设想，如果我们在增加积累的过程中切实注意提高积累的效果，我们本来可以在保持经济增长的高速度的同时，使人民的消费得到迅速的改善，而不至于把大量的国民收入白白地浪费掉。

三

我们选择从建立和发展重工业入手解决积累所需的各种物资和技术的道路，无疑也会给处理积累和消费的关系带来一定的困难。特别是在建设的初期困难更大。困难主要表现在三个方面：第一，在主要依靠自己的力量来积累发展资金的情况下，在建设的一定时期，特别是在初期，为了进口大量的生产资料和技术，就必须出口大量的农副产品及其加工品以换取外汇。建设初期，我们从苏联和东欧一些国家进口的各种设备和技术，除了一小部分是以贷款的形式借来的以外，大部分是通过贸易往来相互交换的方式，用出口的产品换取的。在我国出口的产品中，农副产品及其加工品当时占出口总额的 80% 以上（1979 年仍占 56%）。其余部分是工矿产品（如钨砂、钼砂、水银等）。而农副产品及其加工品的大量出口，则会减少它们在国内的消费量，从而影响人民的消费。第二，建立和发展重工业是极其耗费资金和物资的，而且从资金的投入到收回需要很长的时间，不像发展轻工业那样，投资少，周转快。因此，从建立和发展重工业入手进行经济建设，必定要求提高积累率，以提供大量的积累资金，从而在一段时间内，特别是在建立和发展重工业的初期会使农业和轻工业的发展受到限制。第三，重工业的发展本身就要求农业和轻工业为它提供大量的产品，或者用作重工业的原材料，或者用作重工业工人的消费品。从这三方面看，从建立和发展重工业入手进行建设，不仅会在一段时间里限制用于国内消费的农业和轻工业产品的数量，同时也会影响它们的出口数量从而影响积累所需的各种物资和技术的进口能力，这也会给处理积累和消费的关系带来困难。从我国以往的经验来看，只要我们使重工业和轻工业、农业保持协调，这些困难是可以克服的，特别是在重工业的基础建立起来以后，不仅可以替代一部分生产资料的进口，甚至可以用一些重工业产品替代一部分农产品和轻工业品的出口，从而有利于国内的消费的增加，而且可以用已经建立起来的重工业去促进农业和轻工业的发展，从而也有利于国内消费的增长和出口贸易的发展。在建国初期的前八年时间里，我们在建立和发展重工业过程中，由于重工业的建设规模没有超过农业和轻工业所能承担的程度，农业和轻工业得到了较快发展。在第一个五年计划时期，农业生产每年增长 4.5%，轻工业生产每年增长 12.9%，都快于人口每年增长 2.2% 的速度。这样，虽然重工业增长得更快（每年平均增长 25.4%），人民的生活水平仍然能有较快的提高。应当指出，当时已经出现了某些不协调的苗头，例如，由于原料不足，部分轻工业的生产能力未能利用，正在建立的重工业项目中为发展农业、轻工业提供所需的原料和设备的项目少了。那时，我们针对上述情况并以苏联的经验为鉴戒，提出了在优先发展重工业的条件下实行重工业和轻工业同时并举、工业和农业同时并举，用多发展一些农业和轻工业的办法来发展重工业的正确方针。可惜的是，这一正确方针并未得到贯彻。在第二个五年计划时期，为了追求过分的高速度，重工业反而脱离农业和轻工业更加突出地发展，使重工业、轻工业和农业之间的比例严重失调。1958 年，重工业增长 78.8%，轻工业增长 33.7%，农业只增长 2.4%。1959 年三者的增长速度分别为 48.1%、22%、-13.6%。1960 年农业下降 12.6%，轻工业下降 9.8%，而重工业仍继续增长 25.9%，其结果是人民的消费下降，积累和消费出现尖锐的矛盾。以后，虽然经过几年的调整，重工业和轻工业、农业之间的比例恢复了协调。但是，在第三个五年计划时期和以后，在"十年的动乱"中的不少年份，又多次出现片面突出发展重工业的情况（1969 年增长 43.9%，1970 年增长 42.3%，1971 年增长 21.4%）。使重工业、轻工业和农业之间的比例一再陷入严重失调。

根据新中国成立以来我们所走过的曲折道路，从正确处理积累和消费的关系角度来看，我们在处理重工业、轻工业和农业的关系问题上也有一些经验教训。

第一，在中国，农业在国民经济中占有重要的地位（1949 年，它在国民收入生产总额中占 68.4%）。在一段相当长的时期内，农业的状况对于积累和消费的问题具有重要的意义。首先，农业对于资金的积累起着重要的作用。农业提供的积累，除了用于农业本身的发展以外，还要转化为发展工业用的积累。农业的积累通过各种渠道集中于国家，成为国家用于建设的资金的重要来源。这里主要有两个渠道，一个是农民缴纳的农业税，一般来说，为数不大，国家向农民征收的农业税第一个五年计划时期只占国家财政收入的 11.1%，1952—1978 年则占国家财政收入的 5.4%。另一个渠道是价格，历史上形成的工农产品价格的剪刀差不可能在短期内消除，农业创造的积累通过剪刀差集中于国家（主要是通过以农产品为原料的轻工业产品所实现的利润集中于国家），成为国家用于建设的资金，这部分当比前一部分更多。建设所需的生产资料的进口也主要是用农副产品及其加工产品的出口来实现的。其次，在中国人民的消费中，农副产品及其加工产品所占比重很大（过去占 70%～80%）。轻工业生产品原料曾有80%来自农业。所以，人民的消费状况同农业的状况有极密切的关系。正因为如此，在中国农业生产的状况对积累和消费的影响很大。所以，要处理好积累和消费的关系，必须处理好农业问题。

我们在建立和发展重工业的最初阶段，曾经比较慎重地对待农业问题，注意了农业的发展。例如，政府采取了稳定农业税的政策，农业税在一段时间内不随农业生产的增长而增加，以鼓励农民发展生产。同时逐步缩小了工农业产品的价格的剪刀差，使农民不仅能逐步增加收入，而且有能力扩大生产。此外，国家还从财政上支持农业的发展。这种种正确的政策，使农业获得了较快的发展。在此基础上，农业不仅提供了更多的资金用于积累，提供了更多的产品供出口以换取积累所需的多种物资和技术，而且提供了更多的产品用于消费。所以，在一些时候农业的迅速发展，正是我们得以成功地处理积累和消费的关系的前提。相反，我们的几次失误也大都同在农业问题上失误有关。例如，1958 年由于对农业生产的增长作出了过分乐观的估计，曾经过多地征购了农产品用于建设（1959 年征购的粮食占粮食产量的 39.7%）。这种竭泽而渔、杀鸡取卵的错误做法，损害了农业，从而也损害了积累和消费。去年，我国决定在今后一个较长时期内，全国粮食征购指标继续稳定在 1971 年至 1975 年的水平不变，又确定从今年起进一步减轻农村社队的税收负担，决定提高一些主要农产品的收购价格。这些对促进农业的发展将起重要的作用，无疑也将有助于我们克服积累和消费的比例的严重失调。还应当指出，由于农业生产受自然条件变化的影响很大，丰歉交替，在确定积累和消费和比例时要防止在丰收以后过快地增加积累以免在歉收时使积累大幅度减少，从而防止积累和消费的比例发生剧烈的变动。

第二，积累所需的各种物资和技术从主要依靠进口到主要依靠国内的生产和开发。这个替代的过程，应该逐步来实现，不能求之过急。为了逐步地实现这个替代过程，重工业的建立和发展也应该是逐步的，不能操之过急。如果重工业发展过快就会造成用于积累的资金的数量超过国民经济所能承担的程度，从而会影响消费；而且重工业脱离轻工业和农业而过快地发展，正如前面所说的，由于损害了轻工业和农业，不仅会影响人民消费的增长，还会影响资金的积累，损害积累所需各种物资和技术的进口能力。过快地发展重工业，这是我们几次造成积累和消费比例失调的根本原因。的确，重工业的建立和发展，可以为轻工业和农业的迅速发展提供物质技术基础，还由于可以替代一部分生产资料的进口以及出口一部分重工业产品而减少对农产品、轻工业品出口的需要，这对于增加国内的消费品供应自然是有利的，从而对于处理好积累和消费的关系也是有利的。但是，并不是重工业的任何发展都会带来这样的结果，这只有使重工业在其发展中同轻工业和农业的发展保持协调才能实现。用国内生产的生产资料去替代进口是必要的，但必须逐步地来实现（而且也不能要求什么都由国内生产和开发）。从我国以往的经验看，如果急于去实现这种替代，并为此过快地发展重工业，就不仅不能实现这种替代，反而会背道而驰。因为，重工业的过快发展，会由于国内对重工业所需的各种物资的供应不足，反而要求它们的更多的进口，同时，为此又要求有更多的农产品和轻工业产品出口去换取。我们常常看到，在我国，重工业越是不适当地过快发展，设备、钢材等的国内供应就越是不足，它们的进口反而越多，同时，国内消费品的供不应求也越严重。这样，急于想替代生产资料的进口，反而变成了增加它们的进口。

在这种急于替代进口的思想影响下，我们一再忽视了发展轻工业的重要性。轻工业具有投资少、资金周转快、利润多的特点。在从发展重工业入手进行经济建设中，注意发展轻工业有利于积累资金、增加出口、提高人民的消费，从而有助于解决好积累和消费的关系。从有利于积累和消费的正确结合来看，我们不能只着眼于建立和发展重工业以替代建设所需的各种物资的进口，而且应该努力发展轻工业以增加出口和增加国内的消费。

第三，在建立和发展重工业的过程中，注意使重工业的内部结构保持协调，对于处理好积累和消费的关系也有重要意义。应该说，从建立重工业的基础时起，就不但要发展那些满足重工业本身需要的重工业产品生产部门，而且要发展满足农业、轻工业等部门需要的重工业产品生产部门。只有这样，才能随着重工业的建立和发展，使农业和轻工业等部门得到相应的发展。否则就会由于农业、轻工业的发展不足而直接地或间接地影响积累和消费的关系的协调。我们在一段相当长的时间内由于过分看重重工业的发展，造成了重工业内部结构的严重失调。例如，就钢材生产来说，一方面有大量钢材积压，另一方面制造农业机械、制造化肥、农药、化学纤维等生产设备所需的钢材严重不足。又如机器生产中，一般机床大量积压，而许多农业机械或者还不能生产或者质量差、产量少，轻工业所需的现代化设备也有许多不能生产。重工业内部结构失调，也是造成我国积累和消费的比例失调的原因之一。

最后，为了在经济发展中使积累和消费的比例保持协调，使积累基金的分配比例保持协调也是很重要的。因为，后续一些年份的积累和消费的比例能否协调，同早先一些年份积累基金的分配比例是否适当有密切的关系。这些比例有：积累基金用作生产性积累（兴建生产企业等）和非生产性积累（建设住宅、学校等）之间的比例、生产性积累中用于发展重工业生产和发展轻工业、农业等部门生产之间的比例、用于发展重工业生产的积累中用于发展满足重工业本身需要的产品的生产和用于发展满足轻工业、农业等部门需要的产品的生产之间比例，等等。积累基金的这种种分配比例会直接地或间接地影响后续年份积累和消费的比例。我们在一些时期里，由于积累基金的分配比例失调，曾经加重了积累和消费的比例的失调，例如，在第一个五年计划时期，积累总额中非生产性积累占40.2%，而在第二个五年计划时期则降到只占12.9%，其中的1960年更低到只占2.8%。以后虽有所提高，但都远远没有达到第一个五年计划时期的水平，1971年至1978年都在25%以下，1976年只占17.1%。非生产性积累的不足直接影响了人民的消费水平的提高。例如，根据1978年对182个城市的调查，由于住房建设的减少，城市居民每人平均的居住面积由1952年的4.5平方米下降到1978年的3.6平方米。在生产性积累中，多年来，用于重工业建设的积累比重过高，用于发展同人民生活关系密切的农业和轻工业的积累比重过低。积累基金分配比例的这种种失调，造成了产业结构的失调。由于产业结构的失调而引起的积累和消费的比例的失调在短时间内是难以克服的。因为，产业结构的失调本身是难以在短时间内扭转的，要扭转产业结构失调要求投入大量的资金。而在纠正积累率过高的过程中是难以取得这样多的资金的。所以，为了使积累和消费之间保持适当的比例，在采取主要依靠国内的生产和开发来满足建设所需的生产资料的途径下，特别要防止出现产业结构失调的情况。

鉴于多年来我们在处理积累和消费的关系上的失误的沉痛教训，从去年起我们正致力于调整积累和消费的比例，使积累率逐步降低到合适的水平，使积累的使用效果逐步提高，使积累的分配比例趋于合理。为此我们采取了各种措施，例如，降低重工业的发展速度、减少基本建设投资并加以控制、增加职工的工资和农民的收入、调整产业的结构特别是重工业内部的结构、加速居民住宅和城市建设、加速科学文化教育和卫生事业的发展、降低生产成本、减少企业的亏损、增加盈利，等等。经过一年多的调整，积累和消费的比例开始向协调方向发展，积累率去年已经下降到33.6%，今年有可能降到30%左右，今后几年内还将进一步降低。积累和消费之间的关系的协调，将使我国经济得以健康发展，并使人民的生活得以较快提高。

上面我只就我国经济在沿着特定的道路而发展中在积累和消费的关系上所遇到的某些问题谈了一些看法。积累和消费的关系问题是一个广泛的题目，我不曾企图对它作广泛的考察。

（本文系作者参加1980年11月21—24日在美国举行的"中美经济发展战略抉择讨论会"时提交的论文。原载《武汉大学学报》哲学社会科学版1981年第1期。收入本书时，将文后的附表删去了）

价值—货币形态的与使用价值—实物形态的积累基金和消费基金在总量上的不平衡问题

　　我在 1961 年第 8 期的《经济研究》上发表过一篇《论价值—货币形态的与使用价值—实物形态的积累基金和消费基金之间的平衡问题》的文章①。在那篇文章里，我的考察限于在价值—货币形态的积累基金和消费基金之和（总量）等于使用价值—实物形态的积累基金和消费基金之和（总量）的情况下，两种形态的积累基金之间和消费基金之间的平衡问题。在考察时，假定预算收支、信贷收支和现金收支都是平衡的，同时也不考虑国民收入的价值和使用价值的运动在时间上不一致以及其他可能引起两种形态的积累基金和消费基金在总量上不相等的各种因素。现在，在这篇文章里，我将在前文的基础上进一步考察在价值—货币形态的积累基金和消费基金之和（总量）不等于使用价值—实物形态的积累基金和消费基金之和（总量）的问题。

一

　　在论述这个问题之前，先想就一个问题谈一点看法，这就是：价值—货币形态的积累基金和消费基金之和是否可能不等于使用价值—实物形态的积累基金和消费基金之和？为了回答这个问题，首先要回

---

　　① 　另见拙著《社会主义再生产和国民收入问题》，三联书店 1980 年版。

答同它有关但又有区别的另一个问题，即国民收入的使用额是否可能不等于国民收入的生产额？为什么要先回答这个问题呢？因为人们常常把这两个问题混为一谈了。

国民收入的使用额是否可能不等于国民收入的生产额呢？如果不考虑对外经济交往的存在（物资劳务交易、资本交流、单方面提供物资劳务、单方面提供金钱等），那么，应该说国民收入的使用额只能等于而不能大于或小于国民收入的生产额。这里所说的国民收入使用额是指最后实现了的用于消费和积累的国民收入。显然，使用的国民收入只能限于生产的国民收入。因为生产的国民收入最后无非是用于消费和积累。国民收入的使用额小于国民收入的生产额是不可能的。即使是构成国民收入的消费资料和生产资料中有一部分由于各种原因未在当前使用而被迫变成库存，这被迫变成库存的部分就是积累的增加。那么，国民收入的使用额是否可能大于国民收入的生产额呢？也不可能。为了方便，我们分别就国民收入中的消费资料和生产资料来说明。

先就国民收入中的消费资料来说。

假定今年生产的社会总产品为 10500，补偿基金为 6500，国民收入为 4000，国民收入中生产资料为 1000，消费资料为 3000。这里我们仍然不考虑对外的经济交往。上述 1000 生产资料无疑只能用于积累。如果今年实际的消费不是 3000 而是 3100，即超过当年消费资料生产额 100（＝3100-3000），在这种情况下，国民收入的使用额是否超过了国民收入的生产额呢？即超过 100 呢？没有。因为，今年实际消费的消费资料超出当前消费资料生产额的 100，只能靠动用往年积累的消费资料来实现，也就是说，今年消费资料的积累实际上是负数，即为-100，从价值量上看这是对今年的积累的扣除，结果今年国民收入的使用额和其中的积累和消费的变化如下表中（1）所示：

	社会总产品	物质消耗 C	国民收入生产额		国民收入使用额（1）			国民收入使用额（2）		
			价值构成 V+M	实物构成	合计	积累	消费	合计	积累	消费
生产资料	7500	5000	2500	1000	1000	1000	—	1000	1000	—
消费资料	3000	1500	1500	3000	3000	-100	3100	3000	100	2900
合计	10500	6500	4000	4000	4000	900	3100	4000	1100	2900

从上表国民收入使用额（1）所示情况可以看到，国民收入的使用额仍为 4000，即等于国民收入的生产额，其中消费为 3100，从价值量上看，实际积累为 900。

如果今年实际消费的消费资料不是 3000，而是 2900，是否意味着国民收入的使用额小于国民收入的生产额呢？也不是。因为，那剩下的 100 消费资料变成了积累，不管这种积累是必要的合理的，还是由于消费品货不对路、生产过多等原因被迫地变成库存而积累起来。在这种情况下，正如上表国民收入使用额（2）所示，国民收入使用额仍同国民收入生产额相等，都为 4000，只是积累成为 1100，消费成为 2900。

再从国民收入中的生产资料来说。

构成国民收入的生产资料只能用于积累。今年生产资料的积累额不仅取决于当年生产的生产资料的数额，还取决于生产资料用于补偿的数额，是两者之间的差额。如果当年生产的生产资料在扣除当年用于补偿的部分后有多余，这多余的部分就成为生产资料的积累。在这种情况下，国民收入使用额同国民收入生产额是相等的。按照上述假设数例，我们假定今年生产的生产资料中有 6500 用于补偿，再假定今年生产的消费资料全部用于当年消费而不用一部分于积累，其结果国民收入使用额有如下表所示：

	社会总产品 C+V+M	物质消耗 C	国民收入生产额		国民收入使用额		
			价值构成 V+M	实物构成	合计	积累	消费
生产资料	7500	5000	2500	1000	1000	1000	—
消费资料	3000	1500	1500	3000	3000	—	3000
合计	10500	6500	4000	4000	4000	1000	3000

如果当年生产的生产资料数额不足以抵偿当年实际用于补偿的部分（在生产资料生产大量下降、设备大量更新的年代会有这种情况，在资本主义国家严重经济危机后就见到过这种情况），假定不足数为250，这不足的生产资料部分是靠动用往年积累的生产资料来抵偿的。那么，在这种情况下，是否出现了国民收入的使用额大于国民收入的生产额呢？没有。因为这时生产资料的实际积累将成为负数。情况如下：

	社会总产品 C+V+M	物质消耗 C	国民收入生产额		国民收入使用额		
			价值构成 V+M	实物构成	合计	积累	消费
生产资料	7500	5500	1500	−250	−250	−250	—
消费资料	3000	1750	1250	3000	3000	—	3000
合计	10000	7250	2750	2750	2750	−250	3000

下表表明，今年用于补偿的部分增加，国民收入实际生产额却只有2750，由于当年生产的生产资料不足抵补所需的补偿数达250，因而动用了往年的生产资料储备，所以今年实际积累为−250。单从消费额来看，它已经超出了国民收入的生产额250。如果从国民收入的全部使用额来看，因为实际积累是−250，则并没有超过，那超过的250，不过是吃的"老本"，是靠使今年的积累成为负数来实现的。

所以，平衡起来，国民收入使用额仍等于国民收入的生产额。

综上所述，不论哪种情况，国民收入的使用额都只能等于而不可能大于或小于国民收入的生产额。所谓"大于"，不过是把往年的积累转化为当年的消费或补偿，当年实际的积累相应减少甚至成为负数，所以实际上仍然相等。所谓"小于"，不过是把未能用于消费或本不打算用于积累的部分变成积累，所以实际上也仍然相等。

至于价值—货币形态的积累基金和消费基金之和是否可能不等于使用价值—实物形态的积累基金和消费基金之和，那就是另一个问题了。这里说的价值—货币形态的积累基金和消费基金，是指国民收入在生产出来以后经过初次分配和再分配最后形成的用于积累和消费的价值—货币形态的收入。如果不考虑国民收入中不采取货币形态进行分配和再分配的部分（因为这不会改变分析的结论），那么，价值—货币形态的积累基金和消费基金，也就是社会对当年生产的可用于积累和消费的物质产品（即使用价值—实物形态的积累基金和消费基金）的有支付能力的需求。这种对用于积累和消费的物质产品的有支付能力（即总需求）同可用于积累和消费的物质产品（即总供给）之间则是可以不相等的，也就是说，前者可以大于或小于供给。就我们当前实际生活中碰到的问题来看，价值—货币形态的积累基金和消费基金之和大于使用价值—实物形态的积累基金和消费基金之和，换句话说，社会对当年生产的可用于积累和消费的物质产品的有支付能力的总需求超过了这些物质产品的总供给，这大于的部分显然并不是当年实际生产的国民收入。这也就是为什么我们在这里采用价值—货币形态的积累基金和消费基金在总量上不等于使用价值—实物形态的积累基金和消费基金这种说法，而不采用价值—货币形态的国民收入在总量上不等于使用价值—实物形态的国民收入这种说法的道理（在上述我于1961年写的那篇文章里，这两种说法是没有区别的，因为那里考察的是总量相等的情况）。因为，如果不考虑国际收支的存在、两种形态的国民收入的运动在时间上的不一致等因素，两种形态的国民收入在总量上是不可能不相等的。

在做了上述说明以后，下面我们将转入正题。从目前的实际情况出发，在本文中我们将只考察价值—货币形态的积累基金和消费基金之和大于使用价值—实物形态的积累基金和消费基金之和这种情况。

二

为什么会在实际生活中出现两种形态的积累基金和消费基金之和的不相等呢？

我在 1961 年写的那篇文章中曾经指出，产生这种不平衡的根本原因在于：（1）社会产品和国民收入具有价值和使用价值的两重性，使得社会产品和国民收入的有些组成部分的价值—货币形态同它们的使用价值—实物形态不相一致；（2）社会产品和国民收入作为价值的运动和作为使用价值的运动各自具有相对的独立性。但是，这些还只是产生两种形态的积累基金之间和消费基金之间的不平衡的可能性，这种可能性是否转化为现实性，还要取决于许多具体条件。在我们当前考察的总量不平衡这种情况中，这些具体条件是异常复杂的，比总量平衡的情况更为复杂。我们在考察总量平衡情况下两种形态的积累基金之间和消费基金之间的不平衡时所作的一些分析，对目前考察的情况仍是适用的，但除此以外，还必须做进一步的分析。

价值—货币形态的积累基金和消费基金之和不等于（这里只考察大于）使用价值—实物形态的积累基金和消费基金之和，是在国民收入的生产、分配和再分配过程中造成的。下面分别就一些主要方面做一些考察。

先考察生产过程的问题。

从生产过程来看，原因是多方面的：

首先，是社会产品和国民收入的生产都没有完成预定的计划指标，而社会的各项支出却是按照计划的国民收入总量进行安排的，从而造成社会预定的用于积累和消费的有支付能力的需求（或者说价值—货币形态的积累基金和消费基金）在总量上大于社会可用于积累和消费的物质产品（即使用价值—实物形态的积累基金和消费基金）的供给。造成这种情况的原因，往往是生产的指标订得太高，或者是自然灾害引起的农业严重减产等。有时，严重的自然灾害造成的减产，还会要求社会增加额外的支出。近年来，我国经济进行调整，社会产品和国民收入的生产的增长放慢，但社会的各项支出难以或未能相应减少，也会出现这种情况。

其次，社会生产的物质消耗超过了预定的计划指标，在这种情况下，即使社会总产品的生产量完成了预定计划，国民收入的生产量也会低于预订的计划指标，这就是说，社会产品中将有更大的部分用于补偿，从而使可用于积累的生产资料的数量减少。这样，在其他条件相同的情况下，在按照原定国民收入生产量安排了各项用途的情况下，就不仅会使价值—货币形态的积累基金和消费基金的总量大于它们的使用价值—实物形态的总量，而且特别会使价值—货币形态的积累基金（即社会对可用于积累的物质产品的有支付能力的需求）大于使用价值—实物形态的积累基金（即社会可用于积累的物质产品的供给），进一步说也就是可用于积累的生产资料不足。

第三，生产企业片面追求产值，不顾产品的质量和品种，把一些根本没有实际使用价值的产品（如完全过时的机电产品）或本来就是不能称作产品的废品计入产值，而在原有经济体制下，商业、物资部门实行统购包销，这些产品或废品被商业、物资部门所收购，形成了生产单位的销售收入，这种收入是无法实现的收入，甚至是根本没有相应物质内容的虚假收入，而社会却把这种收入支付于各种用途，构成价值—货币形态的积累基金和消费基金，从而使它们的总量超过了使用价值—实物形态的积累基金和消费基金。

下面还需要谈谈同这种情况有些类似的一种情况。这就是，生产部门所生产的产品中有一部分产品，虽然具有使用价值却不合需要（如积压的钢材等），而被迫变成不必要的过多的储备而积压起来，它们的价值无法实现，使得按照这部分产品的价值形成的收入而安排的价值—货币形态的积累基金或消费基金没有合用的物资的保证。这样，从总量上看，两种积累基金和消费基金之和还是相等的，但实际上价值—货币形态的积累基金和消费基金的总量要大于可用来使其实现的使用价值—实物形态的积累基金和消费基金的总量。现用假设数例说明如下（为简化起见，这里假定消费资料全部用于消费）：

| | 国民收入的实物构成 | | | 积累基金和消费基金 | | | | | | |
| | 合计 | 适销产品 | 不适销产品 | 价值—货币形态 | | | 使用价值—实物形态 | | | |
				合计	积累	消费	合计	积累	消费	积压
生产资料	1000	950	50	1000	1000	—	1000	950	—	50
消费资料	3000	2950	50	3000	—	3000	3000	—	2950	50
合　计	4000	3900	100	4000	1000	3000	4000	950	2950	100

　　从表中可以看到，如果把由于产品虽有使用价值但不合需要而造成的积压作为被迫的积累计入使用价值—实物形态的积累基金中，那么两种形态的积累基金和消费基金在总量上是相等的（都是4000）。但是，实际上，由于有一部分（100）产品不合需要，价值—货币形态的积累基金和消费基金的总量（4000）要大于可用来使其实现的产品的总量（3900＝950＋2950），在价值—货币形态的积累基金中有50预定用于扩大生产和增加非生产性积累的部分不能实现，被迫采取积压物资的价值—货币形态作为积累，脱离周转，在价值—货币形态的消费基金中有50预定用于消费的部分不能实现，被迫作221为积压物资的价值—货币形态变为积累基金。这样，实际上，国民收入用于积累（不包括积压）的部分为950，比预定计划少50，用于消费的部分则为2950，比预定计划少50。这就是说，预定的积累和消费的计划都未能实现。

　　这种情况自然同上面说的那种情况是有区别的。因为，那些不合需要而仍具有使用价值的产品可以通过采用一些措施，或者变成合乎需要的，或者使其价值得以实现或部分实现（例如，不适销而积压的厚钢板可以加工改轧、有些不适销的产品可以降价处理），但在造成社会对用于积累和消费的产品的有支付能力的需求大于社会实际上可用于积累和消费的产品的可供量来说，没有实质性的区别。这种情况，在原有经济体制下是经常发生的，一般地说，它并不总是构成严重的问题，但是当产业结构严重失调，同社会的需求结构严重背离时，就会成为严重的问题。这时，从形式上看，两种形态的积累基金和消费基金在总量上可以是相等的，但由于社会的生产结构同社会的需求结构严重背离，由于大量产品不符合需要而变成积压，就使得价值—货币形态的积累基金和消费基金的总量实际上大于可用于积累和消费的物质产品的总量。我们目前就碰到了由于产业结构失调而造成的这种总量上的不平衡。

再考察分配过程中的问题。

在国民收入分配过程中造成的两种形态的积累基金和消费基金在总量上的不相等的原因，有些根源于生产过程，有些则在于分配过程本身。

就国民收入的初次分配来说，如果物质生产部门劳动者包括奖金在内的劳动报酬的总额超过预定的计划指标，在其他条件不变的情况下，虽然不会减少国民收入生产的总量，但是，由于构成国民收入的剩余产品部分相应减少，在财政按照原定剩余产品总量安排了各项支出的情况下，就会造成价值—货币形态的积累基金和消费基金的总量大于使用价值—实物形态的积累基金和消费基金的总量。因为在这种情况下，价值—货币形态的消费基金超过了预定的数量（劳动报酬的总额超过了预定计划），而就价值—货币形态的积累基金来说则或者没有对它的预定数量作相应的减少，或者还可能增加。这样，对于用作消费和用作积累的产品的有支付能力的需求，都可能超过这些产品的可供量。初次分配中出现的这种情况，我们曾经多次遇到过。我们曾经遇到工资水平没有提高，但职工人数增加过多，使工资总额突破计划指标，造成价值—货币形态的积累基金和消费基金在总量上超过它们的使用价值—实物形态的总量的情况。近年来，我们又遇到滥发奖金、巧立名目增加职工收入（津贴、补助、福利费等），造成价值—货币形态的积累基金和消费基金之和超过使用价值—实物形态的积累基金和消费基金之和的情况。

就国民收入再分配过程中的问题来说，情况更为复杂。

财政在国民收入再分配中起着重要的作用，通过国家预算进行再分配的部分占国民收入的 30% 左右。价值—货币形态的积累基金和消费基金在总量上大于使用价值—实物形态的积累基金和消费基金，不少时候发生于财政环节。这里要区分三种不完全相同的情况：

第一种情况，财政收支从账面上看是平衡的，但是这种平衡是虚假的，实际上存在着赤字。例如，一些亏损企业利用银行贷款向财政上缴利润，商业、物资部门收购根本没有使用价值的废品甚至根本不存在的"产品"（如"指山买矿""指河买鱼"），这样，从这种企业销售收入形成的财政收入就是虚假收入。财政在取得这种种虚假收入后，用于各项开支，从表面上看财政收支是平衡的，实际上是有赤字的。因为，由这种种虚假收入所形成的各种支出是没有相应的物质产品可供其实现的，这样，社会对拟用于积累和消费的物质产品的总需求就超过了总供给。

另一种情况是财政收支在计划上是平衡的，甚至有某些结余，但实际执行的结果是，由于各种原因或者收入没有完成计划（歉收），或者支出超出了计划（超支），出现了赤字，从而造成上述不平衡。出现这种情况的原因，除了上面谈到的国民收入生产计划没有完成和物质生产部门劳动者的劳动报酬总额超过计划而使剩余产品相应减少引起财政收入未能完成计划以外，还有不少。从歉收方面的原因来说，例如，近年来，由于财经纪律尚未整顿好，常常出现隐瞒利润（如有些企业把一部分应该上交的利润用于各种开支并计入成本从而作为生产费用隐瞒起来），有些地方截留应该上交的利润和税收，偷税漏税，随意减免税收，影响中央财政的收入计划的完成。从超支方面的原因来说，例如，基本建设投资突破原有计划数额是经常发生的，其中有基本建设项目的预算不准确的问题，也有某些单位有意"钓鱼"的问题（即在提出基建项目时把所需投资数说得较小以获批准，待项目开始建设后要求追加投资），也有基本建设没有严格控制，使得基建计划的执行结果超过了预计。预算的其他支出（如行政费用、农产品收购的价格补贴、非生产部门职工工资支出等）超出计划的事也是会发生的。

第三种情况是财政收支在制定预算收支计划时就是不平衡的，存在着赤字，而执行的结果赤字未能消除。这种由财政赤字形成的支出本来就是没有物资保证的，从而造成两种形态的积累基金和消费基金之和的不相等。制订财政计划时收支就存在赤字的原因也是很多的。这里需要特别说一说的是，近年来实行财政分灶吃饭，分级包干以后，地方的财政收入增加了，甚至还有结余，而中央的财政收入则不敷支出，出现赤字。如果地方财政的结余同中央财政的赤字能够相互抵销，那么，在其他情况不变的条件下，价值—货币形态的积累基金和消费基金的总量仍然同使用价值—实物形态的积累基金和消费基金的总量相等。如果地方财政的节余不足以抵补中央财政的赤字，在其他情况不变的条件下，这相差的部分，就是价值—货币形态的积累基金和消费基金在总量上大于使用价值—实物形态的积累基金和消费基金的部分（这里没有考虑有一部分财政收入来自固定资产的折旧基金，有一部分用于基本建设投资的财政支出用于补偿固定资产的损耗）。

两种形态的积累基金和消费基金在总量上不相等还往往是由信贷收支不平衡所造成的。

这里需要区别两种不同的情况：

第一种情况是，财政收支是平衡的，信贷收支不平衡（这里只谈贷款大于存款）。出现信贷不平衡的原因也是很多的。举例来说：

商业、物资部门用银行贷款收购不适合需要的产品、质次价高的产品、根本没有使用价值的产品甚至废品，造成商业、物资部门的积压，使得贷款到期不能归还。这样，在财政不向银行增拨相应数量的信贷资金的情况下，不考虑其他条件，银行为了支付其他必要的贷款，就不得不增发货币。这部分增发的货币，不是由于生产的发展和流通的扩大所要求的，因而形成了无法实现的有支付能力的需求。

又如，一些亏损企业用银行贷款弥补亏损，给职工发放工资或其他福利开支，甚至向财政上缴利润，这部分贷款所形成的收入，也不代表一定物质产品，不能通过产品的销售而归还贷款，引起信贷收支的不平衡，从而在它们用于积累和消费时会形成超过可用于积累和消费的物质产品的有支付能力的需求。

银行发放的短期贷款被一些企业挪用于基本建设，长期占用不能如期收回，造成银行信贷收支不平衡，贷款大于存款。银行在资金充裕、周转不会发生困难的情况下，是可以发放一定数量的中短期设备贷款以促进企业的挖潜革新改造的，但是，如果资金不足，周转困难，发放这样的贷款就会产生同样的后果。

再如，银行发放的贷款由于各种原因被借款单位拖欠，不能按期归还，在财政没有增拨信贷资金的条件下，就会造成银行资金周转不灵，使信贷支出大于收入。有些贷款（如人民公社农业贷款中的一部分）已经无法收回，在财政拨款冲销以前，也造成同样的问题。

还有，银行的存款没有完成计划，而贷款却超过了计划，也会造成信用收支不平衡，贷款超过存款。

此外，本应由财政列入开支的项目没有列入开支，使银行不得不把自己的信贷资金挪用于这些财政性开支，也会造成信贷收支的不平衡。例如：

（1）在原有经济体制下，企业的定额流动资金是由财政无偿拨付企业使用的，在财政拮据的情况下，特别是当基本建设投资规模过大的情况下，这部分本应由财政拨付的定额流动资金或者拨给的数量不足，或者不拨给，企业为了维持资金的正常循环和周转，不得不向银行借款，使得银行的存款不敷需要，贷款大于存款。

（2）随着生产的扩大和流通的发展，光靠银行吸收存款不足以满足各方面对流动资金的临时需要，为了保证经济正常周转和银行信贷平衡，财政必须给银行增拨一定数额的信贷资金。如果由于各种原因，特别是基本建设投资过多，财政不给银行增拨信贷资金或者增拨的数量不够，就可以造成银行信贷支大于收。

（3）全民所有制企业的政策性亏损，本应由财政弥补，当财政不予弥补或弥补不足时，就会使企业占用银行的贷款，影响银行信用收支的平衡。

第二种情况是，财政收支是不平衡的，收大于支，有着赤字，而信贷资金又没有结余或者虽有结余但不足以弥补财政赤字。财政和信用的收入和支出都是价值—货币形态的社会产品和国民收入在再分配过程中运动的不同形式，它们的收支是相互交错的。财政收大于支，这结余部分作为财政性存款构成增加银行信贷资金的一个来源。财政出现赤字，支出大于收入，这赤字部分或者由财政通过减少（或收回）一部分银行信贷资金的办法，或者由财政向银行透支的办法来弥补。在信贷资金没有结余或者虽有结余但不足以抵补财政赤字的情况下，财政采用这些办法来弥补赤字都会造成信贷收支的不平衡，支出大于收入。财政实行这类办法来弥补赤字，实际上就是把那部分靠赤字支付的开支转嫁给银行，由银行资金去支付。而银行支付出去的这笔资金是没有相应的物资保证的，不可能随着这些物资的实现而归还，就是说，它是靠发行货币来支付的。

上面所说的两种情况，从某些实际结果看并没有多大区别。在财政收支平衡情况下出现的信贷不平衡，在有些时候不过是财政收支的虚假平衡（即表面的平衡，实际的不平衡）在信贷收支不平衡上反映出来。

无论是由什么原因造成的信贷收支的不平衡，收入大于支出，其结果都表现为货币收支的不平衡，信贷支大于收最终要靠增加货币发行来求得其平衡。但是，通过发行货币而达到的信贷收支平衡，最后就形成价值—货币形态的积累基金和消费基金之和大于使用价值—实物形态的积累基金和消费基金之和（由于这样增发的货币不代表相应物质产品）。

价格是国民收入再分配的重要杠杆。一般地说，价格只能影响国民收入在各个方面的分配比例和使用比例，而不会造成价值—货币形态的积累基金和消费基金的总量同使用价值—实物形态的积累基金和消费基金的总量之间的不平衡。但是，在某些情况下，价格对两种形态的积累基金和消费基金在总量上的平衡仍会有影响。例如，农产品的收购价格提高后，为了保证城市职工的实际收入不下降，而农产品的销售价格没有提高或没有相应提高，在这种情况下，就需要从财政上增加一笔开支用作商业部门经营农产品所产生的亏损的补贴。如果这种补贴是靠财政赤字来发放的，那么，就会造成价值—货币形态的积累基金和消费基金的总量超过使用价值—实物形态的积累基金和消费基金的总量。

如果考虑对外经济交往的因素，那问题就更复杂了。对外经济交往，无论对价值—货币形态的积累基金和消费基金，以及对使用价值—实物形态的积累基金和消费全都有影响。国际收支的平衡状况会影响价值—货币形态的积累基金和消费基金的总量。在国际收入大于国际支出的情况下，可以增加国内对可用于积累和消费的物资的有支付能力的需求，而商品的进口和出口的平衡状况则会影响使用价值—实物形态的积累基金和消费基金的总量。出口大于进口，会减少国内可用于满足对积累和消费的需求的物资的供给，等等。

在国民收入的使用阶段，通过分配和再分配形成的各个方面的最终收入将用于积累和消费。这时，价值—货币形态的积累基金和消费基金及其各个组成部分将转化为相应的物质产品用于积累和消费以及积累和消费中的各个方面。在国民收入的使用阶段，两种形态的积累基金和消费基金在总量上是否平衡将显露出来。

三

从上面的概略说明可以看到，两种形态的积累基金和消费基金在总量上的不平衡，是在社会产品和国民收入的生产、分配和再分配的过程中发生的，特别是在再分配过程中更易发生。这种不平衡会给国民经济带来种种消极后果。就我们目前分析的情况来说（即价值—货币形态的积累基金和消费基金之和大于使用价值—实物形态的积累基金和消费基金之和），这种消极后果是多方面的。

如果说价值—货币形态的积累基金超过了使用价值—实物形态的积累基金，那么，这就意味着有一部分预定用于积累的社会有支付能力的需求不能得到实现。从我国历史上看，发生这种情况的原因大多是基本建设投资规模过大。这种情况带来许多问题。例如，基本建设规模过大，超出了社会所能用于基建的物质产品（建筑材料、机器、设备等），就会造成建设工期拉长、投资效果下降，影响现有企业的设备的补偿、更新和技术改造；挤占了生产中一些物资，使现有企业开工不足。

如果说价值—货币形态的消费基金超过了使用价值—实物形态的消费基金，那么，这就意味着有一部分预定用于消费的有支付能力的需求得不到实现。这样就会造成抢购、排队、商业服务的质量下降、消费品品种单调、质量低劣、物价上涨、市场动荡等。

如果价值—货币形态的积累基金和消费基金都各自超过了它们的使用价值—实物形态，那么，给国民经济带来的消极后果就更大了。因此，使两种形态的积累基金和消费基金在总量上保持平衡，是使社会再生产得以顺利进行、国民经济得以平衡发展的重要条件。

要做到这一点，需要对社会产品和国民收入的整个运动过程进行统一的平衡安排。就目前我国的具体情况来说，最重要的是：

第一，调整和改革经济结构，使社会产品和国民收入的生产结构同社会对它们的需求结构相一致。

第二，严格控制基本建设规模。

第三，改进企业的经营管理，切实扭转大量企业亏损的局面。

第四，改变商业、物资部门的"统购包销"制度，减少产品的积压。

第五，加强财政和银行的监督，严守财经纪律，以保证资金的正当运用，加速资金的周转。

第六，实现财政收支平衡、信贷收支平衡和现金收支的平衡。同时，恢复编制综合财政计划的工作，编制社会产品和国民收入的生产、分配、再分配和最终使用平衡表（综合财政平衡表），以建立和保持国民经济范围的货币资金的统一平衡。

第七，编制社会产品和国民收入的生产、消费和积累平衡表（综合物资平衡表），并使综合物资平衡表同综合财政平衡表之间保持平衡。

这里有必要对编制综合财政计划问题多谈几句。综合财政计划是由国家预算收支计划、预算外收支计划、信贷收支计划、现金收支计划、全民所有制企业和部门的财务收支计划、集体所有制企业的财务收支计划和居民货币收支计划组成的。它把预算内和预算外的收支，财政收支、信贷收支和现金收支统一起来进行平衡，所以，它是整个国民经济的货币资金及其使用的综合反映。之所以必须编制综合财政计划，是因为无论是国家预算收支平衡、信贷收支平衡、现金收支平衡，还是居民货币收支平衡，都只是从某一个侧面或某一个部分反映货币资金及其使用的情况，而不能全面地综合地反映货币资金及其支出的平衡状况。所以，即使国家预算收支、信贷收支和现金收支是平衡的，还有可能出现价值—货币形态的积累基金和消费基金的总量不等于使用价值—实物形态的积累基金和消费基金的总量。举例来说，基本建设投资，除了国家预算内的部分外还有预算外的部分，即使我们控制了国家预算内的基本建设投资规模，如果不编制综合财政计划，我们就无法确切知道预算外基本建设投资的规模，从而也无法加以控制。而预算外投资不能控制，就会造成基本建设投资大大超过可用于基本建设投资的物资的情况。这种情况是经常发生的。又如前面谈到的，企业用银行贷款上缴给财政，单从财政收支来看可以是平衡的，反映不出这笔财政收入是虚假的。实际上财政收支平衡是虚假的平衡。如果把财政收支和信贷收支结合起来，在综合财政计划中统一平衡，财政的这笔收入就被信贷的那笔支出所抵消，根本不存在这样一笔财政资源。财政的这笔虚假收入在作为财政支出支付出去后，由于没有相应的物资作保证，又会存入银行成为信贷的收入，并用于贷款支出。单从信贷收支看不出这笔由财政支出所形成的银行存款是没有物资保证的虚假的信贷收入。如果把财政收支同信贷收支结合起来统一平衡，银行的这笔存款就为财政的那笔相等数额的支出所抵消，而财政的同样一笔收入，正如前所说，又与企业用以上缴利润而从银行借得的那笔相等数额的贷款支出所抵消。两相抵消以后，就根本不存在财政的那样一笔收入，因为它并不是企业在实现了自己的产品并用销售收入归还银行贷款后上缴新创造的利润而形成的。再如，社会再生产中固定资产的积累同流动资金的积累必须保持一定的比例，单从财政收支平衡着眼，在基本建设投资过于庞大的情况下，可以通过向银行少拨或不拨流动资金来实现财政收支的平衡。但是，正如前面所指出的，这样做的结果，为了使固定资产积累和流动资金积累保持一定的比例，只有增加银行贷款，造成信贷收支的不平衡。通过综合财政计划，就可以发现基建规模过大，必须压缩，才能使固定资产的积累同流动资金的积累保持适当的比例，并使信贷收支保持平衡还需要指出，在经济体制改革过程中，由于企业自有资金的增加、由于各级地方所能自行支配的财力的增加，由于银行的作用加强等，一些原来由财政拨款的支出改由银行贷款，使得银行信贷资金增加，再加上城镇集体所有制经济的发展，它们的资金的运动具有更大的自主性和独立性，编制综合财政计划就越发必要和重要了。这是保证货币资金的统一平衡，进而保证价值—货币形态的积累基金和消费基金的总量同使用价值—实物形态的积累基金和消费基金的总量之间平衡的重要条件，同时也对保证国民经济按比例发展具有重要意义。

1981 年 5 月 20 日

我国经济的调整和发展战略问题

最近，我国政府采取坚决的措施对国民经济实行进一步的调整。这是从 1979 年开始的经济调整的继续。最近实行的对经济的进一步调整的直接目标是力求达到财政收支平衡、消灭赤字；信贷收支平衡，不再进行财政性的货币发行；物价恢复基本稳定。从进一步的目标看，这次调整则是要继续解决国民经济比例严重失调的问题。我国国民经济比例的严重失调，不是由一时性的因素所造成的，而是多年来形成的畸形的经济结构的表现，是结构性的失调，如果不改革畸形的经济结构，即使上述的直接目标实现了，我国经济也不能从根本上摆脱被动的局面，步入顺利发展的轨道。所以，我认为，我们应该把改革目前的畸形经济结构、建立合理的经济结构作为经济调整的最终目标。这里所说的经济结构是指产业的结构，而不是马克思和恩格斯所说的所有制结构。

造成我国畸形经济结构的原因很多，除了林彪、"四人帮"的多年破坏以外，一个重要的原因是长期以来我国经济工作中的"左"的错误。这种"左"的错误的方面也很多，从畸形经济结构的形成来说，它集中表现在企图在短时间内实现国家的工业化和现代化，从而使我们在实行所选择的经济发展战略时脱离了我国的基本国情。所以，我国的经济调整，从根本上说，就是要彻底纠正经济工作中的"左"的错误，从我国的基本国情出发，对我国实行的经济发展战略做必要的适当的调整并使其完善化。

我国长期以来实行的经济发展战略，概括地说就是：主要依靠国内积累的建设资金，从建立和优先发展重工业入手，发展国民经济，通过出口一部分农产品、矿产品等初级产品和轻工业品换回发展重工业所需的生产资料，随着重工业的建立和优先发展，用重工业生产的生产资料逐步装备农业、轻工业和其他产业部门以促进这些部门的发展，并用国内生产的生产资料逐步代替进口产品；随着重工业、轻工业和农业以及其他产业部门的发展，逐步建立独立的完整的工业体系和国民经济体系，并逐步改善人民的生活。

我国选择这样的经济发展战略是同我国的社会制度、所处的特殊的历史条件和国际环境以及我国社会经济的一些特点有关系的。我国是一个社会主义国家，解放后的长时间里，受到帝国主义的封锁，不可能从一些发达国家取得大量的先进的技术设备和建设资金。我们必须奉行独立自主、自力更生的方针。我们必须而且只能主要依靠自己的力量来进行建设，建设所需的资金必须而且只能主要依靠自己内部的积累来解决，除了建设的早期以外，建设所需的技术设备和许多物资必须而且只能主要通过建立和发展自己的重工业，逐步地由国内的生产和开发来满足。我们的产品必须而且只能以国内市场作为主体，国外市场只可作为补充。我们必须建立独立的完整的工业体系和国民经济体系。我们实行上述经济发展战略是为了使自己获得独立自主的能力，防止对外国资本的依赖，摆脱外国对我国经济的控制，避免经济的单一化和成为外国经济的附庸，不使国际市场的波动对本国经济带来严重的影响。这样，我国就能应付变幻莫测的国际风云，立于不败之地。我们作为一个自然资源和人力资源丰富的大国，也有条件实行上述经济发展战略。由于实行了这样的经济发展战略，我国的经济得到了巨大的发展。特别是从 20 世纪 60 年代起，在中苏关系破裂、我们继续受到一些国家封锁的情况下，我们没有屈服于外来的压力，战胜了各种艰难险阻。

我们实行的这样的经济发展战略，同某些发展中国家和地区所实行的另外的一些发展战略相比，也有一些突出的优点。这些国家和地区的经济的发展主要是依靠举借外债、引入外国资本、进口外国的技术设备和自然资源、发展劳动密集的轻工业和开辟国际市场。尽管它们的经济取得了显著的发展，但是也产生了许多严重的问题。例如，经济上和政治上依附和受控于外国、经济的单一的片面的发展、在国际市场的影响下经济的动荡不定、贫富悬殊、通货膨胀等。这里不想多说。

当然，除了上面所指出的以外，也必须看到，我们在实行这样的经济发展战略中，也曾经出现过一些问题。这是因为实行这样的经济发展战略在同我国的基本国情相协调上存在着一些困难，而"左"的错误，急于实现国家的工业化和现代化，则使我们在实行这样的经济发展战略时严重脱离了我国的基本国情，这样就产生了各种消极的后果。我国畸形的经济结构，就是这样逐步形成的。

我国的基本国情概括地说就是：我国是一个人口众多的大国，农民占人口的80%以上，经济文化相当落后，人民生活异常贫困，农业在国民经济中占有举足轻重的地位等。我们实行上述经济发展战略，在同我国的基本国情的结合上，至少有下述四个方面的问题是难以妥善处理而又必须妥善处理的。多年以来，我们在实行上述经济发展战略时，在这四个问题上都犯了"左"的错误，从而使得我国经济的发展严重偏离了我国基本国情所要求的轨道。

第一，从我国的基本国情出发，在我们发展经济中，必须十分重视农业和轻工业的发展，特别是农业的发展，这是关系到我国经济在发展中能否有一个稳固的基础，能否调动全国人民的生产建设积极性，特别是占人口80%的农民生产建设积极性的大事。在实行从建立和优先发展重工业入手发展国民经济的经济发展战略时，如何使重工业的发展能同农业和轻工业的发展结合好，协调一致，不致使重工业的发展挤了农业和轻工业，这是一个不容易处理好而又必须处理好的问题。单从建设所需的资金来说，从重工业的发展入手来发展我国的经济，一开始就会遇到资金的来源问题。众所周知，建设重工业是很费资金的，重工业本身在建设过程中又不能在短期内给自己提供足够的资金。既然我们应当主要依靠自己的内部积累来满足对建设资金的需要，那么发展重工业所需的资金就只能主要来自农业和轻工业（来自轻工业的资金中有一部分也是通过价格从农业转移过来的）。这样，在建设和发展重工业的一定阶段，即当重工业还不能给自己提供足够的资金的阶段，建设和发展重工业就会或多或少地使农业和轻工业的发展受到一些限制。回头看来，要使重工业的发展同农业和轻工业的发展结合好，使重工业的发展能够有力地促进农业和轻工业的发展，有以下几点是必须切实注意考虑的：

（1）重工业的建设和发展必须循序渐进，切忌过快过急。

（2）从建设和发展重工业的开初起，就必须使重工业的发展面向农业、轻工业和其他产业部门，注意发展为农业和轻工业提供所需生产资料的重工业部门，切忌只考虑重工业本身的需要。

（3）从建立和发展重工业的开初起，就应该考虑使重工业的产品不仅适应国内市场的需要，而且有一部分适合出口的需要，以便随着重工业的发展，能够逐步地用重工业产品的出口换回发展重工业、轻工业和农业所需的一部分生产资料，尽可能地逐步实现以重工业养重工业。这一点在我国建国后一段时期的具体历史条件下，做起来自然是有一些困难的，但是往后则是应该认真去做的。

对于实行上述经济发展战略有可能使得建立和优先发展重工业同发展农业和轻工业发生矛盾的问题，应该说老早就提出来了。但是这个矛盾后来还是发展到尖锐的地步。这不仅是由于我们对所实行的经济发展战略同我们的基本国情有不易协调的方面认识不足，而且更主要的是，长期以来，我们都是脱离了我国的基本国情，急于实现国家的工业化和现代化，要求过快过急地发展重工业。这样，在重工业项目的安排上也总是主要考虑重工业本身的需要，忽视农业和轻工业对重工业产品的需要，至于如何开辟重工业产品的国际市场，以重工业养重工业，则是直到不久以前都很少考虑的。长期以来，过快过急地发展重工业，严重地阻碍了农业和轻工业的发展，使得农业和轻工业的落后状况日趋严重。这是造成我国畸形经济结构的一个根本原因。

第二，对于我国这样一个解放前人民生活极端贫困的社会主义国家来说，在我们发展经济中，如何逐步使人民的生活得到改善，尤其是使贫困的占人口80%以上的农民生活得到改善，也是关系到我国经济能否顺利发展、政治上能否保持安定团结的大事。在我们实行从建立和优先发展重工业入手发展国民经济的经济发展战略时，如何使生产建设的发展能同人民生活的改善结合好，而不至于阻碍人民生活的改善，是另一个不容易妥善处理而又必须妥善处理的问题。这是因为，实行这样的发展战略，需要有大量的积累用于重工业建设，而且投入重工业建设的积累还会长期被占用而不能收回。据统计，如果轻工业的投资平均只需要 1 年零 7 个月就可收回的话，重工业的投资则需要 5 年零 7 个月才能收回。从投资于重工业到重工业的生产出产品，到这些产品用于促进农业、轻工业和其他同人民生活有关的产业部门的发展，从而转化为人民的增长了的消费，更需要一段长的时间。这样，在把大量积累用于重工业建设的一定阶段，必定要对人民的消费的增长进行一些限制。当然，如果上述问题处理得好，随着重工业的发展，特别是在重工业的初步基础建立了以后，在重工业的装备下，农业、轻工业以及其他同人民生活密切相关的产业部门得到了较快的发展，人民生活是会得到较快改善的。从多年的实践来看，从我国的基本国情出发，在我们实行上述经济发展战略时，要使生产建设的发展同人民生活的改善结合好，而不致使生产建设的发展阻碍了人民生活的改善，有以下几点是特别需要注意考虑的：

（1）使重工业的发展同农业、轻工业的发展结合好，这一点已经在上面谈过了。

（2）基本建设要规模适当，循序渐进，切忌过大过急。

（3）基本建设投资分配的比例要适当，特别是用于重工业、轻工业和农业的投资比例，用于生产性建设和非生产性建设（其中特别是同人民生活密切相关的非生产性建设）的投资比例要适当，切忌用于重工业、用于生产性建设的投资过多，比重过大；

（4）国民收入用于积累和消费的比例要适当，切忌积累率过高；

（5）在条件具备时，适当借入和引入一些外国资本可缓和积累和消费之间的矛盾，便于处理生产建设的发展同人民生活的改善之间的关系。一概拒绝利用外国资本是不利的。

对于在实行从建立和优先发展重工业入手发展国民经济这种经济发展战略中，可能遇到生产建设的发展和人民生活的改善之间的矛盾以及如何妥善处理这个矛盾的问题，也是老早就提出来了。但是，长时间以来，这个矛盾仍没有处理好，甚至有时变得很尖锐。之所以会这样，我想，除了我们对于上述发展战略存在着同我国的基本国情不易协调的方面缺乏必要的认识以外，还因为我们往往脱离我国的基本国情，急于实现国家的工业化和现代化，要求过快过急地发展重工业。我们年复一年地把过多的积累用于发展重工业，用于发展生产性建设，年复一年地对人民的消费的增长作过多的限制，使我国国民收入的积累率长时期过高，大量的用于积累的国民收入不能通过促进农业、轻工业和同人民生活息息相关的产业部门的发展转化为人民消费的增长，使得我国人民特别是农民的生活在长时间里不能随着生产建设的发展而得到更多的改善。

第三，在我国的基本国情中，人口众多是十分重要的一条。在发展经济中，如何充分利用丰富的劳动力资源，保证劳动力的充分就业，特别是使在人多地少的条件下潜在就业不充分的农民逐渐地转移到工业和其他产业部门就业，也是一个极其重要的问题。我们在实行从建立和优先发展重工业入手发展国民经济这种经济发展战略时，如何使资金密集型产业的发展同劳动密集型产业的发展结合好，而不至于使资金密集型产业的发展阻碍了劳动密集型产业的发展，是一个难于妥善处理而又必须妥善处理的问题。不言而喻，每个产业部门大体上都有资金较为密集和劳动较为密集的行业。但就我国的具体情况来看，相对地说，重工业部门资金较为密集，农业和轻工业部门劳动较为密集。据统计，每百万元固定资产所能装备的劳动力，重工业平均为 94 人，也就是说，重工业部门每增加一个劳动力，需要装备 1.06 万元的固定资产；而轻工业（包括纺织工业）平均则为 257 人，也就是说，轻工业部门每增加一个劳动力，只需要装备 0.39 万元的固定资产。重工业每个劳动力所需装备的固定资产比轻工业多 1.7 倍，换句话说，用同样多的固定资产，轻工业就业人数比重工业多 1.7 倍多，如果同轻工业等部门中劳动密集的行业相比，这个差距还要大得多。轻工业中的服装、日用五金、皮革等行业、手工业和工艺美术业等平均每百万元固定资产可装备 800 人，还不包括大量的厂外加工人员数。由于这个缘故，在我们实行从建立和优先发展重工业入手发展国民经济这种发展战略时，容易造成资金密集型产业的发展挤压了劳动密集型产业的发展。当然，我们在处理这个关系时，不仅要看到由于优先发展重工业这种资金较为密集的产业会阻碍劳动较为密集的产业的发展，从而不利于劳动力就业的一面，同时也要看到由于重工业的发展将会给各经济部门提供更多的生产资料，从而可以装备更多的劳动力和多吸收就业的一面。从多年的实践来看，在实行上述经济发展战略时，为使资金密集型产业的发展同劳动密集型产业的发展结合好，使劳动力得以充分就业，至少需要特别注意以下几点：

（1）重工业的发展要循序渐进，切忌过快过急，使之不至于过多地影响劳动密集型产业的发展。

（2）在建立和发展重工业时，在资金密集程度上要选择适当，除了建设少量资金密集程度很高的企业以外，应该多建设资金密集程度较低的企业。

（3）各行各业以至整个国民经济的资金密集程度的提高都必须循序渐进，要同劳动力的就业状况相配合。

对于在实行从建立和优先发展重工业入手发展国民经济这样的经济发展战略时所可能产生的资金密集型产业的发展同劳动密集型产业的发展的结合问题，过去我们虽不及前面两个问题那样有较清楚的认识，但是在提出大中小并举和土洋并举的方针时大体上也涉及了这个问题。长时间以来，我们在实行上述经济发展战略时，往往由于过快过急地发展重工业，使得我们脱离了基本国情，在发展资金密集型产业时阻碍了劳动密集型产业的发展，而重工业本身又过多地选择了资金密集程度很高的企业，再加上其他方面的失误，就造成了城镇中不少人的就业发生困难，农业中大量潜在就业不足的人口不能逐步转入工业和其他产业部门，这样又使农业人口的收入提高缓慢，工农、城乡差别难以缩小。

第四，在实行从建立和优先发展重工业入手发展国民经济这种经济发展战略时，还有一个同上面三个问题密切有关的问题，这就是如何使国内市场的发展同国际市场的开辟、出口和进口结合好。如前所述，我们作为一个人口众多、资源比较丰富的社会主义大国，必须奉行独立自主、自力更生的方针，我们的生产应该面向国内市场，把国内市场作为产品市场的主体，同时我们对生产资料和消费资料的需要的满足也应该立足于基本上依靠国内自己的生产。我们采取从优先发展重工业入手发展国民经济的经济发展战略，就是想随着重工业的发展逐步地用国内生产的生产资料来满足国民经济的发展和技术改造对生产资料的需要以代替它们的进口。但是，在建立和优先发展重工业的过程中，我们碰到了一个问题，这就是，发展重工业所需要的生产资料有许多得从国外进口，特别是在建立重工业的初期阶段大部分得从国外进口。这些从国外进口的生产资料，在一个相当长的时期内主要靠出口农产品、矿产品等初级产品、轻工业品和工艺美术品去换取。这些产品中有不少又是人民生活所需要的。这样，为了从国外换取重工业所需要的生产资料，就不得不挤压人民的消费，影响人民生活的改善。所以，在实行上述发展战略时，如何使国内市场的发展同国际市场的发展、出口和进口结合好，也是一个不容易妥善解决而又必须妥善解决的问题。现在看来，要妥善解决这个问题，特别需要注意以下几点：

（1）重工业的发展必须循序渐进，这样才不至于用过多的农产品和轻工业品出口去换取重工业所需要的技术设备和各种物资。同时，重工业的发展的每一步都必须有利于农业和轻工业的发展，这样就不仅使国内的市场（包括重工业产品的国内市场）得以扩大，而且有助于增加农产品和轻工业品的出口，以便换取国内所需产品（包括建设重工业所需的生产资料）的进口。而重工业本身的发展既要面向国内市场的需要，以此作为主体，同时又要注意开辟国际市场，使得重工业能够尽可能多地用自己的产品的出口来换取它自身所需产品的进口，以便减轻农产品和轻工业品的过多出口给国内市场造成的压力。

（2）在发展农业特别是发展轻工业时，不仅要注意国内市场的需要，而且要注意适合国际市场的需要，以便在自己的发展过程中逐渐扩大出口能力，从而提高进口的能力，这将反过来有助于重工业的发展，也有助于农业和轻工业自身的发展。要看到，如果农业和轻工业发展得快一些，农产品和轻工业品的出口能力大一些，随着进口能力的扩大，在重工业循序渐进地发展的情况下，农业、轻工业和其他产业部门也有可能通过进口获得必要数量的生产资料和其他物资。

（3）在发展资金密集型产业时，必须注意发展劳动密集型产业，以便发挥我国的产品由于人力资源丰富、工资低而在国际竞争中所具有的优势。这对于促进国内的经济建设将是有利的。

现在看来，如果能够在实行上述经济发展战略时，使国内市场的发展和国际市场的开辟、出口和进口结合好，将有利于扩大就业，提高人民的生活水平。在上述四个问题中，第四个问题是以往我们考虑得最不够的。我们过快过急地发展重工业，就是想在短时间内完成由国内开发和生产国民经济所需的技术设备和其他物资来代替它们的进口这个转变，甚至想实现全面的自给自足。从以上的分析可以看到，这样做也会通过上述几个方面同我国的基本国情相背离，从而产生各种消极的后果，例如，影响人民消费的增长，影响出口能力的扩大，从而又影响进口能力的扩大，影响国内就业的增加，影响我国在国际市场发挥自己的优势，取得比较的利益。

上面我比较集中地从四个方面谈了谈在我们实行上述经济发展战略的过程中，从我国的基本国情出发，不易妥善处理又必须妥善处理的问题，同时也谈了谈由于"左"的错误，急于在短时间内实现国家的工业化和现代化，我们在实行上述经济发展战略时，脱离了我国的基本国情，产生的种种消极后果，这些消极后果导致我国经济结构的畸形发展和比例的严重失调。今天我们来看这些问题自然比我们在开始实行这种经济发展战略时要清楚多了。我们毕竟有了30年的实践，也有了条件来总结经验教训，并清除"左"的错误的影响。今天，我们的国内条件和国际条件同过去相比有了很大的变化。我们在进行经济的大调整中，有必要吸取以往的经验教训，根据变化了的国内外条件来调整和完善我们的经济发展战略，并使其更切合我们的国情。依我看来，今后应当采取的经济发展战略，概括地说，可否有以下一些基本点：从逐步改善人民的生活，满足人民日益增长的物质和文化生活需要出发，加快农业和轻工业的发展，使重工业转移到为农业、轻工业和其他产业部门服务的轨道，加强国民经济的薄弱环节，建立合理的协调发展的国民经济结构，把建设的重点放在现有企业的技术更新和改造上，大力发展劳动密集型企业，在主要依靠国内资金积累的同时，适当吸收和利用外国资本，在扩大作为市场主体的国内市场的同时，扩大产品的国际市场。下面就其中几点作一些简单的说明。

我们已经建立了比较完整的工业体系和国民经济体系。这是我国经济进一步发展的基础。目前的问题是，在这个比较完整的工业体系和国民经济体系中还存在着不少薄弱的环节，亟待加强，其中特别是农业、轻工业、能源工业、交通运输、科学教育等。我们应该着力加强这些部门。只有这样，我们已经建立起来的工业体系和国民经济体系才能在我国经济的进一步发展中发挥应有的作用。

我们的重工业的基础已经奠定了，同时我们的重工业又存在着很大的弱点。在今后一段较长的时间内，我们的任务显然不应该是加速重工业的发展，而应该是克服它的弱点。例如，我们的各重工业行业普遍存在技术落后的问题。今后我们的着力点不应该是建设新的重工业企业，而应该是对现有的企业进行技术更新和改造。当然不仅对重工业而且对整个国民经济进行技术更新和改造，都应该成为我们今后经济发展战略中重要的一环。又如，我国的重工业一方面摊子很大，另一方面却又不能适应和满足农业、轻工业和其他产业部门的发展需要。我们应该对重工业进行改组，使其逐步纳入为农业、轻工业和其他产业部门服务的轨道。只有这样，重工业才能从根本上摆脱目前的困境，获得广阔发展的前景。再如，我国的机械工业，单项生产能力很大，综合生产能力较低，技术设备陈旧，产品落后、质量差，不能适应国际市场的需要，缺乏竞争能力。机械工业应该把为国民经济各部门的技术更新和改造服务作为重点。为此，首先必须改变它自身的技术设备陈旧的落后状况，提高综合生产能力，以便为各部门生产出技术先进的产品。机械工业还应该通过自身的调整、改造和改组，从扩大出口中谋求更大的出路，使目前大量闲置的生产能力得到利用，并在国际市场竞争中提高机械工业自身的技术水平。

我国的轻工业已经有了一定的基础，但同时又是国民经济中的一个薄弱环节。说它是薄弱环节，主要是指它远远不能适应人民的增长着的需要，产品产量小、品种少、质量差、成本高、中高档产品更缺乏，此外，还远远不能适应国际市场的需要，产品缺乏竞争能力。大力发展轻工业应该成为我国今后经济发展战略中的重要环节。轻工业的大发展自然不仅就产品产量而言，在增加产量的同时，还要增加品种、提高产品质量，降低生产成本，要根据人民收入提高过程中消费构成的变化逐步增加中档、高档消费品的生产。只要注意改进产品质量，增加产品品种，适应国际市场需要的变化，发挥在国际市场竞争中我国劳动力多、工资低的优势，扩大我国轻工业产品的出口是大有希望的。

农业始终是我们必须加强的国民经济发展的基础。目前，我国农业发展的势头是很好的，农业的内部结构也正在改革。尽管这样，农业仍然是我国经济中的薄弱环节，同时农业自身存在着一些特别薄弱的环节，例如林业、畜牧业、渔业等。我们在今后的经济发展战略中应该把加强农业、大力发展农业并使农业本身获得全面的发展放在突出的地位。农业作为我国国民经济中的薄弱环节的状况是不可能在短时期内根本改变的。对此，我们必须有清醒的认识，切忌在农业获得较快发展后再度做出错误估计，以为重工业已无后顾之忧，可以放手发展了。在农业的发展中，工业（包括轻工业在内）如何去满足农业对工业生产资料的需要和农民对工业消费品的需要的增长，是必须早作考虑的。

逐步实现劳动力的充分就业，也是我国今后经济发展战略中应该着重考虑的。为此，除继续采取坚决有效的措施控制人口的增长外，应多发展劳动密集型企业，适当控制资金密集型企业的发展，采取先进技术、中间技术与落后技术相结合的政策。显然，这个问题只能放在经济发展战略的总体中去考虑，才能逐步求得解决。

我们的经济发展战略应该以改善人民的生活，特别是改善占人口80%以上的农民的生活为目的。人民生活改善只能分步骤来进行。人民的需要是多种多样的，还会随着生产的发展和收入的增加发生变化。在我们的经济发展战略中显然应该把满足包括生理需要在内的一些基本需要作为第一步目标，进一步再做到在 20 世纪末使我国人民能过上小康的生活。把满足人民的基本需要作为经济发展战略的目标和出发点，将是我国经济发展战略的重要调整。这个问题，最近已有同志提出来了，值得很好研究。

上面我只是举例就我国经济发展战略的调整和完善提出了一些问题。对这些问题我缺乏研究。我写这篇文章只是想说明，在我们对经济进行进一步调整中，总结以往的经验教训，消除"左"的错误的影响，认真研究我国经济发展的战略，从我国的基本国情出发，对经济发展战略进行适当调整并使其完善化，是很有必要的和重要的。

1981 年 2 月 12 日

（原载《财贸经济》1981 年第 2 期）

提高经济效果是实现
现代化的一个重要问题

经济效果问题是一个综合性的问题。它包括的内容很广泛，例如，经济效果的概念、经济效果的评价标准、经济效果的计算方法、影响经济效果的因素、经济效果的最优化、微观经济效果同宏观经济效果的结合、新技术的经济效果、生产布局的经济效果、各行各业的经济效果（外贸、基本建设投资等的经济效果）、各种产品生产的经济效果、经济效果中的时间因素等。

就物质生产部门来说，经济效果，简言之，就是投入同产出的比较。讲求经济效果，就是要在特定的条件下，用同样多的投入获得最大的产出，或者说，用最少的投入获得同样多的产出。所谓产出，视评价经济效果标准的选择，可以是生产出来的各种不同的使用价值，也可以是指别的形式的生产成果，如国民收入、最终产品、总产值、净产值、利润等。所谓投入，则是指生产中的各种消耗，也视评价经济效果标准的选择，可以是占用的资金，可以是各种资金的已经转移的消耗，可以是活劳动消耗，可以是成本，而转移的消耗则可以是直接的消耗，也可以是包括直接消耗和间接消耗的完全消耗，等等。这种种消耗，归结起来都是劳动的消耗——物化劳动和活劳动的消耗，而劳动是以时间的长度作为自然的计量尺度的。所以，在经济生活中，一切消耗归根结底都是时间的消耗。

我把经济效果的概念概括为投入同产出的比较，是想避免对经济效果作出偏狭的理解，而各种偏狭的理解则是经常可以看到的。例如，比较流行的提法是把经济效果的概念概括为费用同使用价值的比较（有时把使用价值换成另一个提法，叫作有用效果）。这样的概括不能包含经济效果的广泛内容，因为比较的双方——"费用"和"使用价值"——都失于狭隘。从"使用价值"这一方来说，把使用价值作为考核经济效果时进行比较的一方无疑是必要的，例如，考核单位费用的产品的产量、每亿元投资的新增生产能力等，都是有意义的。但是，如果把考核经济效果的范围局限于仅仅把"使用价值"作为进行比较的一方就太狭隘了，不能满足考核的多方面要求，特别是不能考核综合性的经济效果，而考核综合性的经济效果则是非常重要的。例如，我们需要用每百元积累增加的国民收入来考核积累基金的使用的经济效果等。同样，把"费用"作为考核经济效果进行比较的另一方无疑也是必要的，例如，用产品成本同产品利润进行比较可以考核产品生产中所消耗的费用的经济效果。但是，如果把这一方仅仅局限于"费用"也是太狭隘了，不能满足考核的多方面要求。例如，我们在利用利润率来考核企业的经营状况时，只用成本（费用）同利润进行比较（即通常所说的成本利润率），显然是不够的，还必须把企业占用的全部资金同利润进行比较（即通常所说的资金利润率），以考核企业对资金的使用的经济效果。总之，经济效果是复杂的，多方面的。我们需要从多方面去考核经济效率，才能对经济效果有完整的了解，从而有助于从各个方面去提高经济效果。

经济这个概念，除了生产关系的总和这种含义以外，还有节约的含义。讲求经济效果，就是讲求劳动的效果，或者说，在取得某特定效果中谋求劳动时间的节约。一切节约归根到底是时间的节约，而劳动时间的节约则意味着生产力的发展。马克思提出过一个公式："真正的节约（经济）＝节约劳动时间＝发展生产力。"[1] 他说："真正的经济——节约——在于节约劳动时间；即最低限度的、降低到最低限度的生产成本；但这种节约就等于发展生产力。"[2] 这个道理是不难

---

[1]　马克思：《政治经济学批判大纲（草稿）》第三分册人民出版社 1963年版第 364 页。

[2]　马克思：《政治经济学批判大纲（草稿）》第三分册人民出版社 1963年版第 364 页。

懂的。可惜，并不是所有的人都懂得了。例如，各地办了不少长年亏损的钢铁厂。这些工厂，由于矿石、焦炭、石灰石、电力、劳动力等的消耗比平均的消耗水平高出几倍甚至十来倍，生产出的生铁的成本就很高，高于生铁的价格，以致年年亏损，年年要靠财政来补贴。但是，这些工厂依然年复一年地生产下去。这里，固然有经济体制方面的原因，但也的确同不懂得讲求经济效果的意义有关。一些同志只看到本地区生产出了生铁，却没有看到为了生产出这些生铁，许多已经生产出来的矿石、焦炭、石灰石、电力等毫无效果地化为乌有了，也即许多劳动成果化为乌有了。这些毫无效果地化为乌有的原材料和动力等，实际上是它们的产量的扣除，而财政的补贴则是一部分已经创造出来的国民收入的损失，所以都是社会生产力的降低。这里还不说这些生铁的品质的低劣所造成的各种浪费和损失了。如果把这些原材料、动力等用于经济效果较好的工厂则可以生产出更多更好的生铁，可以使生铁的成本降低，而这自然是生产力的发展了。

我觉得，从节约劳动时间的意义上来看待提高经济效果问题，对于我们进行四化建设是很重要的。我们要在 20 世纪末实现四个现代化，时间是很紧迫的，是可以按年、按月、按日、按时、按分、按秒计算的，过一天就少一天，过一秒就少一秒。我们要有这种时间的紧迫感。我们讲求经济效果，归根到底，就是要为节约一分一秒的时间而努力，同浪费一分一秒的时间而斗争。在当前，讲求经济效果问题，已经成为一个非常迫切的问题。作为实现现代化的第一个战役，我们的经济正在进行调整。在调整中，存在着许多困难，例如，资金不够、能源短缺、运输紧张、原材料供应不足、技术力量缺乏等。这种种困难当然要从许多方面来解决，但重要的一环是提高经济效果。举例来说，我们的经济和文化事业在遭到"四人帮"的严重破坏后，百废待兴，经济中的许多薄弱的部门和环节亟待加强，许多老工厂的设备要维修、更新、改造，一些技术设备要引进，文教科技事业要发展，住宅要兴建，等等。所有这一切都需要大量的投资。可是，生产出来的国民收入有限，国家还得拿出其中的一部分用于改善职工的生活，增加农民的收入，这样，用于投资的资金就不可能多。要解决国民经济对投资的需要同资金不足之间的矛盾，自然不能靠发行钞票来解决，一个切实可行的办法就是提高投资的经济效果，使每一元投资能够取得更大的效果（生产能力、住宅和设施的面积等）。应该看到，我们的经济效果，不论是微观的经济效果还是宏观的经济效果都很差，不少方面还低于解放后曾经达到过的水平。我们在物力、财力和人力方面存在着惊人的浪费。例如，投资分散、工程造价高、建设速度慢；能源和原材料浪费大；相向运输、迂回运输、空载的现象不少；产品质次、大量积压、废品率和次品率高；人浮于事、学非所用等。至于办事效率差，劳动生产率低，建设项目的确定和建设方案的选择等经济决策上的失误等情况，更是常见的。上述种种问题的存在，说到底都是我们从事四化建设时间的浪费和损失，都是对从现在到20世纪末的有限时间的扣除。如果我们容忍这些浪费和损失继续下去，不注意经济效果，那么，实现四个现代化的宏伟任务就难以如期完成。所以，我们一定要把提高经济效果的问题放到为实现四化争分夺秒的高度来认识，使各行各业都来努力提高经济效果。

造成经济效果差的原因是多方面的，其中有一个重要的原因，就是长期以来，一些极左的经济工作指导思想的泛滥，特别是极左政策的破坏。在这种极左思想和极左政策的影响下，人们不仅不重视经济效果问题，而且像躲避瘟疫那样回避经济效果问题，可以说，至今思想上的混乱也还没有彻底澄清。这方面曾经有过三个流毒甚广、为害很深的观点。

一个观点是所谓"要算政治账，不要算经济账"，把算经济账看作是政治不挂帅，甚至是右倾机会主义，是"算账派"。比如，只要敢于正视现实的人就都认为，1958年的大炼钢铁是在错误指导下的一场失败：土法炼铁炼钢得不偿失，大炼钢铁造成了国民经济比例的严重失调，带来了灾难性的后果。但是，当时却把这种正视现实的意见，说成是只算经济账，不算政治账，提出什么：大炼钢铁首先是为了炼人，它使人民群众解放了思想，破除了迷信，发扬了敢想敢说敢干的共产主义精神……所以不仅不是"得不偿失"，而是成绩伟大，如此等等。这种"文过饰非"的歪道理，长期以来成为有些人不讲求经济效果，甚至为经济工作中的错误和失败进行辩解的口实。"只算经济账，不算政治账"甚至成为一根打人的棍子。在这根棍子下，经济效果问题成了人们不敢涉足的禁区。当然，在实际生活中，在做出一项经济决策时，有时会出现经济上的考虑同政治上的考虑不一致的情况，也会有为了实现政治上的目的而不得不在经济上付出一定代价的情况。但是，即使在这种情况下，在做出决策时，也需要计算经济效果，比较各种不同的经济方案，从中选出经济效果最优的方案。这同那种借口"算政治账"，而不考虑经济效果的观点毫无共同之处。现在，虽然已经很难听到有人原封不动地宣扬"要算政治账，不算经济账"了，但是，这种观点的种种变态还是经常被一些人所鼓吹。例如，把决策失误而导致的经济损失说成是"付学费"，等等。

另一种观点是把讲求经济效果说成是"资本主义的利润原则"。比如，在 20 世纪 60 年代初期，曾经讨论过生产价格问题。那是为了探讨资金利润率在考核经济效果中的意义和作用。结果招来了一场大批判，把凡是主张采用生产价格以考核经济效果的人都批判为"利润挂帅"。这种观点造成的有害影响也是很大的。谁都知道，在产品价格和产品构成以及其他一些条件为一定的情况下，利润是反映企业经营状况的最综合的指标。但是，正如前面所说，在从利润上考核企业的经济效果时，单把企业的劳动消耗（已经消耗的物化劳动和活劳动）同利润进行比较是不够的。因为这种比较没有考虑资金的占用量。我们常常看到，有些企业从劳动消耗同利润相比较来看，经济效果是好的，但是由于占用大量的资金（特别是固定资产），从资金同利润相比较来看，经济效果是差的，因此，如果只注意劳动消耗同利润的比较，而不注意资金和利润的比较，就不能促进企业节约使用资金，同时，也不便于比较各不同部门间的经济效果。有些同志主张采用生产价格以考核资金利润率，其用意就在于此。这同资本主义的利润原则是不能相提并论的。因为资本主义企业把追逐更高的利润率作为它们的经营动机和最终目的，而社会主义企业对利润率的考虑则是为了取得更好的经济效果，以便更充分地满足社会及其成员的需要。自然，社会主义企业对利润的考虑并不总是同满足人民的需要的生产目的相一致。而且还会出现这样的情况，即从企业盈利角度看经济效果好，但从国民经济角度看经济效果却不好。这是由许多复杂的原因造成的。但是，在社会主义经济中，社会可以利用各种经济杠杆去进行调节，引导企业的活动，使得企业对利润的考虑能够同满足人民需要的生产目的统一起来，使企业的微观经济效果能够同整个国民经济的宏观经济效果统一起来。那种把考核社会主义企业的经济效果，特别是用资金利润率作为考核的标准混同为资本主义的利润原则，曾经造成了严重的损害。这是造成许多企业不重视经济效果，不重视利润，产生许多亏损的重要原因之一。粉碎"四人帮"以后，特别是在扩大企业自主权以来，企业对经济效果开始重视了，并努力增加利润。但也有些干部仍旧怀疑这样做是不是会走上资本主义道路，也还有不少企业至今不注意经济效果，长期亏损的状况未能改变。

还有一个观点是片面强调"人多好办事"，动不动就"大搞群众运动"，实行"大干""大办"的"人海战术"，而把重视生产工具的改革和新技术的采用说成是"见物不见人"。同这种观点相联系，在相当长的一段时间里，还片面鼓吹过"土法上马"，不管当代技术已经达到的水平，都得从采用最原始的技术开始，要"由土到洋"，并且把这种荒谬做法说成是遵循技术发展的规律。在这种错误观点影响下，人民群众疲于奔命，劳动力大量浪费，新技术得不到推广，劳动生产率不能提高，经济效果不仅没有提高，反而下降。的确，我国的人力资源十分丰富，但这不能成为可以不珍惜人力而随意浪费的理由，也不能成为拒绝新技术的理由。我们自然不可能立即把土的原始的技术完全抛弃，立即统统采用现代化技术。但我们应该创造条件尽可能地用先进的技术去取代土的原始的技术。不这样就不可能实现国家的现代化。当然，在采用新技术时也要考虑经济效果，要对不同技术的经济效果进行比较，不能简单地认为，在一切情况下，一切新技术的经济效果一定是好的。特别是在我国的具体条件下，在考虑采用新技术的经济效果时，还要结合考虑我国的劳动力充分就业问题。这和片面强调"人多好办事"而拒绝采用新技术，是根本不同的两回事。在实现现代化的过程中，借口我国人口多、劳动力资源丰富而不惜浪费劳动力，拒绝采用新技术，从而不计较经济效果的看法和做法，是特别有害的。

除了极左的思想和极左政策的影响和破坏以外，我国原有的经济体制也是造成经济效果差的重要原因。在这种经济体制下，经济利益不能发挥作为经济发展的内在的动力的作用。企业吃"大锅饭"，经营好坏同企业没有经济上的利害关系；职工端的是"铁饭碗"，干好干坏同收入的多少、职业的去留没有关系。这种经济体制造成机构重叠、层次繁多、手续复杂、公文旅行、文件泛滥、会议成灾、办事缺乏效率、经济运转不灵、重复生产、重复建设、浪费惊人……在这种经济体制下，企业和职工可以无须关心经济效果，而且想要提高经济效果也往往由于手足被捆住而困难重重，可以说，不改革原有的经济体制，经济效果差的情况是难以根本改变的。

现在，摆在我们面前的实现四个现代化的任务是十分艰巨的。要使这项宏伟任务得以顺利进行，我们必须从各个方面去扫除影响经济效果提高的种种障碍。肃清极左思想和极左政策的影响，自然不容放松。还有一些不讲求经济效果的小生产的、封建主义的经营思想和经济方式也要改变。对原有的经济体制进行根本改革则更是当务之急。

（本文系作者在《光明日报》编辑部召开的经济效果问题座谈会上的发言，原载 1980 年 5 月 9 日《光明日报》，作者做了补充修改后选入《社会经济效果文集》，辽宁人民出版社 1981 年版）

一个反动的理论体系

——"四人帮"组织编写的《社会主义政治经济学》批判

"四人帮"在上海组织编写的《社会主义政治经济学》，是为他们的反革命政治纲领制造理论根据的。为了适应这种反革命需要，书中炮制了一个荒谬反动的理论体系。这就是：以历史唯心主义为理论基础，以臆造的"社会主义生产关系二重性"为出发点和黑线，以对"资产阶级法权"的胡诌为媒介，歪曲社会主义生产关系的性质和社会主义经济的发展规律，以论证"党内资产阶级形成、发展和灭亡的过程"为基本任务，为"四人帮"的反革命政治纲领提供理论根据。

一

马克思主义政治经济学的理论基础是历史唯物主义。"根据唯物史观，历史过程中的决定性因素归根到底是现实生活的生产和再生产。"① 由此出发，马克思说："我的观点是：社会经济形态的发展是一种自然历史过程。"② 也就是说，它是一个不以人的意志为转移的客观发展过程，它归根到底以生产力的发展为终极动因。"四人帮"在上海组织编写的这本书则从根本上篡改了政治经济学的历史

① 《恩格斯致约·布洛赫（1890年9月21—22日）》，《马克思恩格斯选集》第4卷第477页。
② 马克思：《资本论》第1卷，《马克思恩格斯全集》第23卷第12页。

唯物主义的基础，把它颠倒过来，头朝下地置于历史唯心主义的基础上。书上把生产力决定生产关系，经济基础决定上层建筑这一历史唯物主义的基本观点诬蔑为所谓"唯生产力论"，实际上宣扬精神、上层建筑的因素是社会主义生产关系以至社会生产力的发展的终极原因。

在社会主义社会和共产主义社会，生产资料成为公共财产，社会生产内部的无政府状态为有计划的自觉的组织所代替，上层建筑的巨大作用是以前的社会所不可比拟的。那么，能否说到了这时，上层建筑，特别是人们的思想意识成了最终的决定性因素，马克思发现的人类历史的发展规律不再起作用了，马克思提出的历史唯物主义的基本原理过时了呢？当然不是这样。恩格斯说："人们自己创造着自己的历史，但他们是在制约着他们的一定环境中，是在既有的现实关系的基础上进行创造的，在这些现实关系中，尽管其他的条件——政治的和思想的——对于经济条件有很大的影响，但经济条件归根到底还是具有决定意义的"①。恩格斯的这段话对于社会主义社会也是完全适用的。因为，在社会主义社会，上层建筑的作用不管有多大，归根到底总是在不断为自己开辟道路的经济必然性的基础上的反作用。

这本书则把社会主义社会上层建筑的反作用篡改为社会主义社会向共产主义社会发展的终极的动因，公开宣扬历史唯心主义。下面我们全文抄引书上的一段话："无产阶级在社会主义历史阶段的基本任务，就是在一切领域、在革命发展的一切阶段，坚持对资产阶级的全面专政，批判和限制资产阶级法权，破除资产阶级法权思想，逐步地消除资本主义的传统或痕迹，使社会主义生产关系和上层建筑不断趋向完善，使广大人民群众的共产主义觉悟不断得到提高，以促进生产力的高度发展；击退资产阶级的任何反抗，不断地揭露和批判党内资产阶级，揭露和批判党内资产阶级所推行的修正主义路线，彻底战胜资产阶级，堵绝资本主义复辟的道路，最后消灭一切阶级和阶级差别，以实现共产主义的最高理想。"这里不想涉及这段引文中的其他

---

① 《恩格斯致符·博尔吉乌斯》，《马克思恩格斯选集》第 4 卷第 506 页。

谬论。从这段引文可以看到：实现四个现代化、开展技术革新和技术革命以发展社会生产力，完全被排除在基本任务之外；它只讲上层建筑和生产关系对发展生产力的反作用，根本不讲发展生产力对生产关系和上层建筑的发展和完善的最终的决定作用；发展生产力只是"生产关系和上层建筑不断趋向完善""广大人民群众的共产主义觉悟不断得到提高"的结果，而不是归根到底是它们的原因。社会主义生产关系和上层建筑的反作用当然是重要的，忽视这种反作用是完全错误的，但是社会主义生产关系和上层建筑的发展和完善，必须以生产力的发展为物质基础。离开这个基础来谈发展和完善社会主义的生产关系和上层建筑，来谈"最后消灭一切阶级和阶级差别"，都只能是空谈；否定这个基础，否定生产力的最终的决定作用，无论把生产关系和上层建筑的反作用说得多么重大，都不过是历史唯心主义的胡言乱语。上面那段引文就是这本书以历史唯心主义为理论基础的高度概括。

如果谈到无产阶级专政在社会主义历史阶段的基本任务，那么首要的一项任务就是发展社会生产力，因为它是实现其他各项重要任务的物质基础。正是在这个意义上，列宁说："劳动生产率，归根到底是保证新社会制度胜利的最重要最主要的东西"，"资本主义可以被彻底战胜，而且一定会被彻底战胜，因为社会主义能造成新的高得多的劳动生产率"①。这本书却诬蔑这种观点是"阶级斗争熄灭论"和所谓"唯生产力论"，胡说："劳动生产率的提高对于社会主义制度的巩固和胜利是重要的，但绝不是第一位的东西"。换句话说，它只不过是第二位、第三位以至是末位的东西。这不是历史唯心主义又是什么？

再以社会主义公有制的巩固和发展来说，它归根到底是由什么决定的？这本书回答说："巩固和完善社会主义全民所有制的关键，是限制资产阶级法权""同社会主义全民所有制一样，社会主义劳动群众集体所有制的巩固和完善过程，也是一个不断限制资产阶级法权的

---

① 列宁：《伟大的创举》，《列宁选集》第 4 卷第 16 页。

过程。"说得再清楚不过了，生产力的发展无足轻重，只要人们有一种善良的愿望，对"资产阶级法权"加以限制，社会主义公有制就可以巩固和完善了。这不是历史唯心主义又是什么？

此外，这本书借以进行分析和推理的方法也是以唯心主义为基础的。这本书在论证方法上奉行的是实用主义，可以称为："大胆断言，胡乱求证。"不是从对客观事物的具体分析中得出科学的结论，而是虚构的结论在前，再为这种虚构的结论拼凑、搜寻几条"论据"。这本书为了给"四人帮"的反革命政治纲领制造理论根据，大胆断言"党内资产阶级"已经形成，并不断发展，然后胡乱地去寻求证据。请看，书上就是这么写的："党内资产阶级，这是一个总概念。我们说，党内资产阶级是在生产和交换中形成的，这就是说，社会主义社会一个阶级的形成，最根本的原因，必须从经济关系的变化中去寻找。"本书甚至连"党内资产阶级"这一概念是否合乎马克思主义关于阶级和政党的关系的基本原理都不屑一顾，就把"党内资产阶级"已经形成、正在发展作为既定的结论，然后到"经济关系的变化中"，即社会主义生产关系的变化中"去寻找"它的"形成"的"最根本的原因"。全书从头到尾都贯穿着这种实用主义的论证方法。

二

那么，该书是怎样从社会主义生产关系的变化中去寻找"党内资产阶级"形成的"最根本的原因"的呢？

这本书说："社会主义生产关系表现出二重性：一方面是生长着的共产主义因素；一方面是衰亡着的资本主义传统或痕迹（书上有些地方进一步说是：衰亡着的表现为资产阶级法权的资本主义传统或痕迹），由此而形成一个社会主义生产关系中的此长彼消或彼长此消的矛盾运动过程"，"这种矛盾运动，集中表现为无产阶级和资产阶级之间的矛盾和斗争，特别是集中表现为无产阶级和执政的共产党内资产阶级之间的矛盾和斗争。"这种"二重性"，是在"党内资产阶级"已经形成这个虚构结论下为了从社会主义生产关系中"去寻找"形成的"最根本的原因"而臆造出来的。

按照马克思和列宁的论述，社会主义社会是刚刚从资本主义脱胎出来的各方面还带着旧社会痕迹的共产主义社会，社会主义生产关系是一种不成熟的共产主义生产关系，它还带有旧社会的痕迹，或者说，还不能摆脱资本主义的传统或痕迹。这主要是指还保留着资产阶级权利，或者更确切地说，保留着资产阶级权利赖以存在的经济关系，即等量劳动相交换的关系。这里所说的社会主义生产关系所带有的"旧社会的痕迹""资本主义的传统或痕迹""资产阶级权利"，并不是说就是资本主义性质的。它们是从旧社会中带来的，但又是同社会主义公有制相联系的，所以是社会主义性质的。同时，它们将在共产主义高级阶段到来前逐步消失。它们的存在表明社会主义生产关系的不成熟性，表明它是一种不成熟的共产主义生产关系。因此它们并不是在社会主义生产关系内部作为社会主义的一方同共产主义的一方相对立，更不是作为资本主义的一方而同共产主义的一方相对立。以最能表明社会主义性质的按劳分配原则为例。它是社会主义分配关系，也就是说，是不成熟的共产主义生产关系。说它是不成熟的共产主义性质的，因为是按劳动进行分配，而不是按照各种剥削原则进行分配，它是一种生产资料公有制的实现，它否定了不劳而获和阶级剥削，不承认任何阶级差别；说它是不成熟的共产主义性质的，也因为是按劳动进行分配，而不是按需分配，这里通行的是商品等价物的交换中也通行的同一原则，即一种形式的一定量劳动可以和另一种形式的同量劳动相交换，默认不同等的工作能力是天然特权，会带来事实上的不平等，所以又是旧社会的痕迹。由此可见，在按劳分配这种社会主义分配关系中，不存在按劳动进行分配作为社会主义性质的分配关系的一方同共产主义的按需分配的一方的对立，按劳动进行分配更不是作为资本主义性质的分配关系的一方同共产主义按需分配的一方相对立。因此，按劳分配这种社会主义分配关系并不具有按需分配这种"共产主义因素"同按劳分配这种"资本主义的传统或痕迹"的二重性，更不具有按需分配这种"共产主义因素"同按劳分配这种如书上所说作为"资本主义得以产生的土壤和条件"的资本主义因素的二重性。

在社会主义社会中，我们从现实生活中还看到，存在着另一类不占统治地位的、不构成社会主义经济基础的那种旧社会的残余，例如投机倒把、贪污盗窃、某些领导人坚持从事资本主义经营之类，这些残余的旧经济关系不是社会主义性质的，因此不是存在于社会主义生产关系之内，而是作为社会主义生产关系的对立物而存在于它之外。我们在分析社会主义生产关系的运动时自然要注意到这一类资本主义的甚至封建主义的旧经济关系的残余对它的腐蚀破坏作用，但绝不能把它们说成是社会主义生产关系内部存在的资本主义因素。

"四人帮"组织编写的这本书所说的"表现为资产阶级法权的资本主义传统或痕迹"是一个有意含混其词的用语。其实，明白点说，它就是资本主义。不仅张春桥下达过黑指示，说：社会主义生产关系中有资本主义因素，这种观点"不能说没有一点道理"，而且，书上有时也毫不隐晦。例如，书上说："限制资产阶级法权就是限制资本主义和资产阶级"。可见，在这本书中"资产阶级法权"＝资本主义＝资产阶级。因此，书上所谓的社会主义生产关系具有二重性，就是说，社会主义生产关系是共产主义生产关系和资本主义生产关系这二者的混合。这是对社会主义生产关系性质的恶劣歪曲和丑化。

这本书说的"二重性"，是一种用心良苦的安排。因为通过对这种"二重性"的"分析"，就可以不费吹灰之力得出新的资产阶级特别是"党内资产阶级"必然地、经常地要从社会主义生产关系中产生出来的结论。书上说："认识社会主义生产关系的二重性，是我们认识社会主义条件下新的资产阶级，特别是党内资产阶级形成的前提。"这里，它玩弄了一个拙劣的把戏。谁都知道，魔术师从一个"空"箱子里变出一只鸭子，这只鸭子不是从无到有"变"出来的，而是本来就藏在箱子里。同样，在"二重性"这个"前提"中也已经包含了本书想要得出的结论。因为，从所谓社会主义生产关系中产生出来的资产阶级（包括所谓"党内资产阶级"）本来就作为"二重性"中"资本主义"那一方面的担负者（书中说："党内资产阶级是腐朽没落的资本主义生产关系的代表"）而包含在社会主义生产关系之中，哪里还用得着再从其中产生出来呢？

三

那么，为什么这本书要以这个"二重性"为出发点并把对它的分析贯穿于全书的始终，使它成为本书的一条黑线呢？就在于把社会主义生产关系丑化为产生一切资本主义祸害的根源，就是想从这种已经包含了本书想要得出的一切结论的"前提"中推演出本书的全部反动政治结论，特别是"论证""党内资产阶级"的产生有着经济上的"必然性"。而这又是借助于对"资产阶级法权"的胡诌来实现的。

众所周知，马克思在《哥达纲领批判》中所说的社会主义社会中还保留着的资产阶级权利，含义是很清楚的，指的是按劳分配中所通行的等量劳动相交换这一原则，也就是商品交换中通行的原则，这里实际上的不平等表现为形式上的平等。这种"资产阶级权利"，正如马克思所指出的那样，内容和形式都改变了。所以决不能把它说成是资本主义的东西。可是，在"四人帮"手里，资产阶级权利却成了可以由他们任意瞎说一气的概念，成了社会主义生产关系中无所不在的东西。书上写道："在社会主义生产关系中，资本主义的传统或痕迹，集中表现为资产阶级法权……存在于社会的生产、分配、交换和消费的整个过程中"。

本书为什么如此重视"资产阶级法权"这一概念呢？因为，按照本书的逻辑，"资产阶级法权"＝资本主义＝资产阶级，它是"产生资本主义和资产阶级的重要经济基础"，是"党内外资产阶级安身立命的基础"，所以，只要宣称社会主义生产关系具有"表现为资产阶级法权的资本主义传统或痕迹"，社会主义生产关系就可以易如反掌地被说成是资本主义生产关系，资产阶级"特别是党内资产阶级"作为资本主义生产关系的当事人自然就从社会主义生产关系中产生了。所以"资产阶级法权"，形式上是本书论述的中心，实际上它是一种媒介，本书正是通过这个媒介把社会主义生产关系歪曲成为资本主义的生产关系，把社会主义经济必然要成长为共产主义经济的规律歪曲为社会主义经济运动必然要导致资本主义复辟。

生产资料的社会主义所有制是全部社会主义生产关系的基础。随着社会生产力的发展，社会主义所有制将不断巩固和发展，成长为共产主义所有制。以此为基础，阶级和阶级差别将最终消灭，三大差别这类旧的社会分工将逐渐消失，"各尽所能，按需分配"的原则将取代"各尽所能，按劳分配"的原则。这是不以人们的意志为转移的客观规律。人们正是从社会主义公有制的建立看到了共产主义未来的曙光。

可是这本名为《社会主义政治经济学》的书却是怎么说的呢？书上写道："在所有制范围内，资产阶级法权还没有完全取消"，由于还存在旧的社会分工，它"是产生'一长制'这种脑力劳动者统治体力劳动者的经济基础"，由于还实行商品生产和商品交换，它"是一部分人力求通过商品关系统治另一部分人的经济基础"，由于还实行按劳分配，它"是夏洛克式的人物产生的重要根源"，"总之……是产生资本主义和新资产阶级的重要经济基础"。社会主义的公有制（书上的直接说法是：其中的"资产阶级法权"）既然被说成是产生阶级统治的经济基础，是产生资本主义的经济基础，那么，岂不就像张春桥所说的那样，它只是名义上的公有制，实际上是私有制么？

生产资料的社会主义所有制是劳动者同生产资料的直接结合的社会形式，以此为基础，人们共同劳动，共同占有产品，按照劳动共同分配个人消费品，这里没有剥削、没有压迫，人们之间的关系是互助合作的关系。当然，由于存在两种公有制，还存在着工人阶级同农民阶级之间的阶级差别，人们之间也还存在由于其他旧社会分工所造成的差别，甚至还带有某些阶级烙印。但这是劳动人民之间的关系，他们之间的矛盾是根本利益一致基础上的人民内部矛盾。

但是，这本名为《社会主义政治经济学》的书，则宣称：由于"存在着资产阶级法权，因而人和人之间最本质的关系依然是阶级关系"；在"相互关系方面生长着的共产主义因素和严重存在着的资产阶级法权彼此斗争的过程"，"反映到阶级关系上，就是无产阶级和资产阶级的斗争过程。"书上还竟然说："社会主义生产中的相互关系"，主要就是两个剥削阶级和两个劳动阶级"这四个阶级之间以及它们内部的关系"，把资产阶级和"地主买办阶级的残余"视为社会主义生产关系的当事人。更有甚者，这本书还说什么：劳动人民之间的关系，归根到底也表现为无产阶级和资产阶级之间的"阶级关系"。本书作者曾经公开声言："社会主义生产关系可以理解为阶级对抗关系，因为是无产阶级与资产阶级关系，所以是阶级对抗关系"，并且明确地说："无产阶级与资产阶级的矛盾现在也不在社会主义生产关系之外，而是在社会主义生产关系的内部。"总之，这本书以宣称在人与人之间的相互关系中存在着"资产阶级法权"为媒介，把社会主义生产关系，即劳动人民之间在生产中的相互关系，歪曲为无产阶级和资产阶级之间的阶级对抗关系、农民阶级和地主阶级之间的阶级对抗关系。

这种"理论"的荒谬和反动，是十分明显的。既然是劳动人民之间的关系，那就是工人阶级同农民阶级两个友好的劳动阶级之间的关系以及它们各自内部各部分人之间的关系，劳动人民就是劳动人民，怎么能说里面还有一个资产阶级呢？诚然，在社会主义历史阶段，由于还存在着阶级斗争，这种阶级斗争在劳动人民内部的相互关系上还会有反映，从工人和农民中还会有极少数人堕落成为新剥削分子，等等。所有这些都说明，要巩固和发展劳动人民之间的互助合作关系，必须坚持工人阶级的自我教育，坚持向农民灌输社会主义思想，劳动知识分子要改造世界观，要不断清除资产阶级对劳动人民的影响。但是，不能够从阶级斗争在劳动人民内部的相互关系上的一些反映，就得出劳动人民内部的关系归根到底也是无产阶级和资产阶级的阶级对抗关系的结论。从劳动人民中堕落成为新剥削分子的那少数人，既然是新剥削分子，就不属于劳动人民，劳动人民同他们的关系就不是劳动人民内部的关系，不是社会主义的生产关系。纵如书上所说，"新的资产阶级在劳动人民中产生，有一个过程"，那么，所谓

"正在产生的新的资产阶级分子"在蜕化变质前也还是劳动人民内部的一分子，不能说他们构成劳动人民内部的资产阶级。

这里还要简单谈一下地主阶级、官僚买办资产阶级和民族资产阶级是否属于构成社会主义生产关系的一方或当事人的问题。

在我国人民大革命过程中和经过土地改革以后，官僚买办资产阶级和地主阶级已被剥夺了全部生产资料，他们不能构成社会主义生产关系的一方或当事人。至于民族资产阶级，在经过对资本主义工商业的社会主义改造以后，已丧失了对生产资料的所有权，民族资产阶级分子，已经逐渐改造成为自食其力的劳动者。民族资产阶级作为一个已被消灭的剥削阶级，也不属于构成社会主义生产关系的一方或当事人。

这种把社会主义生产关系说成是无产阶级和资产阶级的阶级对抗关系的"理论"，其荒谬和反动，当它被用于分析社会主义再生产时就更加暴露无遗了。

社会主义再生产是物质产品的再生产，同时又是社会主义生产关系的再生产，也就是：它再生产出共同占有生产资料、共同劳动、共同占有产品、按照劳动共同分配个人消费资料的集体劳动者以及他们之间的互助合作关系。随着社会主义再生产的继续进行和不断扩大，劳动人民之间这种互助合作关系将不断巩固、扩大，并在将来逐步发展为共产主义的生产关系。在这个过程中，将创造出使新剥削分子既不能存在又不能再产生的物质条件和精神条件。

可是，这本书却把社会主义生产关系的再生产说成同资本主义生产关系的再生产差不多。书上胡说，由于"资产阶级法权还严重存在"，社会主义生产关系是无产阶级和资产阶级的关系，社会主义生产关系的再生产一极要再生产出无产阶级，一极要再生产出资产阶级。书上写道："分析社会主义生产关系的二重性，既要认识资产阶级那一方，又要认识无产阶级这一方。在社会主义生产关系的再生产过程中，一方面会不断分泌出资本主义和资产阶级……另一方面也必然会不断壮大着共产主义和无产阶级"。这真是一段奇文！看来，本书对共产主义和无产阶级颇为"偏爱"，用了"不断壮大"的褒词，而资本主义和资产阶级则只是"不断分泌"。殊不知，社会主义生产关系的再生产，是不断扩大的再生产。这种情况下的"不断分泌"，还不就是使资本主义和资产阶级"不断壮大"么？那么，什么叫"不断分泌出资本主义和资产阶级"呢？不言而喻，就是"不断分泌出"劳动者同生产资料的分离，"不断分泌出"资本剥削雇佣劳动的关系。社会主义生产关系的再生产竟然要"不断分泌出"这种资本主义的生产关系，这不是热昏的胡话又是什么？

通过对社会主义再生产的分析就涉及社会主义经济的发展规律问题了。这本名为《社会主义政治经济学》的书给自己提出了"分析社会主义生产关系的产生、发展和转变为共产主义生产关系的运动规律"的任务。但是它"分析"出怎样的"规律"呢？

在社会主义社会的生产力迅速发展的基础上，社会主义的生产关系将逐步成熟起来，逐步成长为共产主义生产关系。这是不以人们的意志为转移的客观规律。客观规律将为自己开辟道路，共产主义终究是要胜利的。这本书则通过对"资产阶级法权"的胡诌，歪曲社会主义经济的运动规律，实际上宣扬存在着资本主义复辟不可避免的规律。书上说："在社会主义生产关系扩大再生产的过程中，集中表现为资产阶级法权的资本主义传统和痕迹也将随着再生产出来"，而且，"在无产阶级专政下，对资产阶级法权加以限制，资本主义的发展和党内资产阶级的产生，也是不可避免的"，因此，"党内资产阶级的产生，绝不是偶然的、一时的现象"，换句话说，就是必然的、经常的现象。这是"社会主义生产关系的二重性"所决定的，是社会主义生产关系再生产的必然结果。按照这种说法，社会主义的发展就是资本主义的发展。随着社会主义生产在扩大的基础上不断进行，资本主义和资产阶级也将不断地在扩大的基础上再生产出来。这样发展下去，不就要导致资本主义复辟么？或许会问：书上不是也说共产主义和无产阶级"也必然会不断壮大"么？但是，社会主义和资本主义怎么可能并行不悖地发展呢？既然"资本主义的发展……是不可避免的"，那么社会主义怎么可能过渡到共产主义呢？共产主义又怎么能"壮大"呢？难道资本主义不是只有通过对社会主义的瓦解和破坏才能发展么？社会主义都将不保，又怎么谈得上共产主义呢？这一点连编写者自己也感觉到了。书的序言中哀叹："回头来检查，我们的一些分析还是肤浅的……没有深入分析在何种条件下共产主义因素将要战胜资本主义的传统或痕迹，在何种条件下资本主义的传统或痕迹将要泛滥起来淹没共产主义因素"。一本自称以"分析社会主义生产关系的产生、发展和转变为共产主义生产关系的运动规律"为"基本任务"的《社会主义政治经济学》，竟不知道"在何种条件下共产主义因素将要战胜资本主义的传统或痕迹"，真是既可悲又可笑！表面上看，是"四人帮"作茧自缚，被自己作的"二重性"这个茧缚住了，使自己陷于不能摆脱的理论矛盾之中。但实际上，它表明"四人帮"打着红旗反红旗的反革命两面派伎俩的破产。"四人帮"既要反对社会主义又要装着拥护社会主义甚至热心共产主义；他们既要复辟资本主义又要装着反对资本主义。为此，他们竭力把社会主义歪曲和丑化为资本主义，从而在反对资本主义的旗号下反对社会主义；他们竭力鼓吹从社会主义生产关系中不可避免地要产生和发展资本主义，从而在反对资本主义复辟的旗号下通过破坏社会主义来复辟资本主义。他们的这种反革命两面派的表里矛盾就表现为上述理论上的矛盾。这套以臆造的"二重性"为出发点和黑线的理论体系的矛盾是适应他们打着红旗反红旗的反革命需要而炮制出来的，而他们炮制出的"二重性"的推演结果则又暴露出他们的反革命两面派嘴脸。

※　　　※　　　※

如上所述，这本书把"认识社会主义生产关系的二重性"作为出发点和黑线，其目的就是要论证"党内资产阶级"必然地、经常地要从社会主义生产关系的运动中形成和发展。但是，本书并不是到此止步了，而是进一步胡言："党内资产阶级在它的形成过程中，一面孵化着新的资产阶级，一面保护着老的资产阶级"。也就是说，"党内资产阶级"从社会主义生产关系中产生出来以后，反过来成为母鸡，又从社会主义生产关系中，从"资产阶级法权"这个蛋中孵化出新的资产阶级。不仅如此，它还要"强化和扩大""资产阶级法权"，下更多的蛋，以孵出更多的新的资产阶级分子。于是，蛋生鸡，鸡生蛋，蛋又生鸡，鸡又孵蛋，循环往复，在社会主义生产关系的基础上，资产阶级分子越来越多，"党内资产阶级""成为整个资产阶级的核心力量在党内出现"，从而成为"无产阶级专政下革命的主要对象"。

那么，从这里应该得出什么结论呢？结论只能有两条：一条是把社会主义生产关系，即把社会主义公有制、劳动者之间的互助合作关系、按劳分配、社会主义的商品生产和商品交换等这些"产生资本主义"的"祸根"铲除掉。虽然书上还没有敢直截了当地这样说，但从这个反动理论体系中必然要得出这样的结论。实际上"四人帮"也是这样干的。他们打着反对资本主义的旗号，到处破坏社会主义生产关系。另一条则是把"党内资产阶级""消灭"掉。书上说："只反对党外资产阶级，不反对党内资产阶级，是不彻底的，在一定的条件下，事实上起了保护整个资产阶级的作用。只有首先反对党内资产阶级，才能在阶级斗争中的一个战役中从根本上打击整个资产阶级。"书上到处闪现着对革命的老一代作为"党内资产阶级"大肆杀伐的刀光剑影。这本书就是这样以它的那个荒谬反动的理论体系为"四人帮"的反革命政治纲领制造了理论根据。

马克思说："为了给力求阐明社会生产的真实历史发展的、批判的、唯物主义的社会主义扫清道路，必须断然同唯心主义的政治经济学决裂"①。对于"四人帮"组织编写的反马克思主义、反社会主义、反革命的政治经济学也应该如此，必须把对它的批判进行到底！

（原载《经济研究》1978 年第 3 期）

---

① 马克思：《关于〈哲学的贫困〉》，《马克思恩格斯全集》第 19 卷第 248 页。

"四人帮"论证"始终存在阶级论"给社会主义政治经济学造成的混乱

长时间以来,"四人帮"为了论证社会主义历史时期始终存在着阶级、阶级矛盾和阶级斗争,提出了一整套荒谬的经济理论,给社会主义政治经济学造成了严重的混乱,理论上的混乱又造成了国民经济的大破坏。

一

当谈到这些理论在社会主义政治经济学中造成的混乱以前,想就社会主义社会的阶段划分以及社会主义时期是否始终存在阶级和阶级斗争问题谈一点初步的看法。

从无产阶级取得政权到社会进入共产主义这样一个长的历史时期,我想大体上可以划分为三个阶段:

第一个阶段——从民主革命胜利到生产资料所有制的社会主义改造基本完成,也就是从新民主主义到进入社会主义的过渡时期。

第二个阶段——不发达的社会主义阶段,即从进入社会主义到社会主义全面建成的阶段。我国目前就处于这个阶段。

第三个阶段——发达的社会主义阶段,即从全面建成社会主义到进入共产主义的阶段,或者说从社会主义向共产主义过渡的阶段。

是不是在上述三个阶段里,始终存在着阶级、阶级矛盾和阶级斗争呢?不是这样。

大家都知道,社会阶级的划分是由生产关系决定的。恩格斯说:"这些互相斗争的社会阶级在任何时候都是生产关系和交换关系的产物，一句话，都是自己时代的经济关系的产物"①。列宁指出："所谓阶级，就是这样一些大的集团，这些集团在历史上一定社会生产体系中所处的地位不同，对生产资料的关系（这种关系大部分是在法律上明文规定了的）不同，在社会劳动组织中所起的作用不同，因而领得自己所支配的那份社会财富的方式和多寡也不同。所谓阶级，就是这样一些集团，由于它们在一定社会经济结构中所处的地位不同，其中一个集团能够占有另一个集团的劳动。"② 列宁的这个科学定义就是从生产资料所有制上，即从生产关系上来说明和看待阶级的。对于无产阶级夺取政权后的阶级和阶级斗争问题，也只有坚持历史唯物主义的这个基本原理才能得到科学的说明。

对于无产阶级夺取政权后，在生产资料的私有制改造为社会主义公有制以前，存在着列宁所概括的那种完整意义的对抗的阶级和它们之间的斗争，这是没有争议的。那么，在这之后是否还存在这些对抗的阶级以及它们之间的阶级斗争呢？

根据我国和一些社会主义国家的实践，在土地改革和生产资料的社会主义改造基本完成以后，按照列宁的定义，完整意义的或本来意义的剥削阶级应该说不存在了。因为地主阶级、富农阶级和资本家阶级不再占有生产资料了，从而不再能凭借私有的生产资料来剥削劳动者创造的剩余产品了，③ 不再能统治劳动者了。当然，它们中间有劳动能力的各个分子还要被改造成为自食其力的劳动者，只有做到了这一点，它们的各个分子在生产体系中、在对生产资料的关系上才能同工人、农民处于同样的地位。但是，阶级斗争会在一定范围内存在，还要延续一段时间，甚至较长的时间。因为，在这个过程中，旧剥削阶级中的某些分子对自己丧失生产资料是不会甘心的，还会坚持反动

①　恩格斯：《社会主义从空想到科学的发展》，《马克思恩格斯选集》第3卷第423页。

②　列宁：《伟大的创举》，《列宁选集》第4卷第10页。

③　我国在资本主义工商业的社会主义改造基本完成后，有一段时间，资本家还拿定息，这是根据我国的具体情况实行的一种赎买政策。

立场，进行复辟活动。劳动人民同它们还会有斗争。这是一方面。

另一方面，还应当看到，生产资料基本上由私有变为公有，建立了社会主义生产关系，但还不能说社会主义生产关系就立即全面建立了、完善了。它的全面建立和完善还需要经历一个过程，旧的生产关系残余的最后消灭也还要经历一个过程。在历史上，从一种社会经济形态向另一种社会经济形态过渡，生产资料归属关系的转变并不会立即导致全部生产关系的改变，旧的过时的生产关系的残余还会继续存在一段时间，这种情况是屡见不鲜的（例如，在我国早期的资本主义企业里就存在过具有人身依附关系、实行超经济剥削的封建主义的甚至奴隶制性质的生产关系，如包身工制、养成工制、把头制等）。解放前，我国是一个生产力极端落后，资本主义很不发达，封建主义根深蒂固，小生产如同汪洋大海的国家。在生产资料所有制实行了社会主义改造以后，在生产力没有高度发展以前，还会在比较长的时间内保留一些小生产的生产关系和残留一些其他的社会主义的生产关系（其中不仅有资本主义的生产关系，还有封建主义的生产关系和小生产的生产关系），相应地，社会主义生产关系也需要经历一段比较长的时间才可能全面建立、充分巩固和完善。这是毫不足怪的。与封建主义、资本主义等生产关系残余的存在相联系还会产生一些新的剥削分子。在这些人中，除了少数人拥有少量生产资料进行剥削活动以外（如开办地下工厂、地下包工队等），大多数人不占有生产资料，是在流通领域从事剥削活动（如投机倒把），或者直接侵吞劳动人民创造的劳动果实（如贪污盗窃）。正因为他们中的大多数人不拥有生产资料，所以从整体上看，他们还不能构成完整意义的或本来意义的剥削阶级。但是，就他们无偿地占有劳动者创造的产品的种种剥削活动看，他们无疑属于正在消灭中的剥削阶级的残余分子。这些剥削活动也是一种阶级斗争的现象。列宁说："我们必须解决的任务就是：不仅要扫除旧的资本家，而且要使新的资本家不能产生"①。无产阶级

---

① 列宁：《彼得格勒省农业工人第一次代表大会会议》，《列宁全集》第29卷第21页。

和其他劳动人民同这些新的剥削分子的斗争是会继续一段相当长的时间的。

此外，在存在经济方面的阶级斗争的基础上，还会存在和产生蜕化变质分子、各种犯罪分子、其他敌对分子，甚至出现林彪、"四人帮"那样的代表剥削阶级利益的阴谋家、野心家。

以上几方面情况说明，在生产资料的私有制转变为社会主义公有制以后，完整意义的剥削阶级不存在了，但是，剥削阶级残余分子的最后消灭还要经历一个过程，阶级斗争还要延续一段相当长的时间。可以预料，随着生产力的发展、社会主义生产关系的巩固和发展，封建主义、资本主义等旧的生产关系残余的逐渐消灭，不仅极少数坚持反动立场的旧剥削阶级残余分子要逐渐消灭，而且新剥削分子和其他各种敌对分子的活动场所和再产生的可能性也将会日益缩小，他们也将逐步被彻底消灭。因此，虽然阶级斗争还会延续相当长的时间，但总的趋向绝不是越来越尖锐，而是逐步缓和以至消失。

"四人帮"不遗余力地论证社会主义社会始终存在着对抗阶级以及它们之间的斗争，并为此提出了一系列荒谬的论据。他们在这样做时，首先在社会主义政治经济学上碰到这样一个问题，即社会主义社会究竟是怎样一个社会？这个问题本来是清楚的。科学社会主义告诉我们，社会主义是共产主义的低级阶段，全面建成了的、发达的社会主义阶段，是一个没有阶级的社会。列宁明确指出，在共产主义的第一阶段，"国家正在消亡，因为资本家已经没有了，阶级已经没有了，因而也就没有什么阶级可以镇压了。"① 这是马克思主义从对人类社会发展规律的深刻认识中得出的科学结论。

但是，"四人帮"和他们那个"理论权威"却在论证"始终存在阶级论"时，得出了相反的结论。例如，他们说："社会主义社会仍然是一个有阶级的社会"②。这就是说，社会主义社会同共产主义社

---

① 列宁：《国家与革命》，《列宁选集》第 3 卷第 252 页。

② "四人帮"在上海组织编写的《社会主义政治经济学》（未定稿第二版）上册第 19 页。

会根本不同，反倒和奴隶制社会、封建制社会以及资本主义社会一样"仍然是"一个有阶级的社会。这种谬论显然是把社会主义的特定发展阶段即生产资料私有制的社会主义改造基本完成以前所具有的现象歪曲为社会主义的本质特征。

从这个谬论中，那个"理论权威"更进一步作出了另一个荒谬的结论，说什么社会主义社会是"独立的社会经济形态"。他说："社会主义社会是一个相对独立的社会形态"。又说："社会主义社会是一个相当长的历史阶段，不是一个过渡阶段，……就像封建社会、资本主义社会"那样。凡是有一点马克思主义基本知识的人都知道，社会主义和共产主义是同一个社会经济形态的成熟程度不同的两个阶段。尽管两者在科学上有明显的差别，但是两者具有共同的性质和特征。如果像那个"理论权威"所鼓吹的，社会主义社会是一个相对独立的社会形态，那么，它同哪个社会相"独立"呢？不言而喻，只能同共产主义社会相独立，亦即它不是共产主义社会的低级阶段，而是和封建社会、资本主义社会一样。这种谬论在一段时期里曾经被一些人所接受。在有些社会主义政治经济学的书里，实际上是把社会主义社会作为和共产主义社会根本不同的、始终存在着阶级对抗的独立社会经济形态来看待的。按照这个荒谬的"理论"，社会主义社会具有同共产主义社会根本不同性质的矛盾，社会主义生产关系具有同共产主义生产关系根本不同的性质和运动规律，它们反倒同资本主义社会的情况差不多。

二

我们首先来分析社会主义社会的矛盾及其性质。

在社会主义建立和发展的不同阶段，社会的主要矛盾显然是不同的。在过渡时期，由于存在多种经济成分，无产阶级同资产阶级的矛盾是社会的主要矛盾，这种矛盾具有对抗性的一面。在生产资料所有制的社会主义改造基本完成以后，社会进入了社会主义，完整意义的剥削阶级不存在了，阶级斗争已逐渐退居次要地位。就我国的实际情况来说，阶级斗争已经不是我国社会的主要矛盾。我国现阶段所要解决的主要矛盾是社会生产的发展同人民需要的增长之间的矛盾。这个矛盾要靠发展社会生产力来解决，要把我国目前很低的生产力水平迅速提高到现代化水平。

但是，"四人帮"却论证在社会主义发展的一切阶段，无产阶级和资产阶级之间的矛盾都始终是社会的主要矛盾，在生产资料所有制的社会主义改造基本完成以后，情况也没有发生根本的变化。例如，在"四人帮"组织编写的《社会主义政治经济学》中就写道：社会主义生产中的相互关系主要是两个剥削阶级（即地主买办阶级的残余和资产阶级）同两个劳动阶级（即工人阶级和集体农民）"这四个阶级之间以及它们内部的关系"，而"社会主义生产中四个阶级的相互关系不是平列的……主要矛盾是无产阶级和资产阶级的矛盾。"① 有人说得更明确："资产阶级同无产阶级的对立关系"，在社会主义社会也"没有改变"，改变的只是"这种对立的具体形式"②。

同社会主义社会的主要矛盾始终是无产阶级和资产阶级之间的矛盾相联系的一个流传颇广的理论是，社会主义社会的基本矛盾表现为这个主要矛盾的理论，有的书上则说："社会主义社会的基本矛盾决定了在整个社会主义历史阶段，主要矛盾是无产阶级和资产阶级的矛盾。"③

毛泽东同志曾经指出："社会主义社会的矛盾同旧社会的矛盾，例如同资本主义社会的矛盾，是根本不相同的。资本主义社会的矛盾表现为剧烈的对抗和冲突，表现为剧烈的阶级斗争……社会主义社会的矛盾是另一回事，恰恰相反，它不是对抗性的矛盾，它可以经过社

① "四人帮"在上海组织编写的《社会主义政治经济学》上册第77页。
② 马彦文：《马克思主义的重大发展》，载《北京大学学报》1976年第2期。
③ "四人帮"在上海组织编写的《社会主义政治经济学》上册第77页。

会主义制度本身,不断地得到解决。"① 毛泽东同志这一论断已经被实践证明是正确的。"四人帮"的"理论"则同毛泽东同志的论断相反。按照这个"理论",社会主义生产关系和生产力之间的矛盾的性质及其解决途径,同资本主义社会中的一样,都是对抗性的,都要通过剧烈的对抗和冲突,都要利用暴力打破保护"旧的"生产关系的"旧的"国家机器、破除"旧的"生产关系,才能得到解决。这种谬论所造成的恶果,我们从林彪、"四人帮"在"文化大革命"中的罪恶行径中不是看得很清楚了吗?

那么,"四人帮"是怎样"论证"上述种种荒谬理论的呢?这里就涉及他们对社会主义生产关系的性质和运动规律的看法。

所谓无产阶级和资产阶级的矛盾始终是社会主义社会的主要矛盾的说法,在理论上碰到了一个最大的难题,就是怎样从经济关系上论述生产资料所有制的社会主义改造基本完成以后直到进入共产主义之前资产阶级会始终存在。那个"理论权威"也知道这是一个无法解决的难题,不得不公开抛弃马克思主义,搬出社会意识决定社会存在的历史唯心主义破烂货,妄图用政治思想上的原因去说明始终存在阶级和阶级斗争。他在一次讲话中说:"社会主义社会,不但存在着阶级,而且整个的历史阶段,始终存在着阶级、阶级矛盾和阶级斗争。这个问题,涉及一系列的理论问题,你找一找过去的土改大纲是怎样划分阶级的,从经济上、从剥削地位上划分嘛!主要从经济范畴上划分阶级这是对的,是马克思主义",但是,阶级问题"不仅从经济范畴来看,而且从政治范畴、思想范畴来看。在社会主义社会,存在着阶级、阶级斗争,与资本主义社会存在着阶级、阶级斗争有本质不同。资本主义社会阶级的存在,特别突出地表现在经济剥削关系上。社会主义中间的阶级,虽然也存在着经济方面的矛盾,但是表现在思想范畴、政治范畴方面,那就始终存在着阶级、阶级矛盾和阶级斗争"。这里不想多费笔墨来揭露这种政治思想状况决定阶级和阶级斗

---

① 毛泽东:《关于正确处理人民内部矛盾的问题》,《毛泽东选集》第 5 卷第 372—373 页。

争的理论是何等荒谬以及它在实践上导致了怎样严重的后果。

除了用政治思想方面的原因来说明社会主义社会始终存在阶级和阶级斗争这种谬论外，"四人帮"还鼓吹社会主义生产关系二重性论（或称两因素论），妄图从社会主义生产关系本身去论证社会主义社会始终存在无产阶级和资产阶级之间的斗争，这两个阶级的矛盾始终是社会的主要矛盾，而社会主义生产关系同生产力之间的矛盾表现为或决定了这个主要矛盾。"四人帮"组织编写的《社会主义政治经济学》上说："认识社会主义生产关系的二重性，是我们认识社会主义条件下新的资产阶级、特别是党内资产阶级形成的前提"①。这本书就是把"二重性论"作为基石来构筑他们所谓的"社会主义政治经济学"理论体系的。

在这本书中写道："社会主义社会一个阶级的形成，最根本的原因，必须从经济关系的变化中去寻找。"② 可是，随着资本主义生产资料私有制的被改造为社会主义公有制，资本主义生产关系是消灭了，它的某些残余也将彻底消灭，这是无法否认的。那么从什么经济关系中去找出资产阶级和资本主义始终存在的"最根本的原因"呢？自然只好从社会主义生产关系方面去寻找了。

"二重性论"认为，社会主义生产关系具有两种因素，即一方面是共产主义因素，一方面是资本主义因素（有时隐晦地说是表现为资产阶级法权的资本主义传统或痕迹，有时则明确地说是"腐朽没落的资本主义生产关系"）。无产阶级代表着共产主义因素这一方，资产阶级（特别是"党内资产阶级"）代表着资本主义因素这一方。根据这种观点，社会主义生产关系就不是劳动人民之间在生产中结成的平等、互助、合作的关系，而是同资本主义生产关系一样，仍然是阶级对抗关系。在上述《社会主义政治经济学》一书中写道，社会主义生产关系的二重性"反映到阶级关系上，就是无产阶级和资产

---

① "四人帮"在上海组织编写的《社会主义政治经济学》下册第490页。
② "四人帮"在上海组织编写的《社会主义政治经济学》下册第490页。

阶级的斗争过程"①。对于"四人帮"鼓吹的"二重性论",已经有文章作过批判,这里只想指出,"二重性论"在建立他们所谓的社会主义政治经济学理论体系中,具有特殊重要的地位。因为从"二重性论"出发可以推演出前述的种种谬论。

第一,既然社会主义生产关系一方面是共产主义因素,一方面是资本主义因素,表现在阶级关系上一方面是无产阶级,一方面是资产阶级,那么,"在社会主义生产关系的再生产过程中,一方面会不断分泌出资本主义和资产阶级……另一方面也必然会不断壮大着共产主义和无产阶级"②,换句话说,一极要再生产出资产阶级,一极要再生产出无产阶级。因此,社会主义历史时期就始终存在阶级和阶级斗争,社会主义社会仍然是一个阶级对抗的社会,是和共产主义社会根本不同的"独立的社会经济形态"。

第二,既然社会主义生产关系是无产阶级和资产阶级之间的关系,而社会主义生产关系又构成社会主义社会的经济基础,因此,社会主义社会的主要矛盾是无产阶级和资产阶级的矛盾。据"二重性论"说,社会主义生产关系中的资本主义传统或痕迹,集中表现为资产阶级法权,而"在无产阶级专政下,资产阶级法权反映着衰亡着的资本主义"③。资产阶级法权是资产阶级特别是"党内资产阶级""赖以产生和存在的基础"④。资产阶级法权同生产力是相矛盾的,生产力的发展要求对它加以限制和破除,而资产阶级特别是"党内资产阶级"则要维护和扩大资产阶级法权。因此,对资产阶级法权的"限制和反限制的斗争",就成为"社会主义历史阶段阶级斗争和路线斗争的焦点"⑤。无产阶级是先进生产力的代表,资产阶级

---

① "四人帮"在上海组织编写的《社会主义政治经济学》下册第474页。

② "四人帮"在上海组织编写的《社会主义政治经济学》下册第490—491页。

③ 康立:《论社会主义时期的资产阶级》,载《学习与批判》1976年第7期。

④ 池恒:《从资产阶级民主派到走资派》,载《红旗》1976年第3期。

⑤ "四人帮"在上海组织编写的《社会主义政治经济学》下册第382页。

特别是"党内资产阶级"则是同生产力的发展要求相矛盾的那部分社会主义生产关系的代表，它是阻碍社会主义生产关系变革的社会力量。因此，生产力和社会主义生产关系之间的矛盾决定了或者说表现为无产阶级和资产阶级之间的矛盾。

第三，从"二重性论"出发，可以把社会主义生产关系的运动规律说成是对抗阶级间的斗争的不断扩大和激化的规律。以社会主义积累规律为例，"四人帮"在《社会主义政治经济学》一书中写道："社会主义积累过程也是社会主义生产关系扩大再生产的过程"①。这句话没有错。但是，社会主义生产关系扩大再生产过程又是一种什么样的过程呢？按照上述的"二重性论"，那就只能是一个无产阶级和资产阶级之间在不断扩大的基础上和日益尖锐程度上的斗争过程。因此，他们说："社会主义积累的规律本质上是阶级斗争的规律"②。

三

"四人帮"对"始终存在阶级论"的论证在社会主义政治经济学的根本问题上造成了是非颠倒，又在社会主义政治经济学的其他一些重大问题上引起了严重的混乱。这里只想就几个问题谈一谈。

第一，关于社会主义政治经济学的对象和任务问题。政治经济学的对象是生产关系。社会主义政治经济学的对象则是社会主义生产关系。当然这种研究不能撇开生产力和社会主义上层建筑各自对社会主义生产关系的交互作用。社会主义政治经济学作为一门科学负有这样的使命：即从理论上总结社会主义经济建设的经验，深入地认识社会主义经济运动的规律，变"必然王国"为"自由王国"，用关于社会主义经济规律的科学理论武装干部和群众，以指导社会主义经济建设的实践。为此，社会主义政治经济学对社会主义经济规律不仅要从它的质的方面进行研究，而且要从它的量的方面进行研究。

---

① "四人帮"在上海组织编写的《社会主义政治经济学》下册第438页。
② "四人帮"在上海组织编写的《社会主义政治经济学》下册第443页。

但是，在"四人帮"对"始终存在阶级论"的论证的影响下，一段时期以来，社会主义政治经济学充斥着不进行科学分析的关于阶级和阶级斗争的政治说教和政治口号（且不说"四人帮"炮制的反动政治内容），而对社会主义生产关系、对社会主义经济运动过程和规律则很少有切实的分析，既很少有定性的分析，更缺少定量的分析，而离开了这一切，社会主义政治经济学作为一门科学的生命也就终结了。"四人帮"就是扼杀社会主义政治经济学的刽子手。马天水在讨论"四人帮"组织编写的《社会主义政治经济学》时就胡说："讲政治经济学，国际国内的斗争都要看到……否则政治经济学就会业务化"，"这样政治经济学就没有什么路线了，变成了'经济学'"。话说得很清楚，政治经济学就是只讲阶级斗争、讲路线的，是不能讲经济和经济规律的，否则就"业务化"了。这同"四人帮"鼓吹的工厂只能抓阶级斗争不能抓生产一样，都是热昏的胡话。

在"四人帮"对"始终存在阶级论"的论证的影响下，社会主义政治经济学的任务也受到根本的歪曲。按照这个理论，社会主义政治经济学应该以分析"新资产阶级特别是党内资产阶级形成、发展和灭亡的过程"作为基本任务，[①] 而不应该是研究社会主义经济规律以便掌握它们来促进社会主义经济的发展。马天水就说过："老讲价值规律做什么？政治经济学是为了巩固无产阶级专政""否则就脱离了政治"。真是奇谈！社会主义政治经济学不能老讲价值规律等经济规律，发展社会主义经济不是巩固无产阶级专政的基础，巩固无产阶级专政不是为了保护和发展社会主义经济基础、促进生产力的发展，巩固无产阶级专政反倒成了最终目的。照此说来，无产阶级专政消亡了，政治经济学岂不也就不存在了吗？

其次，关于社会主义政治经济学的红线问题。社会主义政治经济学应该贯穿一条什么样的红线？换句话说，它应该围绕着贯穿一个什么样的主要矛盾、解决什么样的基本任务、实现社会生产的一个什么样的目的来建立和展开一整套理论体系？

---

① "四人帮"在上海组织编写的《社会主义政治经济学》上册第5页。

社会主义生产的目的是满足社会及其成员日益增长的需要。社会主义生产的这种目的，决定了社会主义经济的主要矛盾是社会生产同社会需要之间的矛盾，这个矛盾要靠发展生产力、提高劳动生产率来解决。正如列宁所说："在任何社会主义革命中，当无产阶级夺取政权的任务解决以后，随着剥夺剥夺者及镇压他们反抗的任务大体上和基本上解决，必然要把创造高于资本主义社会的社会经济制度的根本任务，提到首要地位；这个根本任务就是提高劳动生产率"①。看来，社会主义政治经济学的红线应该从以上这些方面去考虑。马克思提出的首要的经济规律为我们提供了很好的线索。他说："时间经济以及有计划地分配劳动时间于不同的生产部门，仍然是以集体为基础的社会首要的经济规律。甚至可以说这是程度极高的规律。"② 这个规律告诉我们，社会及其成员日益增长的需要同生产之间的矛盾是通过两条途径来解决的，一条途径是节约劳动时间，为此就要改进技术、改进管理、提高劳动生产率、降低成本，以便用等量的劳动消耗生产出最多最好的产品；另一条途径是有计划地分配劳动时间于不同的生产部门，使产品的生产的比例同社会及其成员对它们的需要的比例相适应。社会主义社会中社会生产和社会需要之间的矛盾就是按照这个经济规律不断得到解决的。马克思提出的这个首要经济规律是对社会主义经济以及共产主义经济的运动规律的非常精辟的概括，可以说它包括了我们通常所说的社会主义基本经济规律、国民经济有计划按比例发展规律、劳动生产率不断提高规律以及价值规律等经济规律的基本内容、要求和作用。社会主义政治经济学应该从马克思的这个首要经济规律来考虑贯穿其中的红线以建立完整的理论体系。只有这样建立起来的理论体系才能指导社会主义经济建设，为实现四个现代化服务。

可惜的是，多年来我们没有这样去建立社会主义政治经济学的理

---

① 列宁：《苏维埃政权的当前任务》，《列宁选集》第 3 卷第 509 页。

② 马克思：《政治经济学批判大纲（草稿）》第 1 分册，人民出版社1975 年版第 112 页。"时间经济"即"时间节约"。

论体系，而是把阶级斗争、无产阶级和资产阶级的矛盾作为社会主义社会自始至终的主要矛盾从而作为社会主义政治经济学的红线。在"四人帮"组织编写的那本书中明确地写道，贯穿社会主义生产过程的，"是一系列的矛盾运动。它的集中表现，是阶级、阶级矛盾和阶级斗争。"① 根据这样一条红线构筑起的社会主义政治经济学理论体系，社会主义生产的目的就不是满足社会及其成员的需要，而是所谓"巩固无产阶级专政"，它所要解决的主要矛盾不是生产与需要的矛盾，而是无产阶级与资产阶级的矛盾，社会主义经济的基本任务不是发展生产力并在此基础上改善人民生活、巩固和发展社会主义生产关系，而是不断地开展阶级斗争。这一套理论造成的生产力和社会主义生产关系的大破坏已经是有目共睹的了。

第三，在"四人帮"对"始终存在阶级论"的论证的影响下，由于把社会主义生产关系说成是共产主义同资本主义二者的混合，在理论上导致了把社会主义混同为资本主义，同时又把封建社会主义、小资产阶级社会主义当作是科学的社会主义，混同于共产主义，从而导致了经济工作中一系列"左"的错误。我们看到，在"四人帮"组织撰写的《社会主义政治经济学》和许多文章中，社会主义的按劳分配、商品交换等被说成是产生资本主义和资产阶级的土壤和条件，社会主义经济中的价值、价格、商品、货币、利润、利息、成本、工资、奖金等也都被说成是资本主义的旧范畴，利用价值规律被说成是资本主义的利润挂帅，贯彻物质利益原则被说成是钞票挂帅，社会主义劳动竞赛被说成是资本主义的竞争，实行岗位责任制则是"使工人沦为机器的奴隶"，等等。总之，把社会主义生产关系歪曲为资本主义生产关系，要加以限制和破除。那些社会主义公有制经济的必要补充如自留地、家庭副业、集市贸易，则更被作为资本主义的尾巴加以"割掉"。同时，"四人帮"又把封建社会主义、小资产阶级社会主义的一套东西作为社会主义生产关系中的共产主义因素，大肆宣扬。例如，把分配中的平均主义颂扬为共产主义的萌芽，把闭关

---

① "四人帮"在上海组织编写的《社会主义政治经济学》下册第483页。

自守、自给自足宣称为无产阶级的自力更生，把不计成本、不讲核算、无偿平调生产资料和劳动力说成是发扬共产主义风格，把限制人民的消费的禁欲主义说成是无产阶级的艰苦奋斗精神，等等。这些谬论在实际工作中造成在"狠抓阶级斗争"的口号下，把发展社会主义生产的正道当作资本主义邪路来堵，一再刮"共产风"，其结果是社会主义经济遭到破坏、资本主义特别是封建主义大肆泛滥，小资产阶级的一套货色盛行。

单单从上面所说的一些方面就可以看到，"四人帮"对"始终存在阶级论"所进行的种种论证在社会主义政治经济学中造成了何等严重的混乱。尽管前一段时间，报刊上已对"四人帮"的反动经济理论进行了许多批判，但是，现在看来如果不批判"四人帮"对"始终存在阶级论"所作的论证，要把"四人帮"的反动经济理论批透，肃清其在社会主义政治经济学中的流毒是办不到的。

（原载《经济研究》1979 年第 9 期，在收入本书时，作者作了一些修改和删节）

肃清极左流毒，发展经济科学

我们伟大的社会主义祖国已经度过了 30 周年。30 年来，我国经济科学经历了很不平坦的道路，它有过巨大的发展，也偏离过正确的轨道，林彪、"四人帮"的摧残，则使它濒于毁灭。目前，它正在一面医治创伤中一面健康地成长。对于我国经济科学 30 年的发展，实有认真总结以便从中吸取教训的必要。这件工作需要许多人共同来做。我只能就某个侧面谈一点浅陋之见。

一、我国经济科学发展历程的简单回顾

概括地说，我国经济科学的发展历程大体如下：

新中国成立以后到 20 世纪 50 年代后期，在马列主义、毛泽东思想的指导下，在社会主义革命和社会主义建设的实践的基础上，我国的经济科学得到了空前的发展。许多经济科学从无到有地建立起来了。我们不仅向苏联学习了经济理论，而且在理论上有许多自己的新的创造和贡献，特别是在关于社会主义改造的理论方面。我们的经济科学成功地指导了社会主义改造和社会主义经济建设的顺利进行。斯大林同志的《苏联社会主义经济问题》对于我国经济科学的发展起了巨大的作用。在它的启示下，展开了关于社会主义基本经济规律等问题的热烈讨论。与此同时，从实践中我们也逐渐地认识到，当时从苏联学来的关于社会主义经济的理论，除了正确的部分以外也存在着缺陷，主要是存在着形而上学的成分，同时也有机械唯物主义和唯意志论的成分。例如，认为社会主义生产关系与生产力之间、社会主义上层建筑与经济基础之间已经"完全适合"，不再有矛盾，关于社会

主义生产关系的性质只讲"团结一致""同志式合作和社会主义互助"，看不到大量存在的人民内部矛盾，没有充分重视劳动群众在发展生产力中的巨大作用；片面强调优先发展重工业、忽视发展轻工业和农业等。

从 20 世纪 50 年代后期起，我国的经济科学突破了苏联社会主义经济理论中存在的形而上学和机械唯物主义的成分的束缚，提出了一些具有独创性的理论，把社会主义经济理论向前推进了。毛泽东同志的《论十大关系》和《关于正确处理人民内部矛盾的问题》等著作，至今还闪耀着创造性的理论光辉。我国人民在毛泽东同志系统总结的我国经济建设的经验和提出的一系列适合我国情况的建设社会主义基本原则的指引下，努力探索独立自主、自力更生地发展社会主义建设的新途径。但是，认识不是直线发展的，在纠正某一种理论偏向时常常会出现另一种理论偏向，更重要的是我们在巨大的胜利面前开始不谨慎了，这样，我国的经济科学在顺利发展中遭到了重大的挫折，在社会主义经济理论方面出现了以主观唯心主义为特征的"左"的理论观点和倾向。在这种形势下，张春桥 1958 年发表的《破除资产阶级的法权思想》和陈伯达当时鼓吹的否定商品生产和价值规律、生产资料集体所有制要"立即过渡"以及煽动"共产风"，对把我国经济理论推向极左起了特别恶劣的作用。与此同时，还出现了在学术工作中妨碍"百花齐放、百家争鸣"的一些错误做法，使学术研究和讨论难以正常进行。

之后，在纠正农村工作和经济工作中的错误的过程中，毛泽东同志先后提出的必须反对平均主义、重视商品生产、遵循价值规律、切实注意综合平衡、按农轻重次序安排国民经济计划等一系列指导思想以及关于学习政治经济学的倡导，对于纠正经济理论中的"左"的倾向起了巨大的作用。经济科学再度活跃起来，广泛地开展了关于社会主义商品生产和价值规律、按劳分配和计件工资、经济核算、经济效果、社会主义再生产等问题的讨论和研究。遗憾的是，由于各种原因，我们未能对一些"左"的理论观点进行深入系统的清算，以致直到"文化大革命"开始以前，经济理论中的"左"的观点和倾向并未彻底克服，特别是当国民经济得到迅速恢复和重新发展时，它又有所抬头。学术工作中的"左"的错误也没有彻底纠正，学术讨论往往变成了政治斗争。

在"文化大革命"期间，林彪、"四人帮"出于他们的反革命目的，在学术工作中如同在其他领域一样，实行封建法西斯专政，他们全面篡改马列主义、毛泽东思想，炮制了一整套极左的经济理论。在他们的法西斯专政下，在这套极左的经济理论的摧残下，我国的经济科学遭受了几近毁灭的大灾难，国民经济罹受了大破坏。

打倒了"四人帮"以后，我国的经济科学迎来了自己的春天。经济科学空前活跃，成绩斐然。根据多年的实践，特别是从过去的失误和挫折中使我们有可能去判断以往种种经济理论的是非和学术工作的是非，使我们认识了极左的经济理论的错误和危害。我们把经过实践检验被证明是正确的经济理论加以肯定和继承，把经过实践检验被证明是错误的特别是其中极左的经济理论加以抛弃，并且探索实现四个现代化中的新问题，提出了许多新的理论和见解。我们的经济科学正处于继往开来的新阶段。

回顾 30 年来我国经济科学的发展历程，可以看到，经济科学中的极左理论和经济科学工作中的极左的做法曾是主要的错误倾向。林彪、"四人帮"心怀叵测地将这一切推到登峰造极的地步。

二、极左经济理论的一些特点和表现

被林彪、"四人帮"一再鼓吹并加以恶性发展推到极端的极左经济理论，大体上具有如下一些特点：

第一，它具有主观唯心主义的特点。林彪、"四人帮"鼓吹的极左经济理论中用唯意志论、精神万能论等一套主观唯心主义货色冒充辩证唯物主义，用历史唯心主义冒充历史唯物主义。这方面的表现是很多的。举例来说：

在生产力诸因素中，片面夸大人的因素在生产力发展中的作用，不加限制条件地片面宣传"人是生产力的决定因素"。否定生产工具在生产力发展中的最终决定作用。例如，有人曾错误地认为，在社会主义制度下，"一般地是人的变化引起工具的变化，以至整个生产力的变化"。这种"左"的理论观点用曾经出现过的"左"的口号来说就是："人有多大胆，地有多大产"。而林彪则作了最高的概括："人的因素第一。"

在生产力和生产关系的相互关系中，极端夸大生产关系对生产力的反作用，否定生产力对生产关系的最终决定作用。在林彪、"四人帮"的煽动下，有人荒谬地提出："在整个社会主义历史阶段，生产关系对生产力、上层建筑对经济基础始终起着主要的决定的作用"。"四人帮"更否认要根据生产力的发展的状况和要求去改变生产关系，鼓吹要通过不断变革生产关系来使生产力不断发展。这种脱离生产力的状况和要求而进行的生产关系的变革必然是随心所欲的，其结果只能是生产关系和生产力的破坏。

极端夸大社会意识对社会存在、上层建筑对经济基础的反作用，否认社会存在对社会意识、经济基础对上层建筑的最终的决定作用。有人竟然说，在社会主义制度下人的政治思想"是不受限制的，对生产力的发展有决定意义，和技术比较起来，居于主导地位"。这种唯意志论，用曾经出现过的一句"左"的口号来说，就是"不怕做不到，只怕想不到"。林彪用最概括的话说："思想第一"。姚文元说："我们是政治决定一切"。张春桥则说："在一定场合，一定时间，精神万能论是对的"。"四人帮"一伙甚至鼓吹靠穷精神就可以实现农村集体所有制的过渡。

基于此，极左的经济理论鄙夷物质利益，把政治工作、思想教育看作经济发展的原动力，可以脱离经济工作去进行，并同贯彻物质利益原则对立起来。张春桥就把贯彻"物质利益原则"说成是"'钞票挂帅'，而不是政治挂帅。"

这种以唯意志论、精神万能论为标志的极左经济理论，必然要否定经济规律的客观性。如果还有经济规律的话，那也不过是人们可以任意摆弄的玩意儿，"不能照办"。马天水讲得很露骨，他说："价值规律只是参考的和加以利用的，它不是我们制定价格的出发点""符合我们的目标就利用它""否则就不用"。在张春桥的眼里，根本不存在什么按劳分配规律，他提出，要走出一条不必靠按劳分配，"不是靠工分""而是靠政治工作"的路。

第二，极左的经济理论还具有形而上学的特点。林彪、"四人帮"鼓吹的极左经济理论打着反对形而上学的旗号，用另一种形式的形而上学冒充辩证法。举例来说：

（1）通常的形而上学否认事物存在着对立面的斗争，否认对立面的斗争是事物发展的内在动力。林彪、"四人帮"的极左的经济理论则不同，它极端夸大对立面的斗争在事物发展中的作用，否定对立面的统一是事物存在和发展的条件。例如：

它否定社会主义生产关系同生产力是基本适应的，反对保持这种基本适应关系（并调整某些不适应的环节）。"四人帮"煽动打破社会主义生产关系同生产力的基本适应的状况，人为地制造生产关系同生产力的矛盾，把这种人为地制造出来的矛盾看作是社会主义生产发展的动力。

"四人帮"把保持安定团结的局面是发展经济的重要条件的正确观点攻击为修正主义，胡说发展经济要靠阶级斗争。王洪文说："阶级斗争抓好了，生产就上去了。""四人帮"开展的旨在篡党夺权的"阶级斗争"给生产带来了严重的破坏，这在张春桥看来是大好事，他说："只要阶级斗争抓好了，就是颗粒无收也不要紧。"

"四人帮"的那套反动的阶级斗争理论是建立在歪曲社会主义生产关系的性质的基础上的。他们打着反对形而上学的旗号，否定社会主义生产关系本质上是劳动人民之间的平等的互助合作的关系，否定劳动人民在经济利益上的根本一致性，把劳动人民内部的矛盾歪曲为对抗阶级之间的矛盾，说什么"社会主义生产关系归根到底是无产阶级和资产阶级的关系"，"劳动人民内部的相互关系归根到底也表现为阶级关系"。因此，劳动人民内部的团结互助的关系不应该发展，而应该天天在社会主义生产关系中、在劳动人民中开展你死我活的"阶级斗争"。

在国民经济综合平衡问题上，极左的经济理论否定计划性就是自觉地保持平衡，否定保持平衡是迅速发展国民经济的必要条件，歪曲地看待平衡的相对性和不平衡的绝对性，认为既然平衡是相对的，就不要怕打破平衡，并进而把不平衡看作是积极的，把平衡看作是消极的，认为不断地去打破平衡就能促使"后进赶先进"，甚至荒唐地把要切实注意综合平衡的正确观点说成是"修正主义的均衡论"。

（2）通常的形而上学把事物的发展看作只是数量的变化，否认事物发展中的质变。极左的经济理论中贯穿的是另一种形式的形而上学，即极端夸大质变在事物发展中的作用，否定事物从一种质过渡到另一种质要经过量变的过程，以及事物在量变过程中保持着质的相对稳定性，片面鼓吹不断革命，否定革命发展的阶段性。在这方面也有种种表现。例如：

否认从社会主义到共产主义要经历若干阶段，要经历由量变到质变的过程。陈伯达等人煽动"共产风"，把共产主义说成已非遥远的未来，甚至鼓吹要立即实行共产主义。张春桥则要立即取消按劳分配，高喊"为彻底破除资产阶级的法权进行斗争"。"四人帮"批判所谓"社会主义制度凝固论"，反对使社会主义生产关系保持相对稳定性，认为社会主义生产关系不应该巩固，巩固它就是使它"僵死"、"凝固"和"一成不变"。他们否认人民公社的所有制要有一个巩固和发展的量变过程，一再煽动"趁穷过渡"。他们否认我国的社会主义商品生产要经历相当长的量的发展过程，鼓吹它现在就要消亡，等等。

（3）否定现象和本质、形式和内容的区别，把事物的现象和形式的相同或相似说成是本质和内容的相同或相似。林彪、"四人帮"的极左经济理论采用这种手法把社会主义混同为资本主义，打着反对资本主义的旗号反对社会主义。举例来说：

他们把社会主义的商品货币关系说成是资本主义的商品货币关系，是产生资本主义和资产阶级的土壤。把我国实现四个现代化诬蔑为"资本主义化"。

他们把按劳分配诋毁为资本主义旧事物，把按劳分配所带来的收入上的实际不平等说成是"阶级差别的重要标志"，"必然会进一步出现贫富悬殊、两极分化的现象"，必然会"产生剥削"，"产生资本主义和资产阶级"。

林彪、"四人帮"加以恶性发展的极左经济理论还有其他一些特点和表现，这里就不去谈了。

林彪、"四人帮"鼓吹的极左的经济理论，以反对资本主义为旗号，把同封建社会主义、小资产阶级社会主义、同封建社会主义携手同行的宗教禁欲主义冒充为科学社会主义。例如，把封建领主庄园的自然经济美化成没有商品生产的共产主义的经济制度，用以破坏社会主义的商品货币关系；把反动的平均主义颂扬为共产主义的按需分配，以取消社会主义的按劳分配；把宗教的禁欲主义冒充为无产阶级的艰苦奋斗精神，反对改善群众的物质文化生活；把封建主义经济的闭关自守美化为无产阶级的自力更生，反对学习外国先进经验、引进先进技术和发展对外贸易等。总之，林彪、"四人帮"鼓吹的极左经济理论，是以主观唯心主义为理论基础，以形而上学为诡辩工具，打着反对资本主义的旗号，用封建社会主义、小资产阶级社会主义代替科学社会主义的反马克思主义的经济理论体系。

这里需要指出的是，极左的经济理论在我国反复出现、一再泛滥，并能被林彪、"四人帮"发展成为一种理论体系用以欺骗蒙蔽一些人，这绝不是偶然的。从根本上说，极左经济理论作为一种社会意识，它的产生和泛滥是同我国的特殊社会历史条件相联系的，是由这种社会存在决定的。这些社会历史条件概括地说，在于我国生产力的低下。例如，解放前商品生产和交换很不发达，封建主义延续了几千年，根深蒂固，它的影响仍然严重地存在，小生产过去如同汪洋大海，虽经社会主义改造，它的习惯势力仍不可轻视，等等。同时，这种种社会历史条件还使得一些人容易不自觉地用封建主义的、小资产阶级的眼光去看待资本主义，看待社会主义和共产主义，从而使封建社会主义、小资产阶级社会主义等反动的社会主义很容易找到自己的市场，使一些人把他们误认为科学社会主义而加以接受。林彪、"四人帮"这伙野心家、阴谋家则利用这种种社会历史条件把封建社主义、小资产阶级社会主义等反动的社会主义冒充为科学社会主义，借助他们掌握的舆论工具的蛊惑宣传，一再煽起极左风潮，以瓦解社会主义制度，实行篡党夺权。

除此以外，缺少政治民主和学术自由，"百花齐放、百家争鸣"的方针未能贯彻执行，也是极左经济理论一再泛滥，不能得到认真纠正的一个原因。

既然极左经济理论的产生和存在有其特殊的社会历史条件，那么就应该承认，只要这些条件未得到根本改变，特别是生产力的落后状况没有根本改变，在某些问题上，在有限范围内，某些"左"的经济理论观点和倾向还可能改头换面地出现。因此，我们同极左经济理论的斗争也不会是一劳永逸的。当然，只要我们保持谨慎特别是在取得巨大胜利后保持谨慎，坚持实事求是，深入调查研究，认真贯彻"双百"方针，我们完全可以防止极左经济理论的再度泛滥，即使出现了也可以及时得到纠正。

三、极左路线对经济科学的破坏
以及从中应吸取的教训

林彪、"四人帮"推行一整套极左的学术工作政策，肆意践踏经济科学。教训是沉痛的。这里且不说人才、机构、图书资料等方面的严重破坏，单就经济科学本身来说，它所遭受的破坏至少可以概括为以下 10 个方面。

第一，在林彪、"四人帮"鼓吹的"句句是真理""一句顶一万句"的反动"天才论"的影响下，一些经济学论著成了语录的汇集和注释。从语录出发代替了从客观实际出发。公式化、概念化的本本主义、左倾教条主义泛滥，经济科学的生机被扼杀，失去了创造性。经济科学作为一门科学，无疑必须以马克思主义为指导，但是，马克思主义的原理却不是研究的出发点。科学工作要求独立思考。经济科学应该从对客观经济过程的科学分析中引出自己的结论，而不能用马克思主义的现成结论代替创造性的研究，更不能不顾经济实践的发展而拘泥于马克思主义经典作家的个别过时的论断。只有这样，经济科学才能得到发展，才富有生命力。在实现四个现代化的过程中，会产生大量的新的经济问题需要经济科学给予解决和回答，如果不摆脱本本主义、左倾教条主义的羁绊和束缚，经济科学就不能完成自己的光荣使命。

第二，在林彪、"四人帮"鼓吹"突出政治"的影响下，一些经济学著作不对客观经济过程作切实的科学分析，充斥了空洞的政治口号和政治说教。他们公然宣称，政治经济学就是讲阶级斗争，讲路线，反对政治经济学讲经济。这就扼杀了马克思主义政治经济学的科学性。其实质，就是要取消马克思主义政治经济学。经济科学，特别是其中的政治经济学，固然不能离开政治，但是经济科学作为一门科学却又不同于作为科学的政治学，它以客观经济过程作为自己的研究客体。如果用政治斗争的研究去代替对客观经济过程的研究，经济科学就失去了它存在的意义。至于用空喊一些政治口号、进行政治说教去取代科学研究，则不仅是经济科学的大忌，也是政治科学的大忌。

第三，林彪、"四人帮"鼓吹"突出政治"还导致了另一个严重后果，即许多经济学科政治经济学化了，几乎失去了自己的特性。翻开前些年出版或未公开出版的少得可怜的一些经济学著作如国民经济计划原理、工业经济学等，从内容到方法同那些"突出政治"的"政治经济学"大同小异。以致有些人提出某某学科是否有存在下去的必要，某某经济学专业是否应该取消的问题。在林彪、"四人帮"的破坏下，有些经济学科实际上取消了，或者名存实亡。经济科学是由多门学科组成的体系。在这个体系中政治经济学自然是带头的学科，但它并不能代替其他学科。其余各门学科都以经济过程的特定方面为对象。它们的发展固然需要政治经济学的理论指导，但政治经济学的发展又不能离开其他经济学科的发展这个基础。还应该看到，随着社会经济的发展，产生了并将继续产生一些新的经济学科。我们应该使各门经济学科都迅速恢复并得到充分发展，在经济科学的体系中取得应有的地位，努力填补空白，建立新的学科。

第四，在林彪、"四人帮"歪曲宣传经济科学要"为政治服务"的影响下，要求经济科学简单地配合政治斗争，否定了经济科学自己的科学性和独立性。而在林彪、"四人帮"手里，经济学则成了他们从事反革命活动、进行篡党夺权的工具。马克思主义的经济科学当然要为无产阶级政治服务。但是，经济科学是用从对客观经济过程的科学分析中得出的关于客观经济规律的科学认识和结论去为无产阶级政治服务的，也就是用这些科学的认识和结论去批判封建主义、批判资本主义，用它们去武装无产阶级，使之能自觉地改造世界。因此，应该鼓励经济科学研究中的独立思考，这不仅有利于经济科学的发展，同时也使经济科学能更好地为无产阶级政治服务。而无产阶级政治则归根到底要为社会主义经济基础服务。

第五，把经济科学研究混同于宣传工作，用对党的经济政策的宣传取代科学研究。经济理论工作者无疑有责任宣传和解释党和政府的正确的经济政策。但经济科学工作又不同于宣传工作，不能把经济科学的任务归结为宣传党和政府的经济政策。经济科学的任务是揭示客观经济规律，为党和政府制定经济政策提供科学根据。同时，对党和政府的经济政策的宣传也必须依据经济科学的原理，只有这样才能提高干部和群众执行党和政府的经济政策的自觉性。为此，应该容许并鼓励经济科学工作者采取适当的方式讨论党和政府的经济政策，提出自己的意见和建议，这不仅有利于经济科学的发展，而且有利于党和政府的经济政策的完善，如果政策有错误也可以及时得到纠正。当然，这种讨论应该采取什么方式来进行才能取得好的效果，不致造成干部和群众的思想混乱，则是需要考虑的。

第六，在林彪、"四人帮"鼓吹"顶峰论"的影响下，对我国的经济科学的现状作出了错误的估量，盲目自大地认为我们的经济科学处于世界的顶峰，从而隔绝了我国经济科学同世界马克思主义经济科学的发展的联系，不能从中吸取营养以发展自己。必须承认，在林彪、"四人帮"的破坏下，不仅我们的自然科学落后了，我国的经济科学也落后了。许多问题，如社会主义经济的模式问题、社会主义社会发展的阶段性问题等在国外已研究多年，而在我国或者目前才刚刚提出来，或者尚未得到充分的研究。我们虽然不能妄自菲薄，但也不能妄自尊大，必须老老实实承认落后，急起直追，才能使我国的经济科学迅速赶上世界的先进水平。

第七，在林彪、"四人帮"的极左政策影响下在对待西方资产阶级经济理论的问题上，形成了用扣几顶政治帽子代替科学的分析和批判的坏风气。对于资产阶级的经济理论，我们当然应该进行批判，这是马克思主义经济科学的战斗任务。但这种批判应该是有科学分析的、有事实根据的、有说服力的。应该看到，资产阶级经济理论也是多种多样的。有些具有资产阶级世界观的经济学家对于当代的资本主义制度也是采取批判态度的。虽然他们的批判往往不能击中要害，不能提出根本变革资本主义制度的办法，但他们的这些批判（例如揭露资本主义社会的种种弊病如公害问题、贫困问题、失业问题等）对于我们了解和批判资本主义制度还是有意义的。同时，还应该看到，资产阶级经济理论除了维护资本主义制度这基本的一面以外，还包括这样那样地回答高度社会化大生产的客观过程和商品经济所提出的种种问题的一面。这后一方面，特别是关于社会化大生产的经营管理的理论和方法方面，都有值得我们参考和吸取的地方。林彪、"四人帮"的大破坏使我们对资产阶级经济学的最新发展了解很少。不改变这种状态不论对于开展批判还是从中吸收某些有用的东西都是不利的。

第八，林彪、"四人帮"煽起了一种打棍子、戴帽子，抓辫子的恶劣学风，攻讦代替了说理、斗争代替了讨论，经济科学成了布满陷阱的危险地带，被禁锢在极其狭小的天地里，许多理论问题（如物质利益问题）被贴上资本主义、修正主义的封条，成为不许涉足的禁区。许多人不敢研究现实经济问题，脱离实际，连篇累牍地讲空话，不敢讲真话，有些人甚至昧着良心讲假话。在这种恶劣环境下，经济科学的存在都受到威胁，又怎能发展呢？打倒"四人帮"后，这种状况有了根本改变。但是，要根治受到严重污染的学术环境，培植"百花齐放、百家争鸣"的学术园地还有待作出巨大的努力。

第九，多年来，在林彪、"四人帮"的极左路线的影响下，经济科学中的数量分析被视作资产阶级的研究方法，是玩弄掩盖事物本质的数学游戏，甚至认为把经济科学看成精密科学就是修正主义，再加上多年不发表统计数字，使得我们的经济科学不仅缺少对经济过程的切实的定性分析，而且几乎不做定量分析，经济过程同任何事物一样，既有质的方面也有量的方面，这两方面是不可分割的。对经济过程做量的分析有助于加深对它的质的方面的认识。对于社会主义国家的经济科学来说，注重对经济过程的数量分析，对于经济计划、经济预测、经济管理等更具有特殊重要的意义。马克思主义经济学同资产阶级经济学的根本区别不在于是否进行量的分析而是怎样进行量的分析以及这种分析的理论基础。在有些资产阶级经济学著作中确实存在故弄玄虚、玩弄数学游戏的情况。这是我们应该避免的。但并不能因此就排斥数量分析。上述情况造成我国经济科学工作者中有许多人不懂高等数学、有些人很少懂得统计学，极少有人懂得在研究中运用现代计算技术。应当看到，在实现四个现代化的过程中会有越来越多的经济问题需要求得精确的数量上的解答，求得量的规定。我们必须十分重视经济过程的量的研究，并把它同质的研究结合起来。这样，才能使我国的经济科学得到迅速的发展，能够为实现四个现代化作出应有的贡献。

第十，同上面这种状况相联系，在经济科学中往往把唯物辩证法看作唯一的方法，轻视甚至排斥其他方法，例如数学方法、统计方法等等。直到今天，一些政治经济学书籍在谈到政治经济学的方法时也仍然只谈唯物辩证法。毫无疑问，唯物辩证法是经济科学的基本方法。但它并不能代替其他的方法。例如，统计方法就是经济科学的不可短缺的方法。

在实现四个现代化中，经济科学担负着极其光荣而又繁重的使命。为了发展我国的经济科学，使能更好地为实现四个现代化服务，我们必须对 30 年来我国经济科学的发展作出总结，从中吸取教训，就目前来说，继续肃清极左流毒，仍是不能忽视和懈怠的。

（本文是作者在北京地区社会科学界庆祝建国 30 周年学术讨论会经济学组会议上的发言，删节稿发表于 1979 年 12 月 1 日《光明日报》）

后　记

应山东人民出版社之约，我把打倒"四人帮"以来到现在我所写的文章选编为这一本集子。

打倒"四人帮"以后，我重新进行中断多年的经济理论工作。由于工作岗位和内容的变化以及工作的需要，我没有能继续 1964 年以前所从事的对社会主义再生产和国民收入问题以及与此相联系的国民经济平衡问题的研究，只是间或接触这方面的问题。我把自己的主要精力转移到我所不熟悉的社会主义政治经济学方面来了。

开初，我投入批判"四人帮"的极左经济理论的斗争中，着力组织批判了"四人帮"在上海组织编写的《社会主义政治经济学》一书，并主持编写了一本系统批判"四人帮"极左经济理论的著作——《"四人帮"对马克思主义政治经济学的篡改》（山西人民出版社 1978 年出版，1979 年出修订版）。我自己也写了少量的批判文章。其中有几篇收进了这本集子。这本集子中还有一些文章虽然不是专门批判"四人帮"的极左经济理论的，但也包含了这方面的内容。

随着党的工作着重点转移到社会主义现代化建设上来，我国的经济正经历着极其深刻的大转变。这些转变，依我看来，正如我在《大转变中的中国经济》一文中所说，主要包括三个方面的改革的内容，这就是：（1）生产资料所有制的形式和结构的改革；（2）经济体制的改革；（3）国民经济结构的改革。归结起来说，我们正经历着经济发展战略的大转变。我在这段时间写的有关我国经济问题的文章，大体上也包括这几方面的内容，它们构成了本书的主体。

在批判"四人帮"的极左经济理论的过程中，在探讨大转变中的我国经济所产生的各种问题中，在实践是检验真理的唯一标准的讨论的推动下，我国的经济理论也经历着极其深刻的大转变。以四项基本原则为指导，我们正在肃清为害多年的极左经济理论的流毒，抛弃过时的、不正确的理论，发展新的理论，吸收国外经济学中某些有用的成果。我在这段时间所写的文章也试图就某些问题进行一些探索。

正是根据本书选入的文章的上述内容，我把本书定名为《大转变中的中国经济理论问题》。

我国的经济的大转变以及与此相联系的我国经济理论的大转变，还在进行中，人们对大转变中的问题的认识，也还在形成和发展中，我自己更不例外。所以，本书中的许多论点是不成熟的，很可能被发展中的实践所纠正。

收入本书的文章，除《价值—货币形态的与使用价值—实物形态的积累基金和消费基金在总量上的不平衡问题》一篇以外，都在报纸、刊物和论文集中发表过或摘要发表过。我在选编时，对其中一部分文章做了少量的修改和补充。

董辅礽

1981 年 6 月 18 日于北京

《关于建国以来党的若干历史问题的决议》是一个光辉的历史性文献。《决议》对我国的经济理论工作具有重要的指导性的意义，同时也给我国的经济理论工作者提出了一系列需要深入研究的重大课题。在学习了《决议》以后，我深感对本书中所涉及的一些经济理论问题有待以《决议》为指导做进一步深入的探讨。可是，由于书中收集的文章都是今年 6 月以前写的，而且绝大部分都发表过，目前已经不可能在本书中弥补这种缺陷，进一步深入的探讨的工作只好留待今后去做了。

感谢刘德久同志在编辑本书中给予的帮助。

作者补记

1981 年 8 月 16 日